Hoffmann und Campe   *Kritische Wissenschaft*

Redaktion   Hans-Helmut Röhring
Anneliese Schumacher-Heiß

Hans Albert

Aufklärung und Steuerung

Aufsätze zur Sozialphilosophie
und zur Wissenschaftslehre
der Sozialwissenschaften

Hoffmann und Campe

1. bis 5. Tausend 1976
© Hoffmann und Campe Verlag, Hamburg 1976
Umschlag Jan Buchholz und Reni Hinsch
Gesetzt aus der Borgis Garamond-Antiqua
Gesamtherstellung Süddeutsche Verlagsanstalt, Ludwigsburg
ISBN 3-455-09198-9 · Printed in Germany

Inhalt

Vorwort   7

Aufklärung und Steuerung   11
Gesellschaft, Wissenschaft und Politik in der Perspektive
des kritischen Rationalismus   11

Ordnung ohne Dogma   35
Wissenschaftliche Erkenntnis und ordnungspolitische
Entscheidung   35

Rationalität und Wirtschaftsordnung   56
Grundlagenprobleme einer rationalen Ordnungspolitik   56

Politische Ökonomie und rationale Politik   91
Vom wohlfahrtsökonomischen Formalismus zur politischen
Soziologie   91

Macht und ökonomisches Gesetz   123
Der Gesetzesbegriff im ökonomischen Denken und die
Machtproblematik   123

Wertfreiheit als methodisches Prinzip   160
Zur Frage der Notwendigkeit einer normativen
Sozialwissenschaft   160

Quellennachweis   192

Personenregister   193

Vorwort

In diesem Band sind einige Aufsätze zur Sozialphilosophie und Wissenschaftslehre vereinigt, die zwischen 1963 und 1975 in verschiedenen Zeitschriften und Sammelbänden erschienen waren und die ich im wesentlichen unverändert gelassen habe. Sie gehören thematisch eng zusammen, da sie sich mit Fragen des Verhältnisses von Wissenschaft und Politik und im Zusammenhang damit auch mit der Problematik einer adäquaten sozialen Ordnung beschäftigen, und zwar unter Gesichtspunkten, wie sie im kritischen Rationalismus entwickelt wurden. Sie repräsentieren eine Version der liberalen Sozialphilosophie, die mir im Rahmen dieser philosophischen Auffassung möglich und akzeptabel erscheint, eine Konzeption, in der auch das durch unsere marxistischen Sozialkritiker mit so großem Erfolg hochgespielte, aber von ihnen weder gründlich analysierte noch mit für ihre Diskussionspartner nachvollziehbaren Lösungen bedachte Problem des Verhältnisses von Theorie und Praxis angemessen berücksichtigt ist.

Diese Sozialphilosophie entspringt einer alten Tradition, zu der nicht nur die schottischen Moralphilosophen, die Begründer des individualistischen Erkenntnisprogramms in den Sozialwissenschaften – und damit der klassischen Ökonomie –, gehören, sondern auch Kant als Philosoph der autonomen Moral und der durch das Recht gesicherten persönlichen Freiheit und Karl R. Popper mit seiner Idee einer offenen Gesellschaft freier Menschen. Sie befindet sich im Gegensatz nicht nur zum Marxismus und den von ihm inspirierten Versuchen, das Problem der gesellschaftlichen Ordnung durch revolutionäre Gewalt zu lösen, sondern auch zu den restaurativen Lehren, mit deren Hilfe, etwa im Einflußbereich der katholischen Kirche, von jeher etablierte Ordnungen gestützt wurden. Sie wendet sich dezidiert gegen eine ideologisch gesteuerte Wissenschaft, die ihren Vertretern Glaubensbekenntnisse irgendwelcher Art abverlangt, wie sie sich als Relikt früherer Zeiten auch an den Universitäten teilweise gehalten hat, und damit auch gegen

Bestrebungen der Tagespolitik, die geeignet sind, wieder in solche Zeiten zurückzuführen.

Noch vor kurzem hat es bekanntlich der hessische Kultusminister, ein Soziologe aus dem Umkreis der Frankfurter Schule, für seine Aufgabe gehalten, vor allem für die Verbreitung marxistischer Gedanken in seinem Amtsbereich zu sorgen; und bei der Besetzung gewisser Lehrstühle an deutschen Universitäten hat es sich eingebürgert, Bekenntnisse zu derartigen Vorstellungen zur Voraussetzung einer Berufung zu machen. Aber während die eine Seite noch emsig damit beschäftigt ist, die rote Theologie institutionell zu verankern, wenn auch nicht mehr so geräuschvoll wie vorher, tut sich der bayerische Kultusminister, ebenfalls ein Fachkollege aus der Politologie, dadurch hervor, daß er das Mitspracherecht der katholischen Kirche bei der Lehrstuhlbesetzung an bayerischen Universitäten verstärkt, um dieser Kirche von Amts wegen wieder den ihr offenbar gebührenden Einfluß auf das Denken und die Erziehung zu gewähren. Die politische Theologie aller Richtungen scheint im Vormarsch zu sein, um der Freiheit der Wissenschaft den Garaus zu machen. Eine offene Gesellschaft bedarf aber einer freien Wissenschaft und nicht der ideologischen Indoktrination auf dem Wege des Gruppendrucks oder amtlicher Verordnungen. Verfechter des liberalen Denkens werden sich nicht nur gegen die Unterwanderung der Universitäten durch rote Kader zu wenden haben, die die Wissenschaft für den Klassenkampf umfunktionieren möchten, sondern auch gegen die schwarze Infiltration unter dem Einfluß restaurativ gesinnter Kultusbeamter, die im Zeichen der sogenannten Tendenzwende Morgenluft wittern.

Aber es geht heute nicht nur um die Freiheit der Wissenschaft, sondern vielmehr um die Bewahrung, Förderung oder Herstellung freiheitlicher Ordnungen überhaupt. In dieser Hinsicht steht die Bundesrepublik sicherlich besser da als viele andere Staaten, in denen bisher nicht einmal die elementaren Bürgerrechte verwirklicht wurden. Andererseits zeigt die aufgeregte Diskussion um das Kirchenpapier der FDP, das für den Verfechter einer freiheitlichen Ordnung nur bare Selbstverständlichkeiten enthalten dürfte – ein Dokument, in dem nicht einmal die Frage der Vereinbarkeit der Existenz theologischer Fakultäten an unseren Universitäten mit der Verfassung berührt wird –, daß heute noch Spitzenpolitiker aller großen Parteien, die sich sonst – vor allem wenn es um Vorgänge im Ausland geht – für die Sache der Freiheit zu erwärmen pflegen, ohne weiteres bereit sind, liberale Grundsätze zu diffamieren, wenn es um die Privilegierung der Großkirchen geht. Die Reaktion führender Vertreter dieser Kirchen selbst ist natürlich als Interessenvertretung verständlich, wenn es auch schwierig sein dürfte, die Inanspruchnahme des Staates für religiöse Zwecke mit dem Neuen Testament in Zusammenhang zu bringen. Geradezu grotesk ist aber die in diesem Zusammenhang lancierte These, das Bestreben, in diesem Bereich gewisse Relikte des Mittelalters zu beseitigen, sei auf inzwischen überholte Anschauungen des vorigen Jahrhunderts zurückzuführen. Wer eine Argumentation dieser Art bevorzugt, wird schwerlich in der Lage sein, etwas ernst zu Nehmendes gegen die Privilegierung anderer Weltanschauungen in anderen Machtbereichen vorzubringen.

Das ordnungspolitische Problem ist ein altes Problem der Sozialphilosophie und Sozialwissenschaft, dessen für uns heute noch interessante erste moderne Formulierung auf Thomas Hobbes zurückgeht. Unter dem Einfluß der Entwicklung einer relativ autonomen Ökonomie schien es eine Zeitlang so zu sein, als ob man das Problem einer adäquaten Wirtschaftsordnung relativ isoliert behandeln könne und als ob die sogenannte Wohlfahrtsökonomik als quasi normative Disziplin in der Lage wäre, eine Lösung dieses Problems im Sinne der utilitaristischen Tradition zu liefern. Aber die neoklassische Ökonomie, die solche Hoffnungen erweckt hatte, ist nicht nur als erklärende theoretische Disziplin, sondern auch als normative Lehre seit langem unter Attacke, und zwar vor allem auf Grund der Tatsache, daß sie nicht in der Lage war, mit der Analyse institutioneller Tatbestände in einigermaßen zufriedenstellender Weise fertig zu werden. Erst neuerdings scheint sich zu zeigen, daß eine solche Analyse im Rahmen des auf die klassische Ökonomie zurückgehenden sozialwissenschaftlichen Erkenntnisprogramms möglich ist, durch explizite Berücksichtigung der Rechtsordnung innerhalb ökonomischer Untersuchungen. Gleichzeitig zeigt sich damit, daß die ökonomische Tradition in der Lage ist, ein Erkenntnisprogramm für den Gesamtbereich der sozialen Phänomene zu liefern, als Alternative zu anderen Programmen, deren methodische und inhaltliche Schwächen heute offen zutage liegen. Der neoklassische Modell-Platonismus mit seiner Akzentuierung reiner Entscheidungslogik wird abgelöst durch eine Analyse der Auswirkungen institutioneller Vorkehrungen unterschiedlicher Art in verschiedenen Bereichen der Gesellschaft.

Damit zeigt sich aber gleichzeitig auch der umfassende Charakter des Ordnungsproblems. An die Stelle einer Wohlfahrtsökonomie, die dazu tendierte, das Problem der sozialen Ordnung auf ein Problem ökonomischer Effizienz zu reduzieren und sich für den Vergleich solcher Ordnungen auf die Frage der Möglichkeit einer Wirtschaftsrechnung zu beschränken, tritt eine Untersuchung der allgemeinen

Verfassungsproblematik im Rahmen des individualistischen Programms mit einer Akzentuierung des Freiheitsproblems, wie man sie vor allem schon in den Schriften Friedrich August von Hayeks nach dem zweiten Weltkrieg findet. Wie immer man zu den von Hayek angebotenen Lösungen stehen mag, ihm gebührt zweifelsohne das Verdienst, Probleme ins Blickfeld gebracht zu haben, die in der ökonomischen Diskussion unter dem Eindruck der neoklassischen Entwicklung untergegangen waren. Die Arbeiten von John Rawls, Robert Nozick und vor allem von James M. Buchanan im Rahmen der vertragstheoretischen Tradition scheinen nun endgültig den Utilitarismus der am ökonomischen Denken orientierten Sozialphilosophie überwunden zu haben. An die Stelle einer Lehre von der kollektiven Nutzenkalkulation tritt damit die Konzeption einer freien Gesellschaft, einer Gesellschaft, in der die Wertungen und Entscheidungen der Individuen eine Chance haben, sich so weit wie möglich im Rahmen einer akzeptablen Rechtsordnung zur Geltung zu bringen. Damit hat sich in der ökonomisch orientierten Sozialphilosophie, die lange Zeit dem Utilitarismus anheimgefallen zu sein schien, letzten Endes die für das Kantsche Denken charakteristische Freiheitsidee durchgesetzt, ein Liberalismus also, wie ihn in Deutschland vor allem Jürgen v. Kempski seit langem befürwortet hat. Wer die weltweite Dominanz des marxistischen Denkens im Bereich sozialphilosophischer Probleme angesichts der damit verbundenen Konsequenzen als fragwürdig ansieht, sollte sich im übrigen – zweihundert Jahre nach der Veröffentlichung des Standardwerkes der klassischen Ökonomie – daran erinnern, daß der methodische Ansatz, den Adam Smith in diesem Werke entwickelt hat, die Analyse alternativer institutioneller Vorkehrungen, auch unter Gesichtspunkten praktischer Rationalität Vorzüge besitzt, die man in den Arbeiten marxistischer Theoretiker vergeblich sucht.

Heidelberg, im Herbst 1975   Hans Albert

Aufklärung und Steuerung

Gesellschaft, Wissenschaft und Politik
in der Perspektive des kritischen Rationalismus

.Zwischen Philosophie und Politik – und das heißt: nicht nur zwischen philosophischen und politischen Auffassungen, sondern auch zwischen philosophischen Ideen und der Gestaltung des sozialen Lebens – gibt es Zusammenhänge, die nicht immer in der Form ausdrücklich formulierter inhaltlicher Thesen zum Ausdruck kommen.[1] Sie sind oft indirekter Natur und zeigen sich zum Beispiel in der Art, wie man an die Lösung von Problemen herangeht und wie man Problemlösungen beurteilt, also gewissermaßen im methodischen Stil des Problemlösungsverhaltens, der in den verschiedenen Bereichen praktiziert wird. In methodischer Hinsicht lassen sich die Erkenntnispraxis – etwa im Bereich der wissenschaftlichen Forschung und des philosophischen Denkens – und andere Arten sozialer Praxis – etwa in Recht, Wirtschaft und Politik – unter Umständen durchaus unter einem einheitlichen Gesichtspunkt begreifen, einem Gesichtspunkt, der damit zusammenhängen mag, welche fundamentalen Anschauungen über die Struktur und das Funktionieren des menschlichen Geistes – anders ausgedrückt: über die Möglichkeiten der menschlichen Vernunft – man vertritt. Je nachdem, ob man an die Unfehlbarkeit bestimmter sozialer Instanzen oder auch bestimmter Methoden, an die Sicherheit gewisser Quellen der Erkenntnis oder an die absolute Gewißheit irgendwelcher Einsichten glaubt oder ob man davon ausgeht, daß alle Instanzen und Methoden prinzipiell fehlbar sind und daß der Glaube an sichere Erkenntnisquellen und an absolut gewisse Einsichten einer Illusion über menschliche Möglichkeiten entspringt, wird man zu anderen Vorschlägen nicht nur für die Prozeduren der wissenschaftlichen Forschung, sondern darüber hinaus auch für die in anderen Bereichen der Gesellschaft einzuschlagenden Verfahrensweisen und für die Gestaltung des gesellschaftlichen

1 Vgl. dazu etwa John W. N. Watkins, Erkenntnistheorie und Politik. In: Theorie und Realität. Ausgewählte Aufsätze zur Wissenschaftslehre, 2. Aufl., Tübingen 1972.

Lebens im ganzen gelangen. In viel stärkerem Maße, als die meisten Leute wohl anzunehmen geneigt sind, ist die soziale Praxis in den verschiedenen Bereichen – von der Wissenschaft bis zur Wirtschaft – von philosophischen Ideen inspiriert, die sich allerdings mitunter den Anschein der Selbstverständlichkeit geben und daher leicht übersehen werden. Nun decken sich zwar solche Ideen nicht unbedingt mit den in der sogenannten Fachphilosophie – wie sie etwa auf den Universitäten gelehrt wird – vorherrschenden Auffassungen, aber es gibt doch mitunter interessante Beziehungen zu ihnen, und es ist jedenfalls nicht uninteressant, die Konsequenzen dieser Auffassungen für das soziale Leben zu betrachten. Ich will daher zunächst einmal, wenn auch notgedrungen ganz knapp und skizzenhaft, die verschiedenen philosophischen Richtungen charakterisieren, die man heute als dominierend ansehen kann, und den von ihnen her möglichen Zugang zur politischen Problematik, um dann meine Auffassung damit konfrontieren zu können: den kritischen Rationalismus.

1. Philosophie und Politik im zeitgenössischen Denken

Da gibt es einmal das *analytische* Denken – die sogenannte analytische Philosophie, die im angelsächsisch-skandinavischen Bereich seit langer Zeit dominiert, bei uns aber bisher nur in geringem Maße Einfluß gewinnen konnte und mitunter immer noch als »Positivismus« klassifiziert und gleichzeitig abqualifiziert wird. Es ist sehr schwer, diese heute sehr vielgestaltige und differenzierte Strömung auf einen einheitlichen Nenner zu bringen, um sie im ganzen zu beurteilen. Dennoch ist es wohl im wesentlichen richtig, wenn man sagt, daß in ihr eine Tendenz besteht, Philosophie auf Erkenntnistheorie, Erkenntnistheorie wieder auf Wissenschaftslehre und letztere auf Sprachanalyse zu reduzieren, das heißt also: auf die logische Analyse der Produkte wissenschaftlicher Tätigkeit, der Begriffe, Aussagen und Theorien, die in den verschiedenen Wissenschaften produziert und verwendet werden. Es muß betont werden, daß die bedeutenden Vertreter dieser Richtung, wie zum Beispiel der große englische Philosoph Bertrand Russell, keineswegs dieser Tendenz erlegen sind und daß sich ihre Werke einer solchen Einordnung nicht ohne weiteres fügen. Aber die erwähnte Tendenz ist dennoch charakteristisch für diese Richtung, und wenn sie voll zur Auswirkung kommt, muß sie in eine Sackgasse führen[2], nämlich zu

2 Sie führt nämlich im Extremfall zu einer auf die Analyse des faktischen Sprachgebrauchs beschränkten Kultursoziologie, die unter Umständen noch

einer »reinen« Philosophie, die zu den wichtigen Problemen der
Wissenschaft, der Moral und der Politik keine wesentliche Beziehung
mehr hat[3] und eine vollkommene Neutralisierung des Denkens mit sich
bringt. Für die Beziehung zur Politik gibt es nichtsdestoweniger im
analytischen Denken ein wichtiges Resultat, das charakteristischerweise
der logischen Analyse entstammt: die Kritik am sogenannten naturalistischen Fehlschluß. Diese Kritik läßt sich schwerlich zurückweisen. Sie
führt für die anderen philosophischen Richtungen zu einem schwieri-
gen, bisher unbewältigten Problem. Es handelt sich dabei darum, daß
aus Sachaussagen keine Werturteile gefolgert werden können, so daß es
nicht möglich ist, aus einer Erkenntnis eine Bewertung oder eine
Forderung abzuleiten, wie das ja vielfach sogar in bestimmten
Wissenschaften, wie etwa der Nationalökonomie, praktiziert wird.[4] In
positiver Hinsicht kann man immerhin auf die im analytischen Denken
akzentuierte Möglichkeit hinweisen, die Resultate der Wissenschaft
technologisch für die Politik zu verwerten.

Das *hermeneutische* Denken, das zum Beispiel in der Lebensphiloso-
phie und im Existentialismus der verschiedenen Schattierungen vor-
herrscht, hat dagegen die Tendenz einer entschiedenen Subjektivierung
der Erkenntnis, wobei erkenntnistheoretische Fragestellungen zurück-
treten und der methodische Stil der Naturwissenschaften nur für einen
engen Bereich akzeptiert wird. Im Kontrast zu der für diesen Denkstil
kennzeichnenden Sachorientierung wird hier die Bedeutung der irratio-
nalen »existenziellen« Entscheidung betont sowie die einer persönlichen Wahrheit, für die Wissenschaft und objektive Analyse bedeutungslos sind. Ein am Modell der Deutung von Texten gewonnenes
Erkenntnisideal und die mit ihm verbundene Methode des Verstehens
wird hier, teilweise sogar als tieferdringend und daher zu wesentliche-
ren Einsichten führend, dem naturwissenschaftlichen Denkstil und der

dazu impressionistisch verfährt, weil man ihren Charakter als Spezialwissen-
schaft nicht durchschaut; vgl. dazu meine Kritik in: Ethik und Meta-Ethik.
Das Dilemma der analytischen Moralphilosophie, Archiv für Philosophie,
1961. Abgedruckt in meinem Aufsatzband: Konstruktion und Kritik,
München 1972. Eine politische Philosophie dieser Richtung muß sich auf die
Analyse der politischen Sprache beschränken, wobei natürlich ein ideologie-
kritisches Motiv wirksam werden kann.

3 Zur Kritik vgl.: Karl Popper, The Nature of Philosophical Problems and
their Roots in Science. In seinem Aufsatzband: Conjectures and Refutations,
London 1963; dt. Ausgabe in Vorbereitung.

4 Zur Kritik dieser Praxis vgl. etwa: Gunnar Myrdal, Das politische Element in
der nationalökonomischen Doktrinbildung (1932), 2. Aufl., Hannover 1956;
siehe auch meine Schrift: Ökonomische Ideologie und politische Theorie
(1954), 2. erweiterte Aufl., Göttingen 1972.

für ihn charakteristischen Methode des Erklärens entgegengesetzt. Auslegung der Tradition als »Einordnung in ein Überlieferungsgeschehen« einerseits und existenzielle Entscheidung ohne die Hilfe rationaler Analyse andererseits werden als zentral angesehen.[5] Von daher scheint dann in politischer Hinsicht ein Verhaltensmuster naheliegend zu sein, das man wohl am besten als »Politik am hermeneutischen Halteseil« bezeichnen könnte: eine Praxis nämlich, die ihre Entscheidungen als Erkenntnisse camoufliert, indem sie die »Auslegung« der Situation, die ihnen jeweils vorhergeht – auf Grund heiliger Texte oder auch ohne diese Stütze –, mit entsprechenden Vorentscheidungen infiziert, so daß der oben erwähnte naturalistische Fehlschluß maskiert oder umgangen wird, wenn man es nicht vorzieht, die »reine« Entscheidung selbst als schöpferischen Akt mit einer höheren Weihe zu versehen.

Im *dialektischen* Denken dagegen zeigt die Philosophie die Tendenz, in einer geschichtsphilosophisch inspirierten »kritischen Gesellschaftstheorie« unterzugehen, die von ihren Verfechtern zwar mit höheren Ansprüchen ausgestattet zu werden pflegt, als man sie im allgemeinen mit den in der Wissenschaft üblichen Theorien verbindet, deren Struktur aber bisher kaum geklärt werden konnte.[6] Ich denke hier vor allem an die verschiedenen Versionen des Marxismus, die natürlich ebensowenig ohne weiteres auf einen Nenner zu bringen sind wie die des analytischen und des hermeneutischen Denkens.[7] Immerhin kann man hier zumindest die Neigung zu einer bewußten Politisierung des Denkens konstatieren, die am deutlichsten in der vielfach erhobenen Forderung seiner Parteilichkeit und in den bekannten Angriffen gegen Objektivität oder Objektivismus, gegen Wertfreiheit und gegen die Neutralität der Wissenschaft zum Ausdruck kommt[8], sowie in der

5 Zur Kritik vgl. mein Buch: Traktat über kritische Vernunft, Tübingen 1968, 3. erweiterte Aufl. 1975; sowie meinen Aufsatz: Hermeneutik und Realwissenschaft. In meinem Aufsatzband: Plädoyer für kritischen Rationalismus, München 1971.

6 Vgl. dazu etwa: Max Horkheimer, Kritische Theorie. Eine Dokumentation, Alfred Schmidt (Hrsg.), Bd. I und II, Frankfurt 1968, bes. etwa Bd. II, S. 137 ff. u. S. 333 ff., wo eine solche Klärung versucht wird. Vgl. dagegen die Analyse Werner Beckers in seinem Buch: Idealistische und materialistische Dialektik, Stuttgart/Berlin/Köln/Mainz 1970, in der diese Tradition dialektischen Denkens einer gründlichen Kritik unterzogen wird.

7 Bestimmte Versionen, wie zum Beispiel die durch Leszek Kolakowski entwickelte – vgl. etwa sein Buch: Der Mensch ohne Alternative, München 1960 –, scheinen sogar der hier formulierten Darstellung überhaupt nicht zu entsprechen und daher auch der daran geknüpften Kritik zu entgehen.

8 Vgl. dazu etwa Herbert Marcuses Kritik an Max Weber, Industrialisierung und Kapitalismus. In: Max Weber und die Soziologie heute, Otto Stammer

These der Klassengebundenheit der Erkenntnis und den heute sogar in den westlichen Ländern wieder zunehmend in Mode kommenden Angriffen gegen die sogenannte »bürgerliche« Wissenschaft. Hier hat die Politik zwar unzweifelhaft ihren Platz – man könnte sagen: im Zentrum dieser Denkweise –, aber auf eine Art, die in ihrer Extremform auf Parteiliniendenken hinausläuft. Es treten Versuche auf, die eigenen politischen Ideale als sinngebende Kräfte in den Ablauf der Geschichte zu projizieren und bestimmte soziale Klassen oder Gruppen mit einem Erkenntnisprivileg und mit einem darauf gegründeten politischen Vorrang auszustatten, während gegen alle anderen – auch gegen ihre wissenschaftlichen Bemühungen – ein allgemeiner Ideologievorwurf erhoben wird. Dabei wird eine Argumentationsweise verwendet – die dialektische Methode –, die es offenbar mitunter erlaubt, die übliche Logik als irrelevant beiseite zu schieben.[9]

2. Kritischer Rationalismus als politische Philosophie

Nach dieser skizzenhaften und daher notwendigerweise unzulänglichen Charakterisierung der herrschenden philosophischen Strömungen und ihres Verhältnisses zur politischen Problematik komme ich nun zum kritischen Rationalismus.[10] Er ist hervorgegangen aus einer Kritik des klassischen Modells der Rationalität, das letzten Endes am methodischen Prinzip einer absoluten Begründung orientiert war und

(Hrsg.), Tübingen 1965, S. 161 ff.; sowie meine Kritik in: Wissenschaft und Verantwortung, abgedruckt in meinem in Anm. 5 genannten Aufsatzband.

9 Vgl. dazu z. B. das in Anm. 6 erwähnte Buch von Werner Becker, in dem die mit dieser Methode verbundenen Tricks – etwa am Beispiel der von Hegel postulierten »Dialektik von Form und Materie« – im einzelnen untersucht werden, wobei sich zeigt, daß es sich um folgenschwere logische Fehler handelt, die zu paradoxen Resultaten führen müssen; vgl. auch Becker, Dialektik als Ideologie: Hegel und Marx. Eine kritische Betrachtung über Zustandekommen, Sinn und Funktion der dialektischen Methode, Zeitschrift für allgemeine Wissenschaftstheorie, III (1972), S. 302 ff., wo unter anderem auf die höchst fragwürdige Rolle der Dialektik im Marxschen Hauptwerk »Das Kapital« eingegangen wird.

10 Die Bezeichnung stammt von dem aus Wien stammenden Philosophen Karl R. Popper, der seit langer Zeit an der London School of Economics lehrt und auf dessen Ideen diese philosophische Richtung zurückgeht; vgl. sein Buch: Die offene Gesellschaft und ihre Feinde, Bd. I: Der Zauber Platons, Bern 1957, Bd. II: Falsche Propheten, Bern 1958, in dem seine Sozialphilosophie enthalten ist; sein erkenntnistheoretisches Hauptwerk: Logik der Forschung, Wien 1934, 4. Aufl., Tübingen 1971; vgl. auch seinen Aufsatzband: Conjectures and Refutations, London 1963.

daher darauf abzielte, Wahrheit und Gewißheit miteinander zu verschmelzen.[11]

Um es kurz zu machen: Die klassische Lehre, die den Rückgang auf sichere und unanzweifelbare Gründe fordert und damit letzten Endes unterstellt, daß es irgendwelche unfehlbare Quellen oder Träger der Erkenntnis gibt, führt in letzter Konsequenz zur dogmatischen Rationalisierung, also: zur Immunisierung von Problemlösungen aller Art gegen Kritik, und zwar nicht nur von Theorien, die ja als Lösungen bestimmter Probleme der Erkenntnis aufzufassen sind, sondern auch von Lösungen praktischer Probleme. Das beruht darauf, daß es die geforderte absolute Sicherheit nicht geben kann – auch nicht etwa in der naturwissenschaftlichen Forschung –, daß man sich aber durch geeignete Verfahrensweisen die Illusion einer solchen Sicherheit, die subjektive Gewißheit der Richtigkeit einer Problemlösung, stets verschaffen kann. Die Immunität oder Abgeschirmtheit einer Problemlösung gegen jede denkbare Kritik, die man zunächst vielleicht geneigt wäre, positiv einzuschätzen, beruht also keineswegs auf guten Eigenschaften, die die betreffende Lösung objektiv unangreifbar machen würden – solche prinzipiell unangreifbaren Problemlösungen gibt es nicht –, sie ist nicht etwa eine »natürliche« Eigenschaft derartiger Lösungen, sondern sie kann durch geeignete Maßnahmen – »Immunisierungsstrategien« – hergestellt werden, wenigstens zur eigenen Zufriedenheit ihrer Verfechter, und die Tatsache, daß sie *stets* hergestellt werden kann, gleichgültig wie schlecht die betreffende Lösung auch sein mag, zeigt, daß eine solche Abschirmung gegen Kritik *objektiv* gesehen wertlos ist.[12] *Dogmatisierung* – so kann man die Herstellung solcher Kritikimmunität von Problemlösungen nennen, wenn man sich an den eingebürgerten Sprachgebrauch anlehnen will – ist dabei nicht auf bestimmte Bereiche beschränkt – etwa auf eine Disziplin wie die Theologie oder auf den Bereich der Erkenntnis überhaupt –, sie ist vielmehr *eine allgemeine Möglichkeit der sozialen Praxis,* von der

11 Vgl. dazu mein in Anm. 5 erwähntes Buch: Traktat über kritische Vernunft, a.a.O., sowie meinen Einleitungsaufsatz: Kritizismus und Naturalismus. In: Konstruktion und Kritik. Für eine Analyse und Kritik der besonderen Art dieser Verschmelzung in der idealistischen Tradition, aus der sich unter anderem auch der Neomarxismus der Frankfurter Schule (Horkheimer, Adorno, Habermas usw.) speist, vgl. das in Anm. 6 erwähnte Buch von Becker, Idealistische und materialistische Dialektik.

12 Karl R. Popper hat in seinem oben erwähnten Buch: Logik der Forschung, z.B. gezeigt, daß man jede wissenschaftliche Theorie prinzipiell gegen Widerlegung schützen kann, daß sie aber gerade dadurch ihren Wert für die Erkenntnis verliert.

Erkenntnispraxis der Wissenschaft bis etwa zur Praxis in Recht, Politik und Wirtschaft.

Aus der Kritik des klassischen Modells der Rationalität, das, wie gesagt, letzten Endes zu dogmatischer Rationalisierung führen muß, hat sich ein revidierter Rationalismus entwickelt, ein Kritizismus, der von der prinzipiellen Fehlbarkeit der menschlichen Vernunft und damit auch des menschlichen Problemverhaltens überhaupt – gleichgültig, um Probleme welcher Art es sich handelt – ausgeht, der die Forderung, auf ein sicheres Fundament zurückzugehen, als illusorisch zurückweist und daher das Prinzip der kritischen Prüfung an die Stelle des klassischen Prinzips der zureichenden – und das heißt: der absoluten und sicheren – Begründung setzt. Es kommt nicht darauf an, irgendwelche Problemlösungen durch Rekurs auf sichere Gründe zu rechtfertigen, sondern sie kritisch zu durchleuchten und nach Verbesserungsmöglichkeiten zu suchen, denn auch unsere besten Lösungen – zum Beispiel wissenschaftliche Theorien im Bereich der exakten Naturwissenschaften, von denen man mit Recht sagen kann, daß sie äußerst leistungsfähig und erfolgreich sind – leiden vermutlich an mehr oder weniger großen Schwächen, die aufzudecken und zu beseitigen sich lohnt. Das gilt aber natürlich nicht nur für die Wissenschaft, sondern auch, und zwar in nicht minder starkem Maße, für Recht, Wirtschaft und Politik, aber natürlich auch für Erziehung, Kunst und andere Bereiche. Für eine rationale Kritik ist aber die Konstruktion konkreter Alternativen von großer Bedeutung, damit ein Vergleich verschiedener Problemlösungen unter dem Gesichtspunkt ihrer Leistung und damit ihre komparative Beurteilung möglich wird, zum Beispiel der Vergleich wissenschaftlicher Theorien hinsichtlich ihrer Erklärungsleistung. Nicht die »Abstammung« einer Problemlösung – ihre Herkunft aus einer guten Quelle, etwa aus der Erfahrung, der Intuition oder gar aus einem mehr oder weniger heiligen Text –, sondern vielmehr ihre vergleichsweise »Leistung« ist relevant für ihre Beurteilung.

Dieses Modell der Rationalität wurde in der Wissenschaftslehre als theoretischer Pluralismus entwickelt und ist daher selbst als Alternative zu den bisher vorherrschenden Auffassungen – den monistischen Konzeptionen, die den Akzent auf die *eine* gute Lösung, die *eine* angeblich als wahr erwiesene Theorie etwa, legten – zu betrachten. Es geht nicht nur auf systematische Überlegungen zurück, sondern auch auf wissenschaftsgeschichtliche Betrachtungen. Es hat sich nämlich, wie schon erwähnt, herausgestellt, daß auch die besten Problemlösungen in diesem Bereich – nämlich naturwissenschaftliche Theorien mit großer Erklärungsleistung wie die Newtonsche Physik – stets mit gewissen

Schwächen behaftet sind. Es gibt Ausnahmen, Anomalien, schwer zu deutende Erscheinungen, kurz: Fälle, die mit der betreffenden Theorie kaum zu vereinbaren sind, wenn man nicht zu logisch oder methodisch fragwürdigen Aushilfen greifen möchte[13], sogar mitunter Widersprüche innerhalb des Systems. Nun wird aber erfahrungsgemäß eine solche Theorie kaum jemals aufgegeben, trotz aller dieser Schwächen, ehe eine konkrete, das heißt: ausgearbeitete, Alternative da ist, eine Konzeption nämlich, die mehr leistet – mehr und besser erklärt –, und nicht etwa nur ein Programm oder eine Skizze einer solchen Konzeption: Es gibt gewissermaßen kein theoretisches Vakuum. Theorien werden im allgemeinen, wenn sie überhaupt etwas leisten, nicht durch Aufweis ihrer Schwächen überwunden – so wichtig eine solche Kritik für ihre Überwindung auch sein mag –, sondern durch die Ausarbeitung besserer Theorien. Und das ist gut zu verstehen, wenn man ihre Funktion in Betracht zieht. Daher ist die Suche nach besseren konkreten Alternativen eine wichtige Bedingung des Erkenntnisfortschritts, auch da, wo man mit früheren Leistungen zufrieden sein zu können scheint. Weder die Dogmatisierung alter Problemlösungen noch ihre ersatzlose Eliminierung hilft weiter.

Diese Überlegungen müssen aber keineswegs auf den Bereich der Erkenntnis eingeschränkt werden. Sie sind so allgemeiner Natur, daß sie ohne weiteres für Problemlösungsverhalten in anderen Bereichen gelten, und damit auch: für die Politik. Auch da gibt es ja die Neigung zur Dogmatisierung bisheriger Problemlösungen und andererseits einen utopischen Radikalismus, der auf der Suche nach radikalen Lösungen bereit ist, zunächst ein soziales Vakuum zu schaffen, aus dem sich dann ein vollkommener Neuaufbau ergeben soll, ohne daß eine konkrete Alternative angeboten werden könnte, die sich hinsichtlich ihrer Leistung mit der bisher praktizierten Lösung vergleichen ließe. Es gibt ja sogar gute Beispiele dafür, daß beide Einstellungen, der konservative und der utopische Radikalismus, sich aus dem gleichen Ideenreservoir, aus der gleichen ideologischen Tradition, ergeben können. Sie bilden etwa die statische und die dynamische Version einer politischen Theologie, in der gewisse Wunscherfüllungsphantasmen, mit starken Motiven besetzte Wunschträume, im einen Falle »sterili-

13 Vgl. dazu: Thomas Kuhn, Die Struktur wissenschaftlicher Revolutionen, Frankfurt 1967, der allerdings eine etwas problematische Deutung dieses Tatbestandes anbietet. Es handelt sich hier um eines der in letzter Zeit meist diskutierten Bücher aus dem Bereich der Wissenschaftslehre; vgl. dazu: Criticism and the Growth of Knowledge, Imre Lakatos/Alan Musgrave (Hrsg.), Cambridge 1970.

siert« – indem sie auf das Jenseits oder auf eine fernere Zukunft verwiesen werden –, im anderen Falle aber »mobilisiert« werden, so daß ihre Energie sich in unmittelbare Aktionen umsetzen läßt.[14] Es bedarf wohl keiner Erläuterung, daß eine politische Theologie dieser Art auch im Rahmen atheistischen Denkens möglich ist, wie die Rolle des Neomarxismus in der Studentenbewegung zeigt.[15] Wer bereit ist, den prinzipiellen *Kritizismus* und *Revisionismus,* der sich in den Wissenschaften herausgebildet hat, *in die politische Methodologie* zu übernehmen, der wird Heilslehren dieser Art, auch wenn sie eine ehrwürdige Abstammung zu haben scheinen, mit dem Mißtrauen begegnen, das sie verdienen, wenn man ihre Leistungen in Betracht zieht.

3. Aufklärung und Steuerung: Revisionismus und Pluralismus als politische Methodologie

Damit komme ich zur nächsten Frage, nämlich zur Frage nach der Rolle, die die Erkenntnis für die Lösung praktischer – und damit auch politischer – Probleme spielen kann. Auf welche Weise lassen sich Problemlösungen der Wissenschaft für die Lösung anderer Probleme verwerten? Will man diese Frage adäquat beantworten, dann ist zunächst zu beachten – und darauf haben die Vertreter des analytischen Denkens, wie schon erwähnt, mit Recht aufmerksam gemacht –, daß Entscheidungen nicht aus Erkenntnissen allein abgeleitet werden können, es sei denn, man nehme den schon erwähnten naturalistischen Fehlschluß in Kauf. Es ist natürlich ohne weiteres möglich, sie als Erkenntnisse zu maskieren, wie das tatsächlich auch häufig geschieht, um auf diese Weise den Eindruck hervorrufen zu können, man habe die Forderungen, die man vertreten möchte, unmittelbar aus der Wissenschaft gewonnen, aber diese Möglichkeit ist bestenfalls unter Propagandagesichtspunkten von Vorteil. Wenn man die Kritik an dem erwähnten Fehlschluß berücksichtigt, muß man also zu dem Schluß kommen, daß hier ein echtes *Überbrückungsproblem* besteht, das *Problem der Brücke*

14 Vgl. dazu: Norman Cohn, Das Ringen um das tausendjährige Reich, Bern und München 1961, wo diese Problematik im Zusammenhang mit den sogenannten millenarischen Bewegungen behandelt wird.

15 Vgl. dazu die interessante historische Analyse des Manichäismus bis zu Herbert Marcuse durch Walter Kaufmann in seinem Aufsatz: Black and White, Survey, No. 73, 1969; sowie meinen Beitrag: Politische Theologie im Gewande der Wissenschaft. Zur Kritik der neuen deutschen Ideologie, Club Voltaire, Jahrbuch für kritische Aufklärung IV, Gerhard Szczesny (Hrsg.), Reinbek 1970.

zwischen Erkenntnis und Entscheidung oder, wenn man so will, zwischen Theorie und Praxis, ein Problem, das gelöst werden muß, wenn die jeweils relevante Erkenntnis für die Politik fruchtbar gemacht werden soll. Dieses Problem läßt sich durch Einführung geeigneter Brückenprinzipien grundsätzlich lösen[16], von Prinzipien, die einerseits die Kritik an Wertorientierungen, Programmen und Maßnahmen aller Art, etwa unter dem Gesichtspunkt der Realisierbarkeit, ermöglichen, und zwar auf der Grundlage unseres theoretischen und historischen Wissens, und die andererseits die konstruktive Verwertung wissenschaftlicher Erkenntnisse für die Entwicklung praktischer Lösungen möglich machen. Darauf komme ich noch zurück.

Ganz abgesehen von der Möglichkeit, *Ergebnisse* der Wissenschaften für die Gestaltung der Praxis auszunutzen, einer Möglichkeit, die heute an sich von kaum einer Seite in Frage gestellt wird, führt aber die Übernahme des in der Praxis der Wissenschaften entwickelten Revisionismus in die politische Methodologie dazu, daß nun soziale Ordnungen, institutionelle Vorkehrungen und politische Maßnahmen selbst als Problemlösungen aufgefaßt werden, die prinzipiell »Hypothesen«-Charakter haben – die also nach Art wissenschaftlicher Hypothesen zu behandeln, also kritisierbar, revidierbar und bewährbar sind und daher weder dogmatisiert noch mit sakraler Weihe versehen werden sollten. Um ihre vergleichsweise Leistung und ihre relative Bewährung zu beurteilen, bedarf es nicht nur entsprechender Erkenntnisse – also etwa bestimmter Resultate wissenschaftlicher Forschung –, sondern darüber hinaus bestimmter Wertgesichtspunkte, die selbst wieder kritischer Analyse auf der Basis sachlicher Einsichten zugänglich gemacht werden können.[17] Bis zu einem gewissen Grade kann also das in der Wissenschaft entwickelte Modell kritischer Rationalität für die anderen Bereiche der Gesellschaft und damit auch für die Politik fruchtbar gemacht werden.

Was nun die Verwertung von Resultaten der Wissenschaft für die gesellschaftliche Praxis angeht, so möchte ich *zwei Weisen der Praxisorientierung* unterscheiden, die man »*Aufklärung*« und »*Steuerung*« nennen kann. Beide gehen von der Ausnutzung unseres theoretischen Wissens und seiner Anwendung auf die in Frage kommenden Tatbestände aus, das heißt: von der *Erklärung auf*

16 Für diese Problematik, auf die ich hier nicht näher eingehen kann, vgl. mein o.a. Buch: Traktat über kritische Vernunft; sowie meinen in Anm. 11 erwähnten Aufsatz: Kritizismus und Naturalismus.
17 Auch für die Beurteilung wissenschaftlicher Theorien gibt es, das wird oft vergessen, solche Gesichtspunkte – etwa Kriterien der Bewährung –, die in

nomologischer Grundlage.[18]

Die Aufklärung, die ich hier meine, ist nicht etwa eine Ideologiekritik positivistischen Charakters, wie sie in extremer Form seinerzeit von Theodor Geiger ins Auge gefaßt wurde.[19] Sie ist kein bloßes »Sprachreinigungsunternehmen«, wie das vom analytischen Gesichtspunkt her plausibel wäre, ein Unternehmen, bei dem es darauf ankäme, versteckte Werturteile in irgendwelchen Texten aufzudecken, um das Max Webersche Wertfreiheitsprinzip etwa auch in Bereichen durchzusetzen, für die es nicht formuliert wurde. Sie ist auch nicht eine Ideologiekritik marxistischen Musters, die darauf abzielt, bestimmte Bewußtseinslagen durch Nachweis ihrer sozialen Verankerung, etwa ihrer Verwurzelung in einer Klassenlage, als »falsch« zu entlarven, um damit beide Tatbestände gleichzeitig als überholt deklarieren zu können. Es geht vielmehr darum, den Fortschritt der Erkenntnis für die Korrektur bestimmter Vorurteile fruchtbar zu machen, das heißt: die in der Gesellschaft vorherrschenden Auffassungen, vor allem auch insoweit sie für Einstellungen und Handlungen – zum Beispiel politisches Verhalten – bedeutsam sind, einer sachlich fundierten Kritik zu unterwerfen und auf diese Weise zu ihrer Revision – und damit auch einer entsprechenden Revision der Einstellungen und des Verhaltens – beizutragen. Dazu gehört auch die Vermittlung von Methoden rationalen Problemlösungsverhaltens – wie sie besonders in der Wissenschaft ausgebildet wurden – und die Förderung eines Denkstils, der dem oben

18 Erkenntnisidealen verankert sind. Gerade die Verfechter einer »wertfreien« Wissenschaft haben den normativen Hintergrund der Forschungspraxis analysiert und gezeigt, daß er nicht nur mit objektiver Erkenntnis vereinbar, sondern sogar eine Bedingung dafür ist. Die Wissenschaftslehre behandelt solche Fragen großenteils, ohne den Boden sachlicher Analyse zu verlassen. Rationale Diskussion und Wertkritik sind auch in diesem Bereich ohne weiteres möglich, und zwar auf sachlicher Grundlage. Das gleiche gilt für andere Bereiche, wie zum Beispiel: Recht, Wirtschaft oder Politik.

18 Sie fußen also darauf, daß man die Erscheinungen unserer natürlichen und sozialen Wirklichkeit auf der Basis von Gesetzmäßigkeiten erklären kann, einer Möglichkeit, die für manche Bereiche – vor allem für den der geschichtlich-gesellschaftlichen Wirklichkeit – nicht selten auch heute noch bestritten wird; vgl. dazu aber die in dem oben erwähnten Sammelband: Theorie und Realität, abgedruckten Arbeiten.

19 Damit soll keineswegs bestritten werden, daß Geigers Buch: Ideologie und Wahrheit, Stuttgart 1953, sehr interessante Analysen enthält. Ich habe an anderer Stelle zu zeigen versucht, daß das Geigersche Programm in eine Sackgasse führen muß; vgl. meinen Beitrag zur König-Festschrift: Ideologie und Wahrheit. Theodor Geiger und das Problem der sozialen Verankerung des Denkens, abgedruckt in meinem oben erwähnten Aufsatzband: Konstruktion und Kritik.

skizzierten Modell kritischer Rationalität entspricht. Schließlich gehört dazu die Durchleuchtung sozialer Zusammenhänge auf wissenschaftlicher Grundlage, um das tatsächliche Funktionieren sozialer Mechanismen in der gegenwärtigen Gesellschaft erkennbar zu machen.

Eine Aufklärung dieser Art kann dazu dienen, der Dogmatisierung bestehender oder auch geforderter neuer Problemlösungen entgegenzuwirken, die sich auf Grund bestimmter sozialer Einflüsse – eines ständig wirksamen sozialen Trägheitsprinzips und des in den verschiedenen sozialen Gruppierungen wirksamen Konformitätsdrucks – immer wieder einstellt. Daß die Praxis einer solchen Aufklärung nicht in jeder Hinsicht mit den Methoden der Wissenschaft zu identifizieren ist, braucht kaum besonders betont zu werden. Vielfach wird die Vermittlung neuer Gesichtspunkte, Ideen und Ansätze sehr viel wirksamer mit künstlerischen Mitteln erreicht werden können.

Eine Aufklärung auf der Grundlage wissenschaftlicher Erkenntnisse wird nicht nur Klarheit über Tatsachen, sondern vor allem auch über Zusammenhänge, über Möglichkeiten und damit auch über Beschränkungen zu schaffen suchen, denen das menschliche Handeln – und damit die soziale Praxis – unterworfen ist. Einer der wichtigsten Dienste, die die theoretischen Realwissenschaften von der Physik bis zur Ökonomik der Gesellschaft leisten können, besteht ja gerade darin, daß sie den *Spielraum menschlicher Wirkungsmöglichkeiten* aufzeigen können und damit auch die *Einschränkungen*, die man berücksichtigen muß, wenn es um die Lösung praktischer Probleme geht. Mit der kritischen Durchleuchtung sozialer Zusammenhänge – etwa auch: bestehender Herrschaftsstrukturen –, die als Aufgabe einer Aufklärung dieser Art angesehen werden kann, mit einer wissenschaftlich inspirierten Sozialkritik, ist also nicht nur Ideologiekritik, sondern vor allem auch Utopiekritik verbunden, die Kritik an utopischen Forderungen, die der Vorstellung entstammen, es gäbe keine Beschränkungen für die Erfüllung menschlicher Wünsche, wenn man nur die richtigen Maßnahmen ergreifen würde.

Damit sind wir schon bei der anderen Weise der Praxisorientierung angelangt, die ich »Steuerung« genannt habe. Dabei habe ich an die konstruktive – oder »technische« – Verwendung der Realwissenschaften für die soziale Praxis gedacht. Ihre Möglichkeit beruht darauf, daß man das »nomologische« oder Gesetzeswissen, das in ihnen gewonnen wird, in eine Form bringen kann – seine technologische Form –, die erkennen läßt, welche Wirkungsmöglichkeiten für menschliches Handeln in bestimmter Hinsicht existieren. Einen Tatbestand *erklären* heißt, gewissermaßen unter anderem auch: zeigen, wie man ihn prinzipiell *vermeiden* oder wie man ihn *herstellen* kann, wenn bestimmte Voraussetzungen erfüllt sind, das heißt: wenn bestimmte Eingriffe in das natürliche und das soziale Geschehen im Bereich des Möglichen liegen. Wenn es gelingt, das für die betreffende Problemlösung in Betracht kommende technologische Wissen auf Ansatzpunkte für menschliches Handeln zu beziehen, wie sie in der jeweiligen Situation vorliegen, dann läßt sich das Geschehen in dem betreffenden Bereich in Richtung auf bestimmte erwünschte Resultate steuern oder man hat zumindest Anhaltspunkte dafür, wie es zu steuern wäre.

Das muß nicht heißen, daß die betreffenden Geschehensabläufe in jeder Einzelheit vorherbestimmt werden. Es kann sich vielmehr um eine sehr grobe »Kanalisierung« des Geschehens handeln, das ihm einen sehr großen Spielraum läßt. Steuerungsversuche dieser Art hat es nicht nur in der Technik, sondern auch im sozialen Leben immer schon gegeben, vielfach auf der Grundlage alltäglicher Erfahrung. Dabei sind mitunter soziale Mechanismen zustande gekommen, wie zum Beispiel die *Marktmechanismen* mit ihren Produktions-, Akkumulations-, Beschäftigungs- und Verteilungswirkungen, die in ihren Konsequenzen von niemandem völlig überschaut und vorausberechnet werden konnten. Ihre Erforschung bildet ja seit langer Zeit die zentrale Problematik der Nationalökonomie. – Nur wenn man die hinter solchen Mechanismen waltenden Gesetzmäßigkeiten erkannt hat, hat man eine brauchbare Grundlage zur Entwicklung wirksamer institutioneller Regelungen, die darauf abzielen, bisher unkontrollierbare Wirkungen, soweit das notwendig erscheint, in die Hand zu bekommen. Sehr viele, wenn nicht sogar die meisten, Übelstände des sozialen Lebens sind nichts anderes als unbeabsichtigte, schwer vorhersehbare und daher auch nicht ohne weiteres – etwa mit genügend gutem Willen – kontrollierbare Konsequenzen institutioneller Regelungen, die nicht durch Anklage, Empörung oder Denunzierung des ganzen Systems beseitigt werden können, sondern nur durch Steuerungsmaßnahmen, durch planende Eingriffe politischer Instanzen, die dazu in der Lage sind, auf der Grundlage des vorhandenen Wissens. Weder die *Personalisierung* solcher Probleme – das heißt letzten Endes: die Suche nach Sündenböcken – noch die heute vielfach übliche *totale Systemkritik* – die ohne adäquate Analyse der betreffenden Wirkungszusammenhänge auszukommen glaubt – kann da weiterhelfen. Eine rationale Politik muß sich auf eine *Analyse realisierbarer Alternativen* gründen, und eine solche Analyse wird nicht ohne das in den theoretischen Realwissenschaften gespeicherte Gesetzeswissen auskommen.

Es scheint nun nahezuliegen, die beiden Weisen der Praxisorientierung, die ich hier versucht habe zu charakterisieren, als *Freiheits-* und *Herrschaftsorientierung* mißzuverstehen, wie das auch tatsächlich schon geschehen ist: Die Aufklärung scheint auf die Befreiung – die Emanzipation – der Individuen abzuzielen, die Steuerung dagegen auf Herrschaft über sie. Das ist besonders naheliegend von einer Auffassung her, die das Wissen der theoretischen Realwissenschaft unter Vernachlässigung seiner Erklärungsfunktion von vornherein instrumentalistisch deutet, nämlich als bloßes Werkzeug praktischer Lebensbewältigung[20], und dabei die erste der von mir geschilderten praktischen Funktionen, die Aufklärung, überhaupt seiner Kompetenz entzieht.[21] Nun ist nicht nur diese instrumentalistische Deutung, die die theoretischen Realwissenschaften gewissermaßen weltanschaulich völlig sterilisieren würde – was sicherlich der Bedeutung von Kopernikus, Galilei, Newton, Darwin usw. in keiner Weise entspräche –, außerordentlich fragwürdig, sondern darüber hinaus ist auch die Charakterisierung ihres technologischen Gebrauchs – ihrer konstruktiven Funktion – als »herrschaftsorientiert« sehr irreführend, weil sie den Eindruck erweckt, es müsse dabei stets um Stabilisierung oder Stärkung von Herrschaft gehen. De facto kann es sich aber gerade um das Gegenteil – um institutionelle Regelungen zur Kontrolle von Herrschaft – handeln, auch wenn natürlich die Anwendung des betreffenden Wissens, um solche Regelungen durchzusetzen, nur von Positionen her ins Werk gesetzt werden kann, mit denen eine entsprechende Macht verbunden ist. Der Adressat der betreffenden Ratschläge ist daher sehr oft der Politiker, während sich die Aufklärung an alle Mitglieder einer Gesellschaft wenden kann. Aufklärung kann den Boden für eine Politik bereiten, die auf eine vernünftige Steuerung des sozialen Geschehens abzielt. Andererseits kann die Politik durch eine solche Steuerung auch dazu beitragen, daß sich die Chancen der Wirksamkeit von Aufklärung erhöhen – unter anderem durch entsprechende institutionelle Regulierungen im Erziehungswesen.

In dieser Hinsicht ist ein Zusammenhang von Realwissenschaft und Politik relevant, der von unseren Verfechtern kritischer Vernunft im

20 Eine solche Deutung findet sich vor allem bei Denkern, die der Tradition des deutschen Idealismus nahestehen, etwa bei Verfechtern des Neomarxismus, die mit der Betonung der Herrschaftsorientierung dann eine negative Stellungnahme gegenüber der sogenannten »bürgerlichen« Wissenschaft verbinden.

21 Diese Funktion wird dann mitunter einer »Geschichtsphilosophie in praktischer Absicht« zugewiesen, deren Struktur offenbar schwer zu klären ist, wie etwa bei Jürgen Habermas.

allgemeinen vergessen zu werden pflegt. Wer nämlich das Maß an Rationalität in unserem sozialen Leben erhöhen will, tut gut daran, sich über die realen Bedingungen der Möglichkeit solcher Rationalität zu informieren, und die Erforschung dieser Bedingungen gehört in die theoretischen Realwissenschaften. Entsprechende Steuerungsmaßnahmen müssen sich also, wenn sie wirksam sein sollen, auf technologische Überlegungen stützen, in denen die in dieser Beziehung in Betracht kommenden Resultate dieser Wissenschaften verwertet sind. Um bestimmte Ideen zu verwirklichen, bedarf es einer Politik, die von einer Analyse der realen Bedingungen einer solchen Realisierung ausgeht, und die Frage der Realisierbarkeit ist ein Problem, für dessen Lösung nomologisches Wissen – das in den theoretischen Realwissenschaften gespeicherte Gesetzeswissen – vorausgesetzt wird. Die Leistung dieser Wissenschaften besteht ja darin, immer tiefer in die Beschaffenheit der Realität einzudringen durch Versuche der Erklärung auf theoretischer Grundlage, das heißt: durch die Erfindung, Entwicklung, Anwendung und Beurteilung erklärungskräftiger und damit gehaltvoller Theorien. Je größer deren Erklärungskraft, desto vielseitiger werden im allgemeinen die Möglichkeiten ihrer technologischen Verwertung und damit auch ihrer politischen Anwendung sein.

4. Zur Problematik der politischen Relevanz wissenschaftlicher Forschung und ihrer politischen Steuerung

Hier ist es vielleicht angebracht, auf ein Problem einzugehen, das in letzter Zeit vor allem in der deutschen Diskussion große Beachtung gefunden hat: nämlich das Problem der politischen Relevanz wissenschaftlicher Forschungen und Fragestellungen. Dieses Problem wurde vorwiegend von Verfechtern einer neuen Wissenschaftsauffassung marxistischer Herkunft dramatisiert, die sich bemühten, die Unangemessenheit eines am Ideal reiner Wahrheitssuche orientierten Erkenntnisstrebens nachzuweisen. Unter Hinweis auf die schwerwiegenden sozialen Konsequenzen wissenschaftlicher Forschung wird in diesem Zusammenhang der Anspruch erhoben, diese Forschung einer Steuerung unter politischen Gesichtspunkten zu unterwerfen, damit sie sich an den für die Gesellschaft wichtigen Problemen orientiert und politisch relevante und annehmbare Lösungen produziert, Lösungen also, die zu günstigen sozialen Wirkungen führen.

Diese Auffassung mag auf den ersten Blick sehr plausibel klingen, vor allem, solange die Bewertungsgesichtspunkte, die hier eine Rolle spielen sollen, offengelassen werden. Sie zeugt nichtsdestoweniger von höchster Naivität hinsichtlich des Charakters der hier vorliegenden Probleme. Zunächst liegt ihr eine Wissenschaftskonzeption zugrunde, in der die Bedeutung umfassender und von der Bindung an spezielle Probleme der Alltagspraxis gelöster Theorien für die Entwicklung der Erkenntnis völlig verkannt wird. Gerade Theorien dieser Art haben sich später immer wieder als unentbehrliche Grundlage auch für die Lösung politisch relevanter sozialer Probleme erwiesen, und zwar: ohne daß man hätte vorhersehen können, welche Möglichkeiten der Verwertung es für sie geben würde. Das hängt vor allem damit zusammen, daß die Menge der Folgerungen aus solchen Theorien unübersehbar ist[22], und zwar auch dann, wenn die betreffenden Theorien ausgearbeitet vorliegen. Nun müßte man aber, wenn die hier kritisierte Auffassung brauchbar sein soll, die praktische Relevanz einer Theorie sogar schon vorher beurteilen können, etwa dadurch, daß man ein Ausgangsproblem für die Theoriebildung wählen würde, das von praktischen Alltagsgesichtspunkten her bedeutsam zu sein schiene. Die Naivität dieser Auffassung liegt nicht nur darin, daß sie eine solche Beurteilungsmöglichkeit voraussetzt, sondern darüber hinaus in der unter wissenschaftstheoretischen und -historischen Gesichtspunkten höchst fragwürdigen Vorstellung, daß der Ausgang von einem noch so dringenden Alltagsproblem überhaupt zu einer relevanten Theorie führen würde. Die Idee des unmittelbaren Praxisbezugs, die sich in dieser marxistisch inspirierten Wissenschaftsauffassung durchgesetzt hat, führt offenbar zu schwerwiegenden Mißverständnissen methodologischen Charakters, die zudem wissenschaftspolitisch äußerst bedenklich sind.

Im übrigen sind auch die sozialen Wirkungen solcher Theorien nicht im voraus bestimmbar, zumal sie zusätzlich noch von gesellschaftlichen Konstellationen und von den Einstellungen derjenigen Mitglieder der Gesellschaft abhängen, die sie zu verwerten suchen.[23] Man hat sich also

22 Es handelt sich hier um ein relativ triviales Resultat der Logik, das aber von unseren meist der Dialektik zuneigenden Kritikern sogenannter bürgerlicher Wissenschaft nichtsdestoweniger übersehen wird, obwohl die Argumentation der von der Dialektik her kommenden Gegner der formalen Logik in den bisherigen Kontroversen jedesmal Schiffbruch erlitten hat. – Der in unserem Zusammenhang interessante Sachverhalt läßt sich folgendermaßen formulieren: Die Folgerungsmenge jeder solchen Theorie ist an sich unendlich groß. Je allgemeiner und gehaltvoller sie aber ist, desto umfassender ist ihre Folgerungsmenge; denn auch zwischen unendlich großen Mengen kann man Teilmengenbeziehungen konstatieren.

23 Vgl. dazu: Friedrich H. Tenbrück, Die Funktionen der Wissenschaft. In: Was wird aus der Universität?, G. Schulz (Hrsg.), Tübingen 1969; vgl. auch:

wohl mit dem für unsere Relevanzapostel unbequemen Tatbestand abzufinden, daß wissenschaftliche Theorien stets in moralisch-politischer Hinsicht ambivalent sind und daß sich daran auch durch noch so reine Gesinnung und noch so guten Willen nichts ändern läßt. Sie lassen eine prinzipiell unbegrenzte Menge technischer Verwendungen in den verschiedensten Richtungen zu, von denen stets einige als annehmbar, andere dagegen als fragwürdig erscheinen werden, wobei es – abgesehen von Extremfällen – ziemlich gleichgültig ist, von welchen Wertgesichtspunkten man für ihre Beurteilung ausgeht. Dasselbe gilt aber sogar für die technologischen Systeme, die man aus ihnen ableiten kann. Die Argumente für eine politische oder gar ideologische Steuerung der wissenschaftlichen Forschung, die von der hier kritisierten Lösung des Relevanzproblems ausgehen, haben also eine äußerst problematische Grundlage.[24]

5. Die Rolle der Rationalität in der ordnungspolitischen Problematik

Dem oben entwickelten Vorschlag entsprechend können wir davon ausgehen, daß es angebracht ist, den für den Bereich der Erkenntnis gültigen Stil des Problemlösungsverhaltens in seinen Grundzügen auch in anderen Bereichen zu praktizieren, also zum Beispiel zur Lösung politischer Probleme. Auch hier muß der Lösung von Problemen eine Analyse der Problemsituation vorangehen, in der bisherige Lösungsansätze miteinander verglichen und hinsichtlich ihrer vergleichsweisen Leistung und der mit ihnen verbundenen Schwierigkeiten und Schwächen beurteilt werden. Auch hier muß die Entwicklung neuer Lösungsansätze aus der konstruktiven und kritischen Auseinandersetzung mit anderen Auffassungen entspringen, die, ganz wie in der Wissenschaft, sozial »verkörpert« sind in verschiedenen Individuen und Gruppen. Hier wie dort wird deshalb aus der Alternativanalyse, aus der

M. Rainer Lepsius, Soziale Konsequenzen von technischen Fortschritten. In: Wirtschaftliche und gesellschaftliche Auswirkungen des technischen Fortschritts, VDI (Hrsg.), Düsseldorf 1971. Neomarxistisch eingestellte Kritiker erwecken dagegen vielfach den Eindruck, solche Wirkungen seien von der politischen Einstellung der Forscher abhängig, die diese Theorien produzieren – eine soziologisch gesehen höchst merkwürdige Auffassung.

24 Vgl. dazu auch meinen Aufsatz: Wissenschaft, Technologie und Politik. Abgedruckt in meinem schon erwähnten Aufsatzband: Konstruktion und Kritik. Natürlich ist damit nichts gegen die politische Steuerung der technischen Anwendung gesagt.

Problemlösungen hervorgehen sollen, eine intersubjektive Diskussion, denn solche Alternativen werden nicht selten von denjenigen am besten präsentiert, die sie wirklich vertreten. Es ist also angezeigt, in Auseinandersetzungen mit den Verfechtern anderer Auffassungen einzutreten, wenn man nach einer Verbesserung bisheriger Problemlösungen sucht. Der aus methodischen Gründen anzustrebende theoretische Pluralismus wird schon aus diesem Grunde zu einem sozialen und politischen Pluralismus werden müssen.

Schon daraus ergibt sich nun gleich ein Gesichtspunkt für die inhaltliche Lösung der ordnungspolitischen Problematik, des Problems der Gestaltung unserer Gesellschaftsordnung, nämlich der, daß für die Lösung von Problemen jeweils verschiedene Auffassungen in Betracht gezogen werden können und daß die Vertreter dieser Auffassungen Gelegenheit haben, sie ungehindert auszuarbeiten und zur Geltung zu bringen, unter Umständen sie auch für sich selbst zu erproben, soweit nicht die Freiheit anderer dadurch beeinträchtigt wird. Rationalität im sozialen Leben muß also keineswegs Homogenität, Einheit und Zentralisierung – oder gar Gleichschaltung – bedeuten, im Gegenteil: Soweit das irgendwie vereinbar ist mit der Aufrechterhaltung einer sozialen Ordnung, die die Sicherung der Lebensbedürfnisse aller Mitglieder der Gesellschaft gewährleistet, muß kulturelle, soziale und politische Vielfalt und damit freie Entfaltung aller Individuen als eine der Grundbedingungen einer Gesellschaft angesehen werden, in der rationales Problemlösungsverhalten in allen Bereichen annähernd erreicht werden soll.[25] Wie im Bereich der Wissenschaft, so muß daher auch in anderen sozialen Bereichen ein solches Verhalten institutionell ermöglicht und gestützt werden, durch institutionell wirksame Garantien der Gedankenfreiheit, der Freiheit der Kommunikation, der Diskussion und der Publikation, sowie der Erprobung neuer Lebensmöglichkeiten, oder, wenn man so will: des existenziellen Experiments. Die soziale Verankerung divergierender Auffassungen in bestimmten Macht- und Interessenkonstellationen mag in mancher Hinsicht als ein Hindernis für die Durchsetzung brauchbarer Problemlösungen angesehen werden, sie hat andererseits den Vorteil, daß die Existenz eines vitalen Interesses an bestimmten, unter Umständen jeweils verschiedenen, Aspekten der sozialen Gesamtsituation dazu führen kann, daß die

25 Diese Betonung der Bedeutung der Vielfalt findet man vor allem bei John Stuart Mill, und zwar in seinem Buch: On Liberty (1859), dt.: Die Freiheit, Zürich 1945, vgl. S. 187 ff., wo u. a. auch darauf hingewiesen wird, wie nützlich es ist, »daß der Wert der verschiedenen Lebensweisen praktisch erprobt werden darf« (S. 188).

Probleme von den verschiedensten Seiten beleuchtet und daß auf diese Weise gegenseitige Korrekturen möglich werden, was angesichts der Tatsache, daß es keine vollkommenen Lösungen gibt, als ein Positivum angesehen werden kann, zumal die verschiedenen Gruppierungen der Gesellschaft dazu neigen, für die Situationsanalyse relevante Erkenntnisse vor allem dann ins Spiel zu bringen, wenn sie dem eigenen – vom eigenen Interesse mitgeprägten – Standpunkt förderlich erscheinen. Die Aufdeckung für diesen Standpunkt unangenehmer Tatsachen und Zusammenhänge pflegt in den meisten Fällen Vertretern anders gerichteter Interessen überlassen zu bleiben. Mit der Existenz aus sozialstrukturellen oder anderen Ursachen entgegengesetzter Interessen und Wertungen muß aber in jeder Gesellschaft, vor allem in einer modernen komplexen Gesellschaft, immer gerechnet werden.

Das bedeutet aber unter anderem, daß die kommunistische Fiktion einer einheitlichen, von allen Mitgliedern der Gesellschaft akzeptierten und für alle akzeptablen Wertskala, von der her ein prinzipiell realisierbares »Gemeinwohl« mit den Mitteln der Erkenntnis bestimmbar und ein sich daran orientierender »Gemeinwille« herstellbar wäre, nicht mehr aufrechterhalten werden kann.[26] Versuche, einen gesellschaftlichen Konsens durch ideologische Konstruktion eines für alle akzeptablen Gemeinwohls quasi-theoretisch vorwegzunehmen sowie einen entsprechenden Gemeinwillen zu konstruieren und ihn dem Gesellschaftskörper als Ganzem zuzuschreiben, können heute als hoffnungslos kompromittiert angesehen werden. Solche Vorstellungen sind de facto immer nur als institutionell etablierte und sanktionierte Dogmen durchsetzbar, als Offenbarungen einer zentralen Instanz, die über ein Deutungsmonopol verfügt und über die Gewaltmittel, die zu seiner Aufrechterhaltung erforderlich sind. Es gibt im sozialen Leben ebensowenig wie in der Erkenntnis einen archimedischen Punkt, ein sicheres Fundament, von dem her sich eine für alle Mitglieder der Gesellschaft in gleicher Weise akzeptable Politik begründen ließe, so daß von daher ein absoluter Konsens herstellbar wäre. Vor allem darf man nicht erwarten, daß sich ein solcher Konsens gerade über sogenannte letzte Werte oder Ziele herstellen läßt, wie vielfach, sogar von Sozialtheoretikern, behauptet wird.[27] Er ist aber auch gar nicht notwendig für die Aufrechterhaltung und das Funktionieren einer

26 Eine solche Fiktion ist in vielen Sozialtheorien zu finden, auch z. B. im liberalen ökonomischen Denken; vgl. dazu das in Anm. 4 erwähnte Buch von Myrdal und meine ebenfalls dort erwähnte Schrift.

27 Dazu kritisch: Gösta Carlsson, Betrachtungen zum Funktionalismus. In: Logik der Sozialwissenschaft, Ernst Topitsch (Hrsg.), Köln/Berlin 1965.

sozialen Ordnung, und zwar aus zwei Gründen: erstens stehen in diesem Zusammenhang letzte Werte oder Ziele im allgemeinen überhaupt nicht – oder zumindest nur sehr selten – zur Diskussion, und zweitens läßt sich oft ein partieller, relativer und provisorischer Konsens gerade über Tatbestände oder Wünschbarkeiten erzielen, die kaum jemand geneigt wäre, unter die erwähnten Begriffe zu subsumieren, die aber dennoch unter den verschiedensten Wertgesichtspunkten als erstrebenswert erscheinen. Ein solcher Konsens auf mittlerer Ebene, der überdies Kompromißcharakter hat, läßt sich sehr oft ohne weiteres herstellen und scheint auch nicht selten durchaus zu genügen. Nur weil es im allgemeinen um Einigungen dieser Art geht, haben Repräsentations- und Abstimmungsmechanismen eine so große Bedeutung für das Funktionieren komplexer Gesellschaften.

Das alles läuft natürlich darauf hinaus, daß es *keine ideale Sozialordnung* geben kann, eine Ordnung, die allen Bedürfnissen in optimaler Weise gerecht wird. Auch solche Ordnungen sind mit Mängeln behaftete – fehlbare – Problemlösungen.[28] Im übrigen muß jeder Versuch einer rationalen Lösung der ordnungspolitischen Problematik Rücksicht darauf nehmen, daß der Ausgangspunkt einer solchen Lösung niemals ein soziales Vakuum sein kann, in dem sich beliebige Ideale verwirklichen lassen. Jede politische Aktion ist vielmehr ein Eingriff in mehr oder weniger stark strukturierte soziale Situationen, so daß man, um erfolgreich zu sein, das institutionelle Gerüst berücksichtigen muß, das diese Situationen prägt, und zwar nicht etwa, weil derartige Tatbestände unabänderlich wären, sondern nur, weil sie den notwendigen Ausgangspunkt für alle Änderungsversuche bilden. Die Politik – auch da, wo sie eine Änderung der sozialen Ordnung erstrebt – hat prinzipiell mit *zwei Arten von Einschränkungen* zu rechnen, deren Nicht-Berücksichtigung sie unrealistisch machen würde: erstens denjenigen Einschränkungen, die sich aus Gesetzmäßigkeiten aller Art ergeben und die in unserem theoretischen Wissen kodifiziert sind, und zweitens denjenigen, die sich aus der Beschaffenheit der jeweils gegebenen Situation ergeben und die im historischen Wissen – in einem sehr weiten Sinne des Wortes – erfaßt sind. Aus einer Anwendung des relevanten theoretischen Wissens auf die historische Situation ergibt sich jeweils die Lösung des Realisierbarkeitsproblems und damit gleichzeitig auch die Antwort auf die Frage, welche der angestrebten

28 Im ökonomischen Denken hat die Idee einer vollkommenen Ordnung, in der maximale Bedürfnisbefriedigung für alle Mitglieder der Gesellschaft garantiert ist, lange Zeit eine große Rolle gespielt; zur Kritik vgl. die in Anm. 4 genannte Literatur.

Änderungen und in welchem Maße sie real miteinander unvereinbar sind. Nicht alle Anforderungen, die man an politische Problemlösungen – auch hinsichtlich der Änderung einer sozialen Ordnung – stellen möchte, pflegen im allgemeinen ohne weiteres miteinander vereinbar zu sein; das heißt: die Realisierung bestimmter ordnungspolitischer Zielsetzungen kostet meist bestimmte ebenfalls erwünschte Eigenschaften der realisierbaren Ordnung, so daß die institutionelle Ausgestaltung dieser Ordnung den Charakter eines Kompromisses tragen muß. Es ist daher zweckmäßig, konkrete institutionell durchkomponierte Alternativen hinsichtlich ihrer Leistung in bezug auf die in Betracht kommenden Kriterien miteinander zu vergleichen und für die Ausarbeitung und Konstruktion dieser Alternativen auf das vorhandene sozialtechnologische und historische Wissen zurückzugreifen. Daß man hier weder mit Logik, noch mit historischem Wissen, noch mit Phantasie allein, noch auch mit einer Kombination dieser drei Faktoren auskommt, läßt sich sehr einfach zeigen.[29] Das ergibt sich nämlich schon aus der Tatsache, daß bei jeder solchen Analyse immer wieder Fragen der folgenden Art auftauchen müssen: Was würde geschehen, wenn man diese oder jene Maßnahme ergreifen würde? Unter welchen Bedingungen könnte diese oder jene Wirkung erzielt werden? Welche Nebenwirkungen dieser oder jener Art ließen sich nicht vermeiden, wenn man diese oder jene Zielkombination erreichen wollte? Die Antwort auf solche Fragen besteht in sogenannten subjunktiven Konditionalaussagen, die sich nur auf Grund von Gesetzeswissen ableiten lassen.[30]

Je größer die Erklärungskraft der uns zur Verfügung stehenden Theorien ist, desto mehr Fragen dieser Art lassen sich mit ihrer Hilfe beantworten. Daß ohne eine adäquate Beantwortung derartiger Fragen eine rationale Politik nicht möglich ist, zeigt die große Bedeutung des Erkenntnisfortschrittes in den theoretischen Realwissenschaften für die Gestaltung des sozialen Lebens. Wer der rationalen Methode in der Politik Geltung verschaffen möchte, wird daher nicht nach einem Allheilmittel suchen und nicht nach einer Heilslehre, die die Eliminierung allen Übels durch Herstellung einer vollkommenen Gesellschaft verspricht, sondern er wird sich dafür einsetzen, daß unser unvollkommenes, mit Mängeln behaftetes Wissen in bestmöglicher Weise ausge-

29 Es ist deshalb notwendig, darauf hinzuweisen, weil man in der Diskussion der ordnungspolitischen Problematik vielfach zu einem solchen Verfahren neigt; vgl. dazu die Kritik auf S. 63 ff. unten.
30 Man pflegt heute den nomologischen (d.h. Gesetzes-) Charakter von Hypothesen davon abhängig zu machen, ob Aussagen dieser Art aus ihnen deduzierbar sind.

nutzt wird für die Verbesserung der sozialen Zustände, und zwar durch Reformen, die schrittweise Veränderungen herbeiführen.

6. Revolution oder Reform?

Im Rahmen einer sozialen Ordnung, die bis zu einem gewissen Grade den Charakter einer »offenen Gesellschaft« hat[31], deren politische Institutionen also die offene Diskussion von Änderungsvorschlägen, ihre Realisierung auf demokratischem Wege und vor allem einen geregelten und gewaltlosen Regierungswechsel zulassen, läßt sich eine solche rationale Politik der schrittweisen Umgestaltung, eine Politik der Reformen, betreiben, die auf Gewaltmittel verzichtet und weder von unangemessenen Voraussetzungen hinsichtlich des Wissens – vor allem: über die Konsequenzen bestimmter Maßnahmen – noch von solchen hinsichtlich der Macht – die notwendig ist, um solche Maßnahmen effektiv zu machen – ausgeht.[32] Daß man sich für eine solche Weise des Vorgehens entscheidet, ist allerdings keineswegs selbstverständlich. Man könnte zunächst der Ansicht sein, eine entscheidende Verbesserung sei nur möglich, wenn eine zentrale Instanz die Macht erhalte, unter Verwendung aller Hilfsquellen durch radikale Eingriffe nach einem einheitlichen Plan die Gesellschaft im ganzen umzugestalten. Es komme also zunächst nur darauf an, durch einen gut vorbereiteten gewaltsamen Umsturz, durch eine Revolution, eine zu solchem Handeln bereite Elite an die Macht zu bringen und ihr Gelegenheit zu geben, ihre Pläne durchzuführen.

Die Erfahrungen, die mit solchen Versuchen gemacht wurden, sind allerdings alles andere als ermutigend. Zunächst ist die Unterstellung, daß eine mit derartigen Machtvollkommenheiten ausgestattete zentrale

31 Vgl. dazu Karl R. Poppers in Anm. 10 genanntes Buch: Die offene Gesellschaft und ihre Feinde, a.a.O.

32 Kritiker dieser Auffassung pflegen sich ihre selbstgestellte Aufgabe heute vielfach dadurch zu erleichtern, daß sie behaupten, sie sei deshalb unanwendbar und daher irrelevant, weil auch in der westlichen Welt keine solche »offene Gesellschaft« zu finden sei. Eine solche Behauptung ist aber nur dann möglich, wenn man diesen Popperschen Begriff als Bezeichnung eines utopischen Zustandes mißversteht, ihn also in einer Weise deutet, wie sie für den marxistischen Begriff der »klassenlosen Gesellschaft« angemessen ist. Charakteristischerweise neigen gerade unsere marxistisch inspirierten Vertreter einer totalen Kritik am heutigen »System« zu solchen Mißdeutungen und zeigen damit, daß sie den für sie selbst kennzeichnenden Alternativ-Radikalismus auch in Konzeptionen hineinzuprojizieren suchen, die sich bewußt von diesem Denkstil distanzieren.

Instanz sich an den Interessen der von ihren Maßnahmen Betroffenen – das heißt also: an den Interessen aller Mitglieder der Gesellschaft – orientieren werde, schon aus dem Grunde illusorisch, weil die Interessenanlage immer einer Interpretation bedarf und in einer so organisierten Gesellschaft die meisten Mitglieder keine ausreichenden Möglichkeiten mehr haben, ihre Deutungen der Situation zur Geltung zu bringen. Machtkonzentrationen der Art, wie sie für eine solche Totalplanung erforderlich sind, pflegen mit einer radikalen Schwächung der Kontrolle durch die der Herrschaft Unterworfenen verbunden zu sein und mit einem Abbau derjenigen Institutionen, die eine solche Kontrolle ermöglichen würden. Es hat sich aber gezeigt, daß die zentralen Instanzen so organisierter Gesellschaften sich, gerade weil sie kaum mehr solchen Kontrollen unterliegen, auf die Dauer in immer stärkerem Maße über die Bedürfnisse der von ihrer Planung Betroffenen hinwegzusetzen pflegen, wobei die Fiktion, daß sie im Sinne dieser Bedürfnisse handeln, durch eine geeignete Deutung der allgemeinen Interessenlage ohne weiteres aufrechterhalten werden kann, weil sie gleichzeitig über ein Interpretationsmonopol verfügen. Der Versuch, totale Visionen der vollkommenen Gesellschaft auf diese Weise in die Praxis umzusetzen, führt aus verständlichen Gründen zum Totalitarismus und darüber hinaus gerade deshalb zum Mißerfolg, weil die dazu erforderliche Machtkonzentration an der Spitze sich zu perpetuieren pflegt – und zwar im Eigeninteresse der Mitglieder des neu geschaffenen Machtapparates –, ganz abgesehen davon, daß sie trotz allem nicht dazu ausreichen würde, die utopische Zielsetzung zu realisieren.

Wir haben hier also ein Paradox der Machtkonzentration vor uns, aus dem sich die Irrationaliät einer solchen Politik ergibt: Je größer die Machtkonzentration ist, die zur Realisierung der ursprünglichen Ziele herbeigeführt wird, in desto stärkerem Maße pflegt sie die Realisierung dieser Ziele zu erschweren, und zwar wegen der durch sie bewirkten Änderungen der Interessenlage, vor allem wegen der inzwischen in großem Maße erfolgten Investition neuer machtgestützter Interessen. Rationalität, Freiheit und Reformismus hängen eng miteinander zusammen. Die totale »Vernunft« der Geschichtsphilosophen dagegen ist im Effekt letzten Endes immer irrational und repressiv: sie ist maskierte Unvernunft.

Der Einwand, der gegen eine Politik schrittweiser Reformen oft gemacht wird, daß sie immer systemerhaltend und daher abzulehnen sei, krankt daran, daß hier im allgemeinen mit einem völlig vagen Systembegriff gearbeitet wird, ganz abgesehen davon, daß er davon ausgeht, alle wesentlichen Übel des jetzigen Zustandes der Gesellschaft seien dem »System als solchem« zuzuschreiben, ohne daß die betreffenden Theoretiker das für eine solche Zuschreibung notwendige nomologische Wissen vorweisen könnten.[33]

Der Alternativ-Radikalismus in der ordnungspolitischen Diskussion, der die Situation so charakterisiert, als ob es darum ginge, zwischen einer völlig freien Marktwirtschaft und einer totalen Planwirtschaft zu entscheiden, wobei idealtypische Hochstilisierungen bestimmter Elemente realer Sozialordnungen eine unheilvolle Rolle gespielt haben[34], kann heute als überholt gelten. Sowohl der dezentralisierte Steuerungsmechanismus des Marktes als auch der zentralisierte der Organisation sind Elemente möglicher Systeme sozialer Kontrolle, und wie sie im einzelnen zu kombinieren sind, um Resultate hervorzubringen, die unter dem Gesichtspunkt der Bedürfnisbefriedigung aller akzeptabel erscheinen, ist ein schwieriges sozialtechnologisches Problem, das nicht durch Rekurs auf dogmatische Prinzipien gelöst werden kann. Hier ist nicht eine Denunziation des Systems, sondern eine Analyse von Wirkungszusammenhängen am Platze, mit den Mitteln, die die modernen theoretischen Sozialwissenschaften zur Verfügung stellen.

33 Angesichts der Tatsache, daß hinter dieser Art von Kritik eine völlig unzureichende Methodologie steht, die ihre Schwächen durch eine lautstarke Propaganda für einen neuen Wissenschaftsbegriff zu kaschieren sucht, kann man das in ihr praktizierte Verfahren nur als eine Ad-hoc-Strategie zur Einschüchterung Ahnungsloser kennzeichnen.

34 Vgl. dazu kritisch: Wirtschaftsordnung und Wirtschaftspolitik ohne Dogma, Heinz-Dietrich Ortlieb (Hrsg.), Stuttgart/Düsseldorf 1954.

Ordnung ohne Dogma

Wissenschaftliche Erkenntnis und ordnungspolitische Entscheidung

1. Einfache Lösungen des Ordnungsproblems und ihre Schwächen

Wenn man von einer Konzeption der menschlichen Erkenntnis ausgeht, wie sie im klassischen Rationalismus zum Ausdruck kam, dann erscheint eine Lösung der ordnungspolitischen Problematik plausibel, für die sich heute die Bezeichnung »technokratisch« eingebürgert hat.[1] Die Wissenschaft ist nach dieser Auffassung in der Lage, die Gesetze der natürlichen und sozialen Wirklichkeit zu erkennen, so daß sie zur Lenkung sozialer Prozesse verwendet werden können, denn diese Gesetze lassen sich in brauchbare Technologien und damit auch in praktische Regeln zur Steuerung der betreffenden Vorgänge umsetzen. Um die richtige Verwertung dieses Wissens zu gewährleisten, muß aber die Herrschaft derjenigen herbeigeführt werden, die dazu in der Lage sind, das heißt: die Herrschaft einer wissenschaftlich-technischen Elite, die die Steuerungshebel der Gesellschaft adäquat zu bedienen weiß. Für sie würde sich, so könnte man annehmen, die Lenkung des gesellschaftlichen Lebens auf die Lösung von Effizienzproblemen reduzieren.
In dieser Auffassung über die richtige Gestaltung der sozialen Ordnung wird aber verkannt, daß Effizienzprobleme nur im Hinblick auf bestimmte Zielsetzungen formuliert werden können und daß die Auswahl der zu realisierenden Ziele ebenso wie die Bewertung der zur Verfügung stehenden Mittel Wertgesichtspunkte voraussetzt, die sich nicht ohne weiteres aus der wissenschaftlichen Erkenntnis entnehmen

[1] Die Vieldeutigkeit dieses Wortes und seine ideologische und polemische Verwendung in der heutigen Diskussion wird genauer analysiert in: Technokratie als Ideologie. Sozialphilosophische Beiträge zu einem politischen Dilemma, Hans Lenk (Hrsg.), Stuttgart/Berlin/Köln/Mainz 1973. Für eine komparative Analyse der saint-simonistischen und der marxistischen Tradition vgl.: Wolfgang Schluchter, Aspekte bürokratischer Herrschaft. Studien zur Interpretation der fortschreitenden Industriegesellschaft, München 1972.

lassen. Es müßte also eine Antwort auf die Frage gefunden werden, welche Wertgesichtspunkte für die Steuerung sozialer Prozesse in Betracht kommen sollen. Wer die Tradition des ökonomischen Denkens kennt, wird geneigt sein, eine utilitaristische Antwort in Erwägung zu ziehen, um die Lücke in der technokratischen Lösung des Ordnungsproblems zu schließen. Es käme dann letzten Endes darauf an, die Vorgänge des sozialen Lebens so zu lenken und die Gesellschaft entsprechend zu organisieren, daß das »Gemeinwohl« – im Sinne einer optimalen Befriedigung der Bedürfnisse aller ihrer Mitglieder – verwirklicht würde. Dieses Ideal könne, so mag man im Sinne klassisch-rationalistischer Voraussetzungen annehmen, am ehesten verwirklicht werden, wenn sich die technokratische Lösung als eine wohlwollende Diktatur gestalten ließe. Es müßte nur dafür gesorgt werden, daß die Mitglieder der wissenschaftlich-technischen Elite auch im moralisch-politischen Sinne eine Auslese darstellen würden.

Eine derartige Lösung der ordnungspolitischen Problematik wird man heute als utopisch betrachten können.[2] Dennoch scheinen charakteristische Züge einer solchen Antwort auf die Frage nach einer adäquaten Sozialordnung mehr oder weniger ausdrücklich mit vielen Auffassungen verbunden zu sein, die noch heute in der ordnungspolitischen Diskussion eine erhebliche Rolle spielen. Es lohnt sich daher vielleicht, Klarheit darüber anzustreben, wo genau die Schwächen dieser Lösung zu finden sind.

Eine dieser Schwächen ist heute so offenkundig, daß man sie nur zu erwähnen braucht, um der Zustimmung der meisten an solchen Problemen interessierten Sozialwissenschaftler sicher zu sein. Sie besteht darin, daß wir keinen Mechanismus kennen, der es erlauben würde, eine Auslese, die den erwähnten Anforderungen entspricht, an die Steuerungshebel der Gesellschaft zu bringen. Aber selbst wenn das gelänge, dann wäre uns damit kaum entscheidend geholfen, denn der Erkenntnis des »Gemeinwohls«, die einer solchen Elite abverlangt würde, stünden kaum überwindlichen Schwierigkeiten entgegen.[3] Die bisherige Diskussion der einschlägigen Probleme gibt uns die Berechtigung festzustellen, daß die Formel von der »optimalen Befriedigung der Bedürfnisse aller Mitglieder der Gesellschaft« eine Harmonie sugge-

2 Vgl. dazu vor allem Karl R. Poppers Analyse in seinem Werk: Die offene Gesellschaft und ihre Feinde, a.a.O., wo schon die Fragestellung, die zu solchen Lösungen führt, einer scharfen Kritik unterzogen wird.

3 Zur Kritik der Idee eines eindeutig bestimmbaren Gemeinwohls vgl. vor allem Schumpeters Analyse der klassischen Demokratietheorie, in seinem Buch: Kapitalismus, Sozialismus und Demokratie (1942), 2. Aufl., München 1950, S. 397 ff.

riert, die zumindest in den modernen komplexen Gesellschaften nicht den Tatsachen entspricht. Sie ist bestenfalls geeignet, die vorhandenen Interessenkonflikte zuzudecken, ganz abgesehen davon, daß sie bisher zu keinem einigermaßen befriedigenden Kriterium für adäquate politische Maßnahmen geführt hat.[4] Die wohlfahrtsökonomische Debatte der letzten Jahrzehnte dürfte gezeigt haben, in welchem Ausmaße man gezwungen ist, fiktive Annahmen zu machen, wenn man sich darauf einlassen will, etwa das Kriterium der Pareto-Optimalität zum Maßstab adäquater politischer Maßnahmen zu erheben.[5] Der utilitaristische Versuch, die ethisch-politische Problematik auf ein Erkenntnisproblem zu reduzieren, darf wohl als gescheitert angesehen werden, so hoch man auch im übrigen die Beiträge dieser philosophischen Richtung zur Lösung sozialwissenschaftlicher und sozialer Probleme einschätzen mag.

Es gibt aber eine weitere Schwierigkeit für die technokratische Lösung des Ordnungsproblems, deren Ausmaß bisher noch kaum erkannt wurde. Sie hängt mit dem Problem der Möglichkeiten wissenschaftlicher Erkenntnis zusammen und ist da zu lokalisieren, wo erkenntnistheoretische und sozialphilosophische Probleme sich überschneiden. Selbst wenn nämlich die oben erwähnten Fragen sich zufriedenstellend beantworten ließen, dann gäbe es immer noch Fragen, für die es offenbar kaum eine einfache Antwort geben kann. Wie kann die Elite zu dem für die Steuerung der Gesellschaft notwendigen Wissen gelangen? Und weiter: Verfügen wir überhaupt über ein Wissen, das es uns gestattet, die Gesellschaft so zu behandeln, wie es in dieser Auffassung als möglich vorausgesetzt wird: als eine soziale Maschine, die sich im Hinblick auf vorausgesetzte Zwecke einwandfrei steuern läßt? Und, falls es möglich wäre, sie so einzurichten, daß sie einer solchen Maschine nahekommt: wäre ihr Funktionieren dann noch ohne weiteres mit der Befriedigung wesentlicher Bedürfnisse ihrer Mitglieder vereinbar?

Eine Untersuchung dieser Probleme führt zu einer Analyse der Bedeutung wissenschaftlicher Erkenntnis für das soziale Leben, aus der sich wichtige Gesichtspunkte für eine adäquate Lösung ordnungspolitischer Probleme ergeben können. Ausgangspunkt für die Untersuchung dieses Fragenkomplexes kann die altbekannte Figur des Laplaceschen

4 Vgl. dazu meine Schrift: Ökonomische Ideologie und politische Theorie (1954), 2. erweiterte Aufl., Göttingen 1972.
5 Vgl. meinen Beitrag: Social Science and Moral Philosophy. In: The Critical Approach to Science and Philosophie. In Honor of Karl R. Popper, Mario Bunge (ed.), London 1964, S. 396 ff.; dt. in meinem Aufsatzband: Marktsoziologie und Entscheidungslogik, Neuwied/Berlin 1967, S. 140 ff.

Dämons sein, der in der Lage sein soll, auf Grund der Kenntnis aller Naturgesetze und des tatsächlichen Zustandes der Welt in einem bestimmten Zeitpunkt den Zustand der Welt in jedem beliebigen anderen Zeitpunkt zu bestimmen und damit auch, soweit es sich um die Zukunft handelt, vorherzusagen. Dabei wird natürlich eine metaphysische Konzeption vorausgesetzt, die lange Zeit nicht nur das wissenschaftliche, sondern auch das philosophische Denken beherrscht hat: der Determinismus, die Anschauung, daß jedes Ereignis in jeder Einzelheit gesetzmäßig bestimmt ist – durch Kausalgesetzmäßigkeiten, wie das im sogenannten Kausalprinzip mehr oder weniger vollkommen zum Ausdruck kam.

Die philosophische Problemsituation war lange Zeit durch die Schwierigkeiten bestimmt, die sich aus dieser Auffassung für die Deutung sozialer Phänomene – vor allem für Moral und Recht – ergeben haben. Für beide Bereiche schien die Voraussetzung menschlicher Freiheit unabdingbar zu sein, denn wie sollte man jemanden für eine Handlung verantwortlich machen können, von der anzunehmen wäre, daß sie völlig determiniert war, so daß er sie nicht hätte vermeiden können.[6] Daraus ergab sich eine bestimmte Prägung des Problems der Brücke zwischen Physik und Moral, dessen Lösungen jeweils zu neuen Schwierigkeiten führten.[7] Der Indeterminismus der modernen Quantenphysik hat dazu geführt, daß man zunächst in dieser Hinsicht große Erleichterung verspürte. Man produzierte Scheinlösungen wie die Ableitung der Willensfreiheit aus der Heisenbergschen Unbestimmtheitsrelation, mußte aber schließlich erkennen, daß es doch ziemlich fatal ist, wenn an die Stelle der kausalen Determiniertheit die Bestimmtheit durch den Zufall gesetzt wird. Ist ein Mensch frei, so könnte man fragen, wenn seine Handlungen durch Zufall gesteuert sind? Ist eine bloße Lücke in der Determination des Geschehens ausreichend, um jemanden für bestimmte Aspekte dieses Geschehens verantwortlich zu machen? Überdies: Hat die mikrophysikalische Unbestimmtheit etwas mit menschlichen Handlungen zu tun, die doch

6 »Sollen impliziert Können« lautet eine plausible Formel, aus der sich durch Kontrapositionsschluß ergibt: »Nicht-Können impliziert Nicht-Sollen«, oder auch: »Ultra posse nemo obligatur«.

7 Zum Beispiel: die Kantsche Zwei-Welten-Lösung oder die kausale Theorie der Freiheit im Empirismus; vgl. dazu neuerdings: John W. N. Watkins, Three Views Concerning Human Freedom, London 1973 (erscheint demnächst in einem deutschen Aufsatzband des Autors). Überbrückungsprobleme dieser Art können als typisch für philosophisches Denken angesehen werden; vgl. dazu meinen oben erwähnten Aufsatz: Kritizismus und Naturalismus.´

offensichtlich dem Makrobereich angehören? Solche Fragen wird kaum jemand geneigt sein, ohne weiteres mit »Ja« zu beantworten. Hier soll keine Lösung der Freiheitsproblematik versucht werden; wohl aber wird sich aus dem Versuch, das oben formulierte Problem zu analysieren, ein Resultat ergeben, das im Rahmen dieser Problematik von Bedeutung sein mag.

2. Theorie, Erklärung und Prognose: Das astronomische Beispiel

Der auffallendste Erfolg der naturwissenschaftlichen Revolution des 17. Jahrhunderts war die Tatsache, daß es gelungen zu sein schien, alle Bewegungsvorgänge theoretisch unter einen Hut zu bringen, gleichgültig, ob sie sich in der supralunaren oder in der sublunaren Sphäre abspielten. Besonders eindrucksvoll aber war die Möglichkeit, die Planetenbewegungn zu erklären und vorherzusagen – zwar keineswegs, wie oft angenommen wird: restlos und absolut genau, aber doch so, daß man hoffen konnte, in der weiteren Entwicklung zu einer vollkommenen Erklärung zu gelangen.[8] Die Newtonsche Theorie, die das zu leisten schien, wurde von da an zum Paradigma vollkommener Wissenschaft, das Newtonsche Erkenntnisprogramm zum einflußreichsten Programm im Bereich der Erkenntnis überhaupt und die Erklärung der Planetenbewegungen zum Musterbeispiel einer adäquaten Erklärung.

Wie sieht nun eine solche Erklärung prinzipiell aus? Sie besteht gewissermaßen in einer Subsumtion des zu erklärenden Geschehens unter eine dafür relevante allgemeine Theorie, ein Aussagensystem, in dem gewisse abstrakte theoretische Ideen zum Ausdruck kommen. Zentrale Bestandteile einer solchen Theorie sind miteinander verbundene nomologische Aussagen – Aussagen über Gesetzmäßigkeiten –, die mit Hilfe des Begriffsapparates der Theorie – also: einer einheitlichen, ganz auf den Erkenntniszweck hin konstruierten theoretischen Sprache – formuliert sind. Dabei pflegt man bestimmte Anforderungen an solche Theorien zu stellen – wie Allgemeinheit, Präzision, Tiefe, Prüfbarkeit, Informationsgehalt, Erklärungskraft –, die ihre Leistungsfähigkeit gewährleisten sollen.

Die Erklärung selbst erfolgt durch Anwendung der betreffenden

8 Die Drehbewegung der Merkurbahn (Merkurperihel) wurde z. B. erst durch die allgemeine Relativitätstheorie erklärt; vgl. dazu z. B.: Albert Einstein/ Leopold Infeld, Die Evolution der Physik, Hamburg 1965, S. 160.

Theorie auf das zu erklärende Geschehen, wobei dieses Geschehen in bestimmter Weise schematisiert werden muß. Die Anwendungssituation muß nämlich mit Hilfe des Begriffsapparates der Theorie so beschrieben werden, daß mit ihrer Hilfe die Beschreibung des zu erklärenden Phänomens abgeleitet werden kann. Um zum Beispiel mit Hilfe der Newtonschen Theorie die Planetenbewegungen zu erklären, muß das Planetensystem in einem Modell dargestellt werden, auf das sich die Theorie anwenden läßt[9]; das heißt: seine theoretisch relevanten Eigenschaften müssen in der Sprache der Theorie beschrieben werden. Von vielen seiner Eigenschaften wird dabei natürlich abstrahiert – z.B. von der chemischen Zusammensetzung der Materie –, und es wird bis zu einem gewissen Grade idealisiert, zum Beispiel werden die Massen der Planeten als in einem Punkt konzentriert dargestellt. Dadurch wird die zu erfassende Konstellation approximiert, soweit das erforderlich erscheint, also niemals die »volle Wirklichkeit« in allen Einzelheiten erfaßt.

Es ist dabei wichtig zu beachten, daß man von einer Annahme ausgeht, die man auf Grund der Theorie selbst berechtigt ist, als falsch anzusehen, nämlich von der Annahme, daß das Planetensystem ein geschlossenes System ist, völlig isoliert von den anderen Himmelskörpern. Falsch ist diese Annahme deshalb, weil die Theorie die Konsequenz hat, daß *alle* Massen Anziehungskräfte aufeinander ausüben. Berechtigt ist sie dennoch, weil man Grund hat, die Einflüsse anderer Himmelskörper als *so gering* anzusehen, daß man sie vernachlässigen kann. Überdies setzt die Anwendung der Theorie de facto weitere Gesetzmäßigkeiten voraus, denn die im Modell dargestellte Konstellation kann nur mit optischen – oder anderen – Mitteln erfaßt werden, und um sie adäquat zu bestimmen, müssen die Gesetzmäßigkeiten der Optik – oder die des jeweiligen anderen Bereichs – in Rechnung gestellt werden. Lassen wir es damit bewenden.

3. Verhalten in sozialen Systemen:
Das ökonomische Beispiel in »positivistischer« Sicht

Man hat die Nationalökonomie mitunter – in kritischer Absicht – eine »Astronomie der Warenbewegungen« genannt, und tatsächlich läßt sich nachweisen, daß die Newtonsche Erklärung der Planetenbewegungen

9 Vgl. dazu etwa: Mario Bunge, Scientific Research, Vol. I, New York 1967, S. 385 ff.; sowie meinen Aufsatz: Macht und ökonomisches Gesetz, S. 151 ff. unten.

für die Entwicklung dieser Wissenschaft eine gewisse Rolle gespielt hat.[10] Von vornherein wurde der zu erklärende Bereich – die »Wirtschaft«, wie immer man sie abgrenzen möchte – von den Vertretern dieser Disziplin als ein System angesehen, das nach gewissen Gesetzmäßigkeiten funktioniert, wobei sogar der kybernetische Gedanke der negativen Rückkopplung schon eine Rolle spielte.[11] Der Preismechanismus, wie er in der theoretischen Ökonomie aufgefaßt wird, involviert ein durch Informationen gesteuertes System, das so funktioniert, daß zum Beispiel erzielte Gewinne zu Investitionen in dem betreffenden Produktionszweig führen, mit der Konsequenz, daß eine Tendenz zum Verschwinden dieser Gewinne auftritt. Verluste wirken sich über Produktionseinschränkungen in analoger Weise aus. Eine der zentralen Gesetzmäßigkeiten, die dafür maßgebend sind, ist die, daß die Unternehmer nach Gewinnmaximierung streben. Nimmt man dazu das Verhalten in anderen zu dem betreffenden System gehörenden Rollen – etwa auf der Basis der Annahme des Strebens nach Nutzenmaximierung –, so liegt der Schluß nahe, in diesem Fall sei ebenso wie im astronomischen Beispiel damit zu rechnen, daß sich bei Erfassung einer Ausgangskonstellation – eines Datenkranzes – in Form eines Modells aus den betreffenden Gesetzmäßigkeiten ohne weiteres eine Erklärung und damit auch eine Prognose der zukünftigen Zustände eines solchen Systems ergeben müßte. Wir haben Gesetze und Daten und können daher, so möchte man meinen, in prinzipiell der gleichen Weise verfahren und zu entsprechenden Vorhersagen kommen.

Nun glauben wir heute zu wissen, daß die Dinge nicht so einfach liegen. Es hat sich nicht nur gezeigt, daß die Gesetzmäßigkeiten, die für solche Systeme vorgeschlagen wurden, nicht für derartige Prognosen zureichen, sondern darüber hinaus, daß sie selbst problematisch sind, so daß man ihre Anwendung nicht ohne weiteres befürworten kann. Man könnte zunächst meinen, die Schwierigkeit liege nur in der Eigenart der hier analysierten Systeme: Eine »Wirtschaft« sei kein geschlossenes System im oben erwähnten Sinne, da sie in die Gesellschaft »eingebettet« sei. In diesem Falle seien die vernachlässigten Wirkungen aber so beträchtlich, daß man eine Erklärung auf der Basis der kontrafaktischen Isolationsannahme – oder eine entsprechende Prognose – nicht mehr ohne weiteres rechtfertigen könne. Mit anderen Worten: Die Gesetzmäßigkeiten mögen zwar stimmen, aber mit ihrer Anwendung hapert

10 Vgl. dazu S. 125 f. unten.
11 Vgl.: Friedrich August von Hayek, The Confusion of Language in Political Thought, Occasional Paper 20, The Institute of Economic Affairs, 1968, S. 12.

es. Wenn es gelingen würde, die anderen sozialen Bereiche miteinzubeziehen – unter Umständen auch mit weiteren Gesetzen –, dann müßte eine adäquate Erklärung und Prognose auch hier möglich sein.[12]

Aber in dieser Weise wird heute kaum noch ein Nationalökonom argumentieren, denn selbst wenn die Isolationsannahme berechtigt wäre, wären die angenommenen Gesetzmäßigkeiten nicht zureichend. Einer der wichtigsten Tatbestände, die für das ökonomische Geschehen relevant zu sein scheinen, ist nämlich die Aufnahme und Verarbeitung von Informationen im Hinblick auf zukünftige Ereignisse und ihre Bedeutung für das Verhalten der Marktteilnehmer.[13] Man müßte also die Verhaltenshypothesen so verbessern, daß diese Zusammenhänge – und damit die Rolle kognitiver Faktoren – in angemessener Weise berücksichtigt würden.

Es gibt aber einen weiteren Einwand, der diese ganze Art des Vorgehens überhaupt in Frage stellt, weil in ihm der Gesetzescharakter der betreffenden Annahmen geleugnet wird, so daß ihre übliche Verwertung unzulässig erscheint. So hat etwa v. Kempski darauf aufmerksam gemacht, daß ja die übliche Gewinnmaximierungsannahme eigentlich auf eine *Maxime des Handelns* – etwa im Kantischen oder Max Weberschen Sinne des Wortes – rekurriert, die man befolgen könne, aber keineswegs müsse, so daß man sich hier also nicht etwa im Bereich natürlicher Gesetzmäßigkeiten, sondern im Bereich freien menschlichen Handelns befinde.[14] Damit ist ein grundlegender Zweifel an der Auffassung angemeldet, die ich hier – für unsere Zwecke – die

12 Es wäre zum Beispiel die Rechtsordnung einzubeziehen, etwa in dem Sinne, daß – wie John R. Commons seinerzeit vorschlug – die Erwartungen der Marktteilnehmer hinsichtlich möglicher Gerichtsentscheidungen in die Erklärung einbezogen würden. Es gibt heute übrigens eine Strömung im ökonomischen Denken, die darauf gerichtet ist, die konkrete Gestaltung der Rechtsordnung in theoretische Überlegungen einzubeziehen; vgl. dazu: Furubotn/Pejovich, Property Rights and Economic Theory: A Survey of Recent Literature, Journal of Economic Literature, Band 10 (1972), Nr. 4, S. 1137-1162; sowie Furubotn/Pejovich (eds.), The Economics of Property Rights, Cambridge/Mass. 1974. Die neoklassische Ökonomie hatte von Tatbeständen dieser Art weitgehend abstrahiert.

13 Vgl. dazu meine in Anm. 4 erwähnte Schrift, a.a.O., S. 47 ff.; sowie G. B. Richardson, Information and Investment, Oxford 1960; Axel Leijonhufvud, On Keynesian Economics and the Economics of Keynes, New York/London/Toronto 1968, S. 67 ff. und passim.

14 Vgl. dazu: Jürgen v. Kempski, Zur Logik der Ordnungsbegriffe, besonders in den Sozialwissenschaften (1952), und Handlung, Maxime und Situation (1954). In: Theorie und Realität, Hans Albert (Hrsg.), 2. Aufl., Tübingen 1972.

»positivistische« Deutung von Geschehnissen im menschlich-sozialen Bereich genannt habe. Aus der Ablehnung dieser Auffassung müßten zweifellos auch Konsequenzen für die Lösung ordnungspolitischer Probleme folgen.

4. Das Verstehen menschlichen Handelns und die hermeneutische Problematik

Wenn bei menschlichen Handlungen das übliche naturwissenschaftliche Verfahren versagt, dann scheint sich eine Lösung anzubieten, wie sie in der hermeneutischen Tradition ins Auge gefaßt wird. Für den kulturellen Bereich müssen, so wird man etwa sagen, andere Methoden der Erkenntnis in Anspruch genommen werden, als sie etwa in der Physik gebräuchlich sind. Wenn es um die Erfassung der geschichtlich-gesellschaftlichen Wirklichkeit geht, um die Erkenntnis der »*Ordnungen des Lebens* in Staat, Gesellschaft, Recht, Sitte, Erziehung, Wirtschaft, Technik« und der »*Deutungen der Welt* in Sprache, Mythus, Kunst, Religion, Philosophie und Wissenschaft«[15], dann befinden wir uns im Bereich der Geistes- oder Kulturwissenschaften und müssen uns der Methode des Verstehens bedienen, denn es geht um die Erfassung von Sinnzusammenhängen, nicht: von Wirkungszusammenhängen.

Dieser Anspruch ist nicht ohne weiteres beiseite zu schieben, auch wenn er meist im Gewande einer Argumentation erscheint, die dem Verfechter rationaler Denkweise außerordentlich verdächtig vorkommt, weil sie in vielfältiger Weise mit Thesen romantisch-irrationalistischer Provenienz durchsetzt ist. De facto können wir nämlich kaum leugnen, daß die Erfassung von Sinn und damit das Verstehen zumindest im menschlichen Alltag und darüber hinaus in verschiedenen wissenschaftlichen Disziplinen und in der Philosophie eine erhebliche Rolle spielt – ohne ein solches Verfahren dürfte menschliche Kommunikation kaum möglich sein –, so daß auch eine von der naturwissenschaftlichen Methode geprägte Denkweise diesem Phänomen irgendwie Rechnung tragen muß. Nun könnte man natürlich sagen, daß das Verstehen von Sinnzusammenhängen zwar durchaus berücksichtigt werden muß, daß es aber zum Objektbereich der Wissenschaften gehört, also zum Gegenstand der Erklärung zu machen ist und daher nicht selbst den Status einer wissenschaftlichen Methode beanspruchen darf. Es dürfte

15 Vgl.: Erich Rothacker, Logik und Systematik der Geisteswissenschaften, Bonn 1947, S. 3.

aber sehr schwierig sein, einen Philologen, einen Juristen oder auch einen Historiker von der Richtigkeit dieser Auffassung zu überzeugen. Die Überzeugungskraft der These von der Notwendigkeit einer Methode des Verstehens ergibt sich meines Erachtens zwanglos aus der Tatsache, daß es Wissenschaften gibt, die es in erster Linie oder auch in der Hauptsache mit Texten zu tun haben, die gedeutet – verstanden, ausgelegt – werden müssen, und daß es kaum plausibel ist, diese Tätigkeit aus dem Bereich der wissenschaftlichen Methodologie auszuschließen, solange man auf sie angewiesen ist.

Die Frage kann also eigentlich nur lauten, *wie* man dieser Aktivität im Rahmen der Wissenschaftslehre gerecht wird, wenn man darauf verzichten will, sie gewissermaßen hinwegzudefinieren und unter Umständen den betreffenden Wissenschaften ihren Status streitig zu machen. Dabei steht zunächst die These zur Diskussion, daß im menschlichen Bereich »Verstehen« als Alternative zum »Erklären« zu betrachten ist, so daß die übliche naturwissenschaftliche Methode hier überflüssig wird. Nehmen wir einen alltäglichen Kommunikationsvorgang aus dem ökonomischen Bereich als Beispiel. Ein Verkäufer nennt einem Kunden auf Anfrage den Preis eines Gutes. Dieser versteht die Antwort, ist damit zufrieden, zahlt, nimmt die Ware in Empfang und geht. Es scheint so, als ob er in diesem Falle nur zu verstehen brauche, um sich situationsgemäß zu verhalten. Erklärungen scheinen hier abwegig zu sein; Prognosen scheinen sich, soweit nötig, aus dem Verstehen zu ergeben. Ist das wirklich so? Was der Kunde zunächst versteht, ist: der *Sinn einer Aussage.* Aber diese Aussage steht in einem Handlungszusammenhang, und man ist geneigt, ohne weiteres zu konzedieren, daß er nicht nur die Aussage, sondern das ganze Verhalten des Verkäufers versteht, den *Sinn eines Handelns,* und daß daher für alle in Betracht kommenden Akte mit reinem Verstehen auszukommen sei.

Dagegen könnte man einwenden, der Theoretiker – etwa der Soziologe – könne sich auf ein solches Verständnis nicht beschränken, denn für die Wissenschaft sei ein solcher Zugang zu den Problemen nicht ausreichend. Immerhin, könnte hier der »Hermeneutiker« antworten, komme auch der Soziologe – oder der Ökonom – nicht darum herum, in diesem Sinne zu verstehen, was immer er darüber hinaus mit diesem Verständnis anfangen wolle. Wenn er sich darauf beschränken wolle, in »positivistischer« Manier die körperlichen Bewegungen der Beteiligten im Detail zu beschreiben – einschließlich der dabei erzeugten »Geräusche« –, dann bleibe er in seinem Verständnis des Geschehens sogar hinter dem des Alltags zurück. Und das ist der Punkt, in dem wir dem

Vertreter dieser Denkweise wohl recht geben müssen.

Was bedeutet das aber im Rahmen unserer Problematik? Zunächst nur das eine: daß auch der Wissenschaftler bei der Untersuchung bestimmter Objektbereiche zur Erfassung bestimmter Tatbestände so etwas wie eine »verstehende Methode« anwenden muß. Sonst ist er nämlich nicht in der Lage, Tatbestände dieser Art überhaupt zu identifizieren.[16] Bedeutet das aber, daß seine Aufgabe damit erledigt ist? Die *Identifikation* eines Tatbestandes ist keineswegs mit seiner *Erklärung* identisch, obwohl beides eng miteinander zusammenhängen mag. Habe ich zum Beispiel mit optischen oder anderen Mitteln ein bestimmtes Objekt im Weltraum identifiziert – etwa einen Himmelskörper –, dann habe ich damit noch nicht sein Auftauchen an der betreffenden Stelle erklärt. Ist das im Bereich menschlichen Verhaltens anders? Sehen wir uns unser Beispiel noch einmal an.

Der Kunde erfaßt den sprachlichen Sinn der Antwort des Verkäufers und identifiziert in diesem Zusammenhang – gewissermaßen intuitiv – dessen Verhalten als adäquate Reaktion im Kontext einer Verkaufshandlung. Der Soziologe, der eine Erklärung liefern soll, ist vor schwierige weitere Fragen gestellt, die nur angesichts der Trivialität des Falles nicht imposant erscheinen. Man muß zum Beispiel, um das Verhalten des Verkäufers zu erklären, theoretische Annahmen zur Verfügung haben, die es erlauben, derartige Verhaltensweisen überhaupt abzuleiten, auch dann, wenn sie nicht so selbstverständlich erscheinen, wobei alle möglichen Faktoren – wie Motivationslage, Wertorientierung, Informationsstand usw. – in Rechnung zu stellen sind. Wenn der Kunde die für sein Verhalten nötigen Prognosen unmittelbar aus dem Sinn der Aussage des Verkäufers entnehmen zu können glaubt, dann nur deshalb, weil er implizit gewisse Konstanzannahmen für »normale« Situationen macht, die in anderen Situationen völlig in die Irre führen können. Ein anderes Beispiel: Gewiß kann man »normalerweise« für gewisse soziale Prognosen den Eisenbahnfahrplan benutzen[17], aber es dürfte sehr schwierig sein, die impliziten theoretischen und historischen Annahmen zu identifizieren, die einem solchen – oft sehr erfolgreichen – Handeln zugrunde liegen. Damit hängt es

16 Vgl. dazu: Frank Cunningham, Bemerkungen über das Verstehen in den Sozialwissenschaften. In: Theorie und Realität, a.a.O.; sowie meinen Aufsatz: Hermeneutik und Realwissenschaft. In der Festschrift für Eduard Baumgarten: Sozialtheorie und soziale Praxis, Meisenheim 1971.

17 Für äußerst genaue Prognosen sogar: Wer etwa in einem bestimmten Zeitabschnitt des Jahres 1974 um 12⁴¹ in Mannheim in den D 511 eingestiegen ist, konnte ziemlich sicher damit rechnen, etwa um 17 Uhr in München aussteigen zu können.

unter anderem zusammen, daß man in gewissen Ländern zu gewissen Zeiten vielleicht besser den Fahrplan überhaupt nicht in Betracht zieht, wenn man reisen will, auch wenn er überall zu haben ist. Das Funktionieren eines komplizierten sozialen Systems zu erklären, dessen »normales« Funktionieren so erfolgreiche Prognosen aller Art gestattet, ist eine Aufgabe von unglaublicher Schwierigkeit. Wer die Ursachen solcher Tatbestände analysiert, stößt auf Zusammenhänge, die es verständlich machen, daß die Übertragung ökonomischer Modelle auf Entwicklungsländer bisher oft wenig erfolgreich war.[18]

5. Verstehende Erklärung und die Prognose sozialen Handelns

Max Weber ist einer der wenigen, wahrscheinlich auch der erste, Theoretiker, der in seiner Wissenschaftslehre versucht hat, Sinnphänomene in einer Art zu verarbeiten, die prinzipiell mit der recht verstandenen naturwissenschaftlichen Methode theoretischer Erklärung vereinbar ist. Er kam so zu seiner Konzeption der verstehenden Erklärung, auf die ich im einzelnen hier nicht eingehen kann und die ich auch nicht im Detail für akzeptabel halte. Jedenfalls hat er sich bemüht, weder die positivistische Bagatellisierung noch die hermeneutische Dramatisierung von Sinnzusammenhängen mitzumachen. Löst man sich von den Einzelheiten seiner Konzeption, so kann man hinter ihr die *theoretische Idee* erkennen, daß die *kognitiven und normativen Überzeugungen* der handelnden Personen zusammen mit den *motivationalen Faktoren* für den *Willensbildungsprozeß* und damit für ihre jeweiligen *Entscheidungen* konstitutive Bedeutung haben, und zwar über die Situationswahrnehmung und die mit ihr verbundenen Erwartungen, auch hinsichtlich des Verhaltens der anderen Personen. Damit ist natürlich noch nicht gesagt, *wie* diese Faktoren zusammenwirken, ein Problem übrigens, das in den Bereich der Psychologie zu gehören scheint und, soweit ich sehe, von einer Lösung noch weit entfernt ist. Auch die Konsequenzen dieser theoretischen Idee sind wohl noch nicht ausreichend geklärt. Jedenfalls kommt mit ihr die große Bedeutung des »Wissens« – der Information, die natürlich auch falsche Information sein kann – und der Normen für das soziale Geschehen ins Blickfeld.
Sehen wir uns in diesem Zusammenhang noch einmal die schon erwähnte ökonomische Hypothese an, daß die Unternehmer nach

18 Vgl. dazu etwa: Peter T. Bauer, Dissent on Development, London 1972, passim.

Gewinnmaximierung streben. Wir können nun ruhig zugestehen, daß es sich hier um die Befolgung einer Maxime handeln kann, wie v. Kempski betont hat, einer Maxime, die sogar den Charakter einer institutionalisierten Norm haben, also im Handlungsgefüge der Unternehmung und des gesamten Marktsystems fest verankert sein kann. Das würde gleichzeitig auch bedeuten, daß man die Hypothese der Befolgung dieser Maxime nicht ohne weiteres als nomologische Aussage – als »Gesetzmäßigkeit« – charakterisieren – oder besser: akzeptieren – kann, denn ein solches Verhalten ist damit als sozialkulturell bestimmt und mithin prinzipiell variabel zu bezeichnen und muß sich daher eine Relativierung auf bestimmte institutionell definierte Situationen gefallen lassen. Es ist mithin selbst ein *erklärungsbedürftiger* Tatbestand. Wenn die Befolgung dieser Maxime eine entsprechende Situationswahrnehmung und damit verbundene Erwartungen voraussetzt, dann ist es überdies zur Erklärung notwendig, diese Komponenten zu berücksichtigen. Sie hängen unter anderem von den »Theorien« ab – und seien sie noch so rudimentär –, die sich die Unternehmer gebildet haben.

Damit sind wir aber nun bei einem Tatbestand angelangt, der die ganze Geschichte unheilbar zirkulär oder paradox zu machen scheint. In der Wissenschaftslehre ist von Theorien die Rede, die sich auf Objektbereiche bestimmten Charakters beziehen. Nun taucht aber hier ein Objektbereich auf, in dem Theorien selbst die Rolle geschehenswirksamer Faktoren spielen, und das gilt für den gesamten menschlichen Bereich und damit für Gesellschaft und Geschichte überhaupt. Der *Mensch* ist *ein Theorien fabrizierendes und benutzendes Tier* – so könnte man »animal rationale« deuten –, und zwar auch im Alltag, nicht erst in der Wissenschaft. Wenn man Theorien über menschliches Verhalten haben will, die adäquat sein sollen, so muß man offenbar diesen Umstand auch im Objektbereich in Rechnung stellen. Was unser Prognoseproblem angeht, so ist diese Tatsache schon des öfteren ins Blickfeld geraten, zum Beispiel wenn die Problematik der *Eigendynamik von Aussagen* aufgetaucht ist.[19] Es handelt sich aber um weit mehr als ein sekundäres Problem, das in ein Sonderkapitel der Wissenschafts-

19 Vgl. dazu schon: Bertrand Russell, German Social Democracy as a Lesson in Political Tactics (1896); dt.: Politische Schriften I, München 1972, S. 40 ff.; weiter: Oskar Morgenstern, Wirtschaftsprognose, Wien 1928; Karl R. Popper über den Ödipus-Effekt. In: Das Elend des Historizismus, Tübingen 1965, passim; sowie die einschlägigen Arbeiten von Ernst Topitsch, Robert K. Merton, Emile Grunberg und Franco Modigliani, Herbert A. Simon und anderen.

lehre abgeschoben werden kann.

Sehen wir uns zunächst einmal wieder einen konkreten ad hoc konstruierten Fall an. Es handele sich darum, das Prognoseverhalten eines Wissenschaftlers in einem bestimmten sozialen Feld zu erklären oder zu prognostizieren, etwa das eines Astronomen, der eine Sonnenfinsternis voraussagt. Man wird vielleicht denken, ein solcher Fall sozialen Verhaltens gehöre in die Kompetenz des Soziologen, aber wenn dieser sich mit dem Problem vertraut gemacht hat, wird er auf seine Zuständigkeit gerne verzichten. Es wird sich nämlich zeigen, daß Erklärung wie Prognose dieses Verhaltens das Verständnis der betreffenden Teile der Astronomie voraussetzen, so daß ein anderer Astronom eher damit fertig werden würde als der befragte Soziologe. Man wird einwenden, daß der Soziologe nur *gewisse Aspekte* des sozialen Verhaltens erklären könne, und dazu gehöre natürlich nicht der *konkrete Inhalt* der Prognose des Astronomen; dieser gehöre in die Naturwissenschaft.

Wenden wir uns daher einem anderen konkreten Fall zu, der eher in seine Kompetenz zu fallen scheint: die Erklärung oder Vorhersage der Entscheidung eines Richters, also eines für die Entwicklung eines sozialen Systems möglicherweise höchst bedeutsamen Verhaltens. Auch hier kommt man aber kaum ohne die Kenntnis des herrschenden Rechts aus, so daß der Soziologe genötigt sein mag, die Aufgabe an einen juristischen Kollegen weiterzugeben. Diesmal wird es ihm aber schwerer fallen, sich mit dem Hinweis auf die erwähnte Beschränktheitsthese zu rechtfertigen, denn hier hat ja der Inhalt der Entscheidung sozialen Charakter. Wann, so fragt man sich, wird sich der Soziologe um Inhalte zu kümmern beginnen. Da wird man sich etwa an Max Weber erinnern, der in seiner Erklärungsskizze für die Entstehung des abendländischen Kapitalismus religiöse Glaubenssysteme ins Spiel brachte, die er nicht etwa aus Kompetenzgründen den Theologen überlassen konnte. Der Inhalt von Aussagen – Prognosen, Beschlüssen, Befehlen, Dogmen usw. – ist eben oft von größter sozialer Wirksamkeit und muß daher in die Erklärung oder Prognose einbezogen werden. Dieser Inhalt aber muß *verstanden* werden, damit er überhaupt eine Rolle in diesem Zusammenhang spielen kann, und er muß sich überdies aus den für die Erklärung oder Prognose relevanten Faktoren ergeben: aus dem betreffenden kognitiv-normativ-motivationalen System. Da dieses System in weitem Umfang sozial normierte Teile zu enthalten pflegt, kann man sich in gewissen »Normalsituationen« praktisch darauf beschränken, die *eigene Deutung der Situation* mit Hilfe relevanter Texte – Astronomiebuch, Rechtstexte, Katechismus, Eisenbahnfahrplan – *an die Stelle der Erklärung* nach dem üblichen Schema zu setzen. Daher ist es sehr verständlich, daß sich mitunter die Idee aufdrängte, man könne sich hier auf ein »Verstehen« der Zusammenhänge im Sinne der Hermeneutik beschränken; eine Erklärung käme schon deshalb nicht in Betracht, weil es nur um »Sinnzusammenhänge« gehe.[20]

6. Die Entwicklung des Wissens und der Gang der Geschichte

Bisher hatten wir stets vorausgesetzt, daß es bei der Erklärung und Prognose bestimmter sozialer Vorgänge notwendig sei, vorhandene theoretische und normative Systeme heranzuziehen, falls sie als Komponenten der Überzeugungen handelnder Personen wirksam sind. Nehmen wir nun aber an, es gehe darum, eine wissenschaftliche Entdeckung – oder eine ähnliche Kulturleistung innovativen Charakters – vorauszusagen oder zu erklären, oder zum Beispiel den Inhalt der Mitteilung eines Wissenschaftlers, der sie gemacht hat, an seine Kollegen – ohne Zweifel doch einen Aspekt eines sozialen Vorgangs von großer Bedeutung. Jemand, der eine solche Prognose machen wollte, müßte die Entdeckung selbst vorwegnehmen, wie Popper im Zusammenhang mit seiner Historizismus-Kritik betont hat.[21] Es kann keine Theorie geben, die es erlaubt, durch Anwendung auf eine bestimmte Ausgangssituation den Inhalt einer echten Entdeckung – etwa einer neuen wissenschaftlichen Theorie – vorauszusagen. Hätten wir eine solche Theorie, dann könnten wir eine »Induktionsmaschine« konstruieren, die prinzipiell in der Lage wäre, Wissenschaftlern ihre schöpferische Arbeit abzunehmen. Eine neue Theorie transzendiert nicht nur die bisherige Erfahrung, sondern darüber hinaus enthält sie nicht selten eine Korrektur bisheriger Theorien und der für sie charakteristischen Beobachtungen.[22] Der wissenschaftliche Fortschritt

20 Vgl. dazu v. Wrights Verwendung des »praktischen Syllogismus« in seinem Buch: Erklären und Verstehen, Frankfurt 1974, passim; sowie Peter Winch, Die Idee der Sozialwissenschaft und ihr Verhältnis zur Philosophie, Frankfurt 1966; dazu kritisch: Jerzy Giedymin, Antipositivism in Contemporary Philosophy of Social Science and Humanities, British Journal for the Philosophy of Science, 26 (1975), S. 275 ff.; meinen in Anm. 16 erwähnten Aufsatz; sowie: Erkenntnis und Recht in meinem o.a. Buch: Konstruktion und Kritik.
21 Vgl. sein oben erwähntes Buch: Das Elend des Historizismus, a.a.O., S. XIf. und passim.
22 Vgl.: Karl R. Popper, Die Zielsetzung der Erfahrungswissenschaft. In: Theorie und Realität, a.a.O.

besteht aber zum erheblichen Teil in solchen unvorhersehbaren Entdeckungen. Von ihm ist wieder der technische Fortschritt und damit auch die wirtschaftliche und soziale Entwicklung abhängig. Nun wirkt sich aber der Erkenntnisfortschritt nicht nur darin aus, daß er neue technische Möglichkeiten eröffnet, sondern überdies in einer Änderung von menschlichen Bedürfnissen, Wertungen, Normierungen, Einstellungen und ihren vielfältigen Konsequenzen, die schwer übersehbar sind.[23] Und auch sonst führen neue Ideen zur Umorientierung verhaltensrelevanter Faktoren in der seelischen Ökonomie; man denke nur an die Auswirkungen der Psychoanalyse, gleichgültig, ob man sie wissenschaftlich akzeptabel finden mag oder nicht.

Daraus ergibt sich die These, daß es unmöglich ist, mit den Mitteln der Wissenschaft den Gang der Geschichte vorauszusagen, und daß auch der Fortschritt der Wissenschaft diese Unmöglichkeit nicht beseitigen kann, zumal gerade er selbst ein wesentlicher Grund für diese Unvorhersagbarkeit ist.[24] Die Entwicklung der menschlichen Kultur ist gewissermaßen die Fortsetzung der biologischen Evolution mit anderen Mitteln. An die Stelle der Mutation tritt die Innovation – die Entdeckung oder Erfindung –, an die Stelle der – endosomatischen – Vererbung die Überlieferung, die als eine Art nichtgenetischer – exosomatischer – Vererbung erworbener Eigenschaften angesehen werden kann.[25] Ebensowenig wie man Mutationen im Detail vorhersagen kann – auch wenn man über alle theoretischen Voraussetzungen verfügt, um das Funktionieren von Organismen zu erklären –, kann man Innovationen im einzelnen voraussagen, auch wenn man ausreichende theoretische Kenntnisse hätte, um das Funktionieren sozialer Systeme zu erklären. Das Geschehen ist ja stets nicht nur von Gesetzmäßigkeiten, sondern darüber hinaus von den jeweiligen Anfangs- und Randbedingungen abhängig, und zu diesen Bedingungen gehören in bestimmten Fällen die sich ändernden Kenntnisse, Bedürfnisse, Wertorientierungen und Normierungen.[26]

23 Vgl. dazu: M. Rainer Lepsius, Soziale Konsequenzen von technischen Fortschritten. In: Wirtschaftliche und gesellschaftliche Auswirkungen des technischen Fortschritts, VDI (Hrsg.), Düsseldorf 1971.
24 Vgl.: Karl R. Popper, a.a.O.
25 Vgl. dazu: Peter B. Medawar, Tradition: The Evidence of Biology. In: The Uniqueness of the Individual, Edinburgh 1957; zur Entwicklungsproblematik: Karl R. Popper, Die Evolution und der Baum der Erkenntnis. In seinem Buch: Objektive Erkenntnis. Ein evolutionärer Entwurf, Hamburg 1973; sowie Donald T. Campbell, Evolutionary Epistemology. In: The Philosophy of Karl Popper, Paul A. Schilpp (ed.) Vol. I, LaSalle 1974.
26 In der Ökonomie ist das Problem der Prognose exogener Faktoren bekannt,

Neue Ideen, die zu neuen Problemlösungen in allen Bereichen führen können, scheinen also die autonomen Faktoren der sozialkulturellen Entwicklung zu sein. Sie sind nicht vorherzusagen, sondern nur zu verstehen, aber sie können dennoch für die Erklärung der Entwicklung herangezogen werden. Institutionelle Vorkehrungen und die sich daraus ergebenden sozialen Mechanismen können dafür sorgen, daß die Suche nach neuen Ideen mehr oder weniger gefördert, daß neue Problemlösungen verbreitet oder unterdrückt, daß sie auf diese oder jene Weise ausprobiert oder verwertet, diskutiert oder geheimgehalten werden. Von Theorien über solche Systeme und Mechanismen darf man also nicht erwarten, daß mit ihrer Hilfe Details zukünftiger Entwicklungen vorausgesagt werden können. Man darf höchstens erwarten, daß sie erklären, wie solche Mechanismen im Prinzip funktionieren, zum Beispiel: wie sie Innovationen verarbeiten, falls diese irgendwo auftreten[27], oder ob und wie sie das Auftreten solcher Innovationen fördern oder hemmen.

Wenn das so ist, dann sind Aussagensysteme, die den Gang der Geschichte vorherbestimmen sollen – gleichgültig, ob im Gewande der Wissenschaft, wie der historische Materialismus, oder im Gewande romantischer Metaphysik, wie die Geschichtsphilosophie Oswald Spenglers –, als rationale Unternehmen nicht möglich. Sie gehören in die Sphäre irrationaler Prophetie, auch wenn sie wissenschaftlich interessante theoretische Ideen enthalten mögen, wie das z.B. beim Marxismus sicherlich der Fall ist. Natürlich kann eine solche Prophetie selbst historisch wirksam werden, aber das hat mit ihrer Qualität nichts zu tun. Interessanterweise hat ja der Marxismus de facto dazu beigetragen, seine eigenen Prognosen teilweise selbst ad absurdum zu führen und dadurch der Idee der historischen Prophetie im Bereich kritischer Wissenschaft jeden Kredit zu nehmen, indem er gleichzeitig damit ungewollt die selbständige Rolle von Ideen für die historische Entwicklung deutlich gemacht hat.[28]

das man zwar u.U. in die anderen Wissenschaften, z.B. Soziologie oder Psychologie, weiterschieben mag, das dort aber auch nicht ausreichend gelöst werden kann.

27 Wie das z.B. in der Schumpeterschen Theorie der wirtschaftlichen Entwicklung versucht wurde; vgl. dazu: Joseph A. Schumpeter, Theorie der wirtschaftlichen Entwicklung (1912), Berlin 1952.

28 Vgl. auch: Heinz-Dietrich Ortlieb, Die Krise des Marxismus. In: Wirtschaftsordnung und Wirtschaftspolitik ohne Dogma, Ortlieb (Hrsg.), a.a.O.

7. Die Bedeutung der Freiheit für die soziale Ordnung

Damit kommen wir zu unserem Ausgangsproblem zurück, dem Problem einer Gestaltung der sozialen Ordnung, die mit unserem Wissen über faktische Zusammenhänge und damit auch mit unserem Wissen über die Rolle des Wissens – der Erkenntnis – in der gesellschaftlichen Entwicklung vereinbar ist. Der Gang der Geschichte hängt in wesentlichem Umfang von den Entscheidungen aller Beteiligten und damit auch von ihrer Phantasie ab, von den Problemlösungen, die sie sich einfallen lassen. Natürlich unterliegt die Realisierung solcher Lösungen stets gewissen Einschränkungen, wie sie im ökonomischen Denken meist durch den Hinweis auf den Tatbestand der Knappheit prinzipiell berücksichtigt wurden. Im sozialen Zusammenhang pflegt sich Knappheit in Unterschiede sozialer Macht umzusetzen und damit in Unterschiede in der Möglichkeit, bevorzugte Problemlösungen durchzusetzen oder die Durchsetzung abgelehnter Lösungen zu verhindern.[29]

In der technokratischen Lösung des Ordnungsproblems wird nun davon ausgegangen, daß sich der ganze Sozialprozeß gewissermaßen von oben her steuern läßt, unter Ausnutzung der an den Steuerungshebeln vorhandenen relevanten Informationen. Die Gesellschaft erscheint als eine Maschinerie, die auf Steuerungseingriffe im wesentlichen vorhersehbar reagiert. Autonome Entscheidungen treten nur in den Steuerungszentren auf. In ihnen ist außerdem das dazu nötige Wissen konzentriert, das, um den Erfolg der betreffenden Eingriffe zu gewährleisten, überdies eine Wahrheitsgarantie involvieren müßte.

Dieses skizzenhafte Bild einer möglichen Ordnung ist aber de facto mit unserem heutigen Wissen kaum zu vereinbaren, denn es nimmt keine Rücksicht auf die Tatsache, daß die für eine solche Steuerung der Gesellschaft erforderliche Information schwerlich an den betreffenden Stellen konzentriert werden[30] und daß vollkommene Information nirgends erreicht werden kann. Wer die Gesellschaft dennoch dem Ideal einer derartigen Maschinerie annähern möchte, muß nicht nur in Kauf nehmen, daß vorhandenes Wissen weitgehend ungenutzt bleibt, sondern er muß darüber hinaus den Erkenntnisfortschritt zu inhibieren suchen, weil er zu unvorhersehbaren sozialen Entwicklungen und

---

29 Zum Zusammenhang von Knappheit und Macht vgl. die sehr interessanten Analysen von Heinrich Popitz, Prozesse der Machtbildung, Tübingen 1968.

30 Darauf hat vor allem Friedrich August von Hayek aufmerksam gemacht; vgl. seinen Aufsatz: Die Verwertung des Wissens in der Gesellschaft. In: Hayek, Individualismus und wirtschaftliche Ordnung, Erlenbach/Zürich 1952.

damit zur Ineffizienz beabsichtiger Steuerungseingriffe führt. Ganz abgesehen davon ist nach unserem heutigen Wissen kaum anzunehmen, daß bei der erforderlichen Machtkonzentration an der Spitze der Gesellschaft die Inhaber der Machtpositionen in einem Maße auf die Bedürfnisse der übrigen Mitglieder der Gesellschaft Rücksicht nehmen, wie das unter utilitaristischen Gesichtspunkten erforderlich wäre. Die Fehlbarkeit der Elite bezieht sich keineswegs nur auf ihre Erkenntnismöglichkeiten.

Je weiter sich eine Gesellschaft aber vom Idealtyp einer von einem Zentrum her gesteuerten sozialen Maschinerie entfernt, desto mehr scheint sie geeignet zu sein, nicht nur vorhandene Kenntnisse und Erkenntnisse zu verwerten, sondern darüber hinaus die Produktion und Verbreitung neuer Ideen und damit neuer Problemlösungen zu fördern – solange sie eine Ordnung besitzt, die ihr »Funktionieren« ermöglicht.[31] Wer diese Chance möglichst groß machen will, muß eine Ordnung der Gesellschaft anstreben, die vom Modell einer solchen Maschine möglichst weit entfernt ist: eine Ordnung der Freiheit. In einer solchen Ordnung muß er sich aber damit abfinden, daß korrekte Prognosen, vor allem, wo sie die Einzelheiten einer Entwicklung bestimmen sollen, am schwersten erreichbar sind. Daher muß eine solche Ordnung so aussehen, daß ihr Funktionieren weitgehend nicht von solchen Prognosen abhängig ist, obwohl die Individuen natürlich ihre Erwartungen haben, die für ihr Verhalten relevant sind.

An dieser Stelle ist es vielleicht angebracht, einen Seitenblick auf die theoretische Ökonomie zu werfen, die sich ja mit Kriterien für ein adäquates Funktionieren bestimmter sozialer Prozesse – im äußerst schwer abgrenzbaren Bereich der Wirtschaft – befaßt hat. In ihrer neoklassischen Phase hat sie in ihrer Analyse der Konkurrenz eine fast rein entscheidungslogische Lösung der Produktions- und Tauschproblematik unter extremen Bedingungen formuliert, in der wesentliche – dynamische – Aspekte der Konkurrenz vollkommen außer Betracht geblieben sind. Es ist nicht uninteressant, daß gerade diese Lösung – die sich im wesentlichen auf die Allokation vorhandener Mittel zur Produktion bekannter Produkte bezieht – sich im Laufe der Debatte über die Möglichkeit einer Wirtschaftsrechnung in der Planwirtschaft als prinzipiell realisierbar innerhalb einer sozialistischen Konzeption erwiesen zu haben scheint, wenn die betreffenden Überlegungen auch nicht selten eine bemerkenswerte Vernachlässigung der Motivations-

---

31 Mir ist die Vagheit dieser Ausdrucksweise durchaus bewußt, aber ich nehme sie und den darin liegenden Appell an den common sense in Kauf.

problematik im Zusammenhang mit bestimmten institutionellen Arrangements verraten.[32] Wer eine Sozialordnung vor allem daraufhin beurteilt, inwieweit sich in ihr eine unter statischen Voraussetzungen definierte Rationalität realisieren läßt, wie sie der Allokationslogik des neoklassischen Denkens entspricht, darf sich nicht darüber wundern, ein Modell in diesem Sinne rationaler Planwirtschaft präsentiert zu bekommen, vor allem, wenn das Realisierungsproblem nur *in vacuo* gestellt wurde, also nicht in einem realen institutionellen Zusammenhang. Je mehr sich die heutige Ökonomie von neoklassischen Voraussetzungen löst und zu einer dynamischen Analyse sozialer Mechanismen auf institutioneller Grundlage vordringt, um so mehr kommen Aspekte des Ordnungsproblems zur Geltung, die sich nicht auf diese einfache Weise bewältigen lassen. Wir haben allen Grund, gerade die innovativen und kreativen Züge sozialer Prozesse mit der Frage des Spielraums für individuelle Entscheidungen und daher mit dem Freiheitsproblem in Verbindung zu bringen.[33] Darüber hinaus haben wir Anlaß anzunehmen, daß eine Lösung der ordnungspolitischen Problematik auf utilitaristischer Grundlage wenig erfolgversprechend ist und daß gerade die Freiheitsidee in einer bestimmten Form – in der Form der Rechtsidee Kantischer Prägung – an ihre Stelle treten kann.[34]

Die Idee einer freien, auf der Autonomie der Individuen aufbauenden Ordnung verdanken wir den schottischen Moralphilosophen, die Ausarbeitung eines Modells der in einer derartigen Ordnung ablaufenden Prozesse der von ihnen inaugurierten ersten systematischen Sozialwissenschaft: der Nationalökonomie. Auch die Methode der Untersuchung, die geeignet ist, eine rationale Wahl einer adäquaten

32 Vgl. dazu S. 60 ff. unten
33 Dabei ist allerdings zu betonen, daß bisher im ökonomischen Denken nur relativ wenige Aspekte der Freiheitsproblematik behandelt wurden. Daß zum Beispiel unter Umständen Kritik an die Stelle der Konkurrenz treten kann, Widerspruch an die Stelle der Abwanderung, hat Albert O. Hirschmann gezeigt in seinem Buch: Abwanderung und Widerspruch. Reaktionen auf Leistungsabfall bei Unternehmungen, Organisationen und Staaten, Tübingen 1974.
34 Vgl. dazu vor allem: Jürgen v. Kempski, Über den Liberalismus; derselbe, Das Problem des Rechts und der Ethik; derselbe, Gedanken zu einer Strukturtheorie des Rechts; derselbe, Bemerkungen zum Begriff der Gerechtigkeit; derselbe, Philosophie der Politik. Alle in seinem Aufsatzband: Recht und Politik. Studien zur Einheit der Sozialwissenschaft, Stuttgart 1965; sowie neuerdings John Rawls, A Theory of Justice, Cambridge/Mass. 1971; und vor allem James M. Buchanan, The Limits of Liberty. Between Anarchy and Leviathan, Chicago 1975.

Ordnung zu ermöglichen, finden wir dort. Adam Smith hat in seinem Werk aus dem Jahre 1776[35] unter anderem eine Alternativanalyse verschiedener sozialer Systeme und ihrer komparativen Leistung in bezug auf gewisse Kriterien mit den damals zur Verfügung stehenden Mitteln versucht. Es ging ihm nicht darum, Entwicklungsgesetze zu konstatieren, um mit ihrer Hilfe den Gang der Geschichte vorherzusagen, wie das später Karl Marx unternommen hat, also *nicht* um *historische Prophetie.* Es ging ihm vielmehr darum, mit Hilfe relevanter Gesetzmäßigkeiten das komparative Funktionieren alternativer sozialer Ordnungen zu zeigen, um damit eine *freie* und *informierte Entscheidung* zu ermöglichen. So jedenfalls läßt sich seine Art der Untersuchung in der fruchtbarsten Weise deuten. Die Rolle rationaler Argumentation in der Politik besteht nämlich nicht darin zu demonstrieren, daß man sich im Einklang mit dem Sinn der Geschichte, also gewissermaßen auf der Seite der siegreichen Kräfte – der Kinder des Lichts, nicht der Kinder der Finsternis – befindet, sondern darin, daß man versucht, in möglichst klarer Weise realisierbare Alternativen aufzuzeigen und auf ihre Vorzüge und Nachteile hinzuweisen. Nur auf dieser Grundlage scheint mir eine undogmatische Ordnungspolitik möglich zu sein.[36]

---

35 Adam Smith, An Inquiry into the Nature and the Causes of the Wealth of Nations (1776).
36 Vgl. dazu auch das in Anm. 28 erwähnte Buch; sowie Heinz-Dietrich Ortlieb, Wandlungen des Sozialismus, 1947; eine Schrift, in der sich zum erstenmal sein Bemühen um eine rationale ordnungspolitische Analyse dokumentiert, das für seine wissenschaftliche Arbeit charakteristisch wurde.

Rationalität und Wirtschaftsordnung

Grundlagenprobleme einer rationalen Ordnungspolitik

1. Das Rationalitätsproblem in der ordnungspolitischen Debatte

Das Rationalitätsproblem nimmt in der ordnungspolitischen Debatte immer noch einen hervorragenden Platz ein, wenn auch seit einiger Zeit eine Akzentverschiebung zur Freiheitsproblematik hin zu beobachten ist. Im allgemeinen pflegte man es bisher als natürlich anzusehen, daß dieses Problem im wesentlichen als ein Rechtfertigungs- und ein Konstruktionsproblem behandelt wird: als ein Problem der *rationalen Rechtfertigung* einer sozialen Ordnung des wirtschaftlichen Lebens im Sinne dessen, was ich die *klassische Methodologie* nennen möchte[1], verbunden mit dem Problem der *gedanklichen Konstruktion* einer entsprechenden idealen Ordnung, eines *Ordnungsmodells* nämlich, das den *Anforderungen der Rationalität* entspricht und aus diesem Grunde einer solchen Rechtfertigung zugänglich ist. An diesem Modell glauben die Verfechter einer solchen Auffassung dann die tatsächlich realisierte Ordnung messen zu können, um zu einem definitiven Urteil zu gelangen. Die Lösung eines solchen Konstruktionsproblems scheint darauf hinauslaufen zu müssen, daß man auf irgendeine Weise institutionelle Vorkehrungen konstruiert, die den idealen Ablauf der wirtschaftlichen Prozesse garantieren.[2]

Seit langer Zeit pflegt man Bestandteile der ökonomischen Theorie, der reinen Ökonomie, zu verwenden, um diese Probleme zu analysieren

---

1 Damit ist hier eine aus der traditionellen Philosophie überkommene allgemeine methodologische Konzeption gemeint, die sich am Postulat der zureichenden Begründung orientiert; siehe dazu Abschnitt IV unten.

2 »Rationalität« ist offenbar hier auf zwei Ebenen im Spiel: Einmal die immanente Rationalität der wirtschaftlichen Ordnung selbst, die der Ebene der tatsächlichen Zusammenhänge anzugehören scheint, zum anderen aber die Rationalität des sich auf diese Realität beziehenden Aussagenzusammenhanges, der die Rechtfertigung zu leisten hat. Beides verschmilzt in der ökonomischen Betrachtungsweise miteinander: nur eine rationale Ordnung scheint eine rationale Rechtfertigung möglich zu machen.

und zu lösen. Diese sozialwissenschaftliche Disziplin hat sich scheinbar als für diesen Zweck besonders geeignet erwiesen, was damit zusammenhängt, daß sie von ihrer Entstehung an in erheblichem Ausmaße auf solche Probleme zugeschnitten ist und das soziale Leben aus einer ganz bestimmten daran entwickelten Perspektive betrachtet. Sie faßt den Ablauf der in Frage kommenden sozialen Prozesse nämlich weitgehend *instrumental* auf: als Mittel im Hinblick auf eine letzte dem Theoretiker gegebene natürliche Zielsetzung, die sich nach der heute noch vorherrschenden Betrachtungsweise etwa als Maximierung der Bedürfnisbefriedigung für die Mitglieder der Gesellschaft kennzeichnen oder mit Hilfe einer damit mehr oder weniger äquivalenten Formel umschreiben läßt. Damit wird ein Maßstab fingiert, der zugegebenermaßen zwar nicht unbedingt präzise definiert werden kann, an dem aber idealiter dennoch alle ökonomisch relevanten Tatbestände zu messen sind, wenn eine adäquate Beurteilung zur Diskussion steht.

Auf diese letzten Endes utilitaristische Idee, eine Idee also aus der Sphäre des moralphilosophischen Empirismus, geht ein großer Teil des ökonomischen Denkens überhaupt zurück: von der Klassik bis zu unserer heutigen neoklassisch inspirierten Diskussion um die soziale und ökonomische Wohlfahrt, in der immer noch versucht wird, den Kern dieser Vorstellung auf irgendeine Weise zu retten.[3] Vor allem seit dem Durchbruch des utilitaristischen Denkstils im Marginalismus hat die Idee, die soziale Ordnung des wirtschaftlichen Lebens und darüber hinaus jede wirtschaftspolitische Maßnahme müsse letzten Endes durch Bezugnahme auf die Bedürfnisbefriedigung der sozialen Gesamtheit gerechtfertigt werden, zu prägnanten Formulierungen und zu einer im Detail ausgearbeiteten Argumentation geführt, in deren Zentrum das *Maximum-Theorem* der statischen Theorie steht: die Behauptung, daß unter gewissen genau angebbaren Bedingungen die Bedürfnisbefriedigung der Gesamtheit, der soziale Nutzen, die soziale oder die ökonomische Wohlfahrt oder jedenfalls irgendeine normativ relevante Größe dieser Art maximiert werde, so daß sich ein soziales Optimum ergebe. Eine soziale Ordnung, die ein solches Resultat garantiert, hat nach Auffassung vieler Vertreter des neoklassischen Denkens den

3 Siehe dazu: Gunnar Myrdal, Das politische Element in der nationalökonomischen Doktrinbildung, Berlin 1932, 2. Aufl., Hannover 1963; ein Buch, das die Schwächen dieses Ideengebäudes enthüllt, ohne, wie das in der neueren Diskussion geschehen ist, technische Probleme zweitrangiger Natur so in den Vordergrund zu stellen, daß die grundsätzlichen Mängel dieses Denkstils dadurch mehr verhüllt als klargestellt werden. Zur Kritik der wohlfahrtsökonomischen Argumentation siehe auch den in Anm. 5, S. 37 oben, erwähnten Aufsatz.

Vorzug, dem Kriterium der Rationalität zu genügen, und stellt daher eine ideale Ordnung dar, jedenfalls, soweit der *ökonomische Aspekt* des sozialen Lebens in Frage kommt.

Diese Einschränkung allerdings, die von manchen Theoretikern als unwesentlich angesehen, von anderen dagegen stärker akzentuiert wurde, hat sich im Laufe der Diskussion als außerordentlich bedeutsam herausgestellt. Sie hat zu Vorbehalten und Modifikationen geführt, die von der früher für das Maximum-Theorem in Anspruch genommenen Bedeutung so gut wie nichts übriggelassen haben, obwohl die ganze Tragweite der vorliegenden Kritik sich dem uneingeweihten Betrachter infolge einer etwas komplizierten Ausdrucksweise und der Betonung technischer Details nicht immer offenbart. In der wirtschaftspolitischen Tagesdiskussion werden daher interessanterweise immer noch ausgiebig gesamtwirtschaftliche Maximierungs- und Optimalitätsthesen verwendet, denen die kritischen Untersuchungen der letzten Jahrzehnte längst ihre Grundlage genommen haben. Aber auch der ökonomische Theoretiker findet sich nur selten bereit, den Zusammenbruch dieser Art des Denkens in vollem Umfang zuzugeben. Das ist eine zum Teil verständliche Reaktion, die wohl damit zusammenhängt, daß man sonst hinsichtlich politischer Empfehlungen den Boden unter den Füßen zu verlieren glaubt, denn die Idee der Maximalbefriedigung scheint demjenigen, der ökonomisch zu denken gewohnt ist, der Natur der Sache nach letzten Endes doch noch immer unersetzlich zu sein für die Lösung des Problems der Rechtfertigung der sozialen Ordnung und der Wirtschaftspolitik. Sie ist verwurzelt in der ihm selbstverständlichen Denkweise: in der ökonomischen Perspektive.

Die normale Art der Rechtfertigung wirtschaftlicher Tatbestände und Maßnahmen geht nämlich auf das zurück, was der Nationalökonom von seiner Art des Zuganges zur sozialen Realität her gewohnt ist, als den *selbstverständlichen Zweck* alles Wirtschaftens anzuerkennen: die menschliche *Bedürfnisbefriedigung*.[4] Man wird kaum einen Vertreter der theoretischen Ökonomie finden, gleichgültig welcher Richtung, der nicht bereit wäre, die Frage nach dem »Zweck der Wirtschaft« auf diese Weise zu beantworten und diese Antwort für theoretisch relevant zu halten. Nur selten findet man die Tendenz, zunächst einmal die Art der Fragestellung kritisch zu analysieren und sie dann als theoretisch irrelevant und in die Irre führend zurückzuweisen, weil es sich um eine

4 Für eine Analyse der klassischen Konzeption mit diesem Ergebnis siehe z.B.: Lionel Robbins, The Theory of Economic Policy in English Classical Political Economy, London 1961, S. 7 ff., 176 ff. und passim. Bei den Neoklassikern ist dieser Gesichtspunkt noch deutlicher ausgeprägt.

schwerlich begründbare und theoretisch bedeutungslose Übertragung der für die Planung menschlicher Handlungen relevanten Zweck-Mittel-Unterscheidung auf den sozialen Gesamtzusammenhang handelt. Ich brauche wohl kaum zu betonen, daß eine Kritik der oben erwähnten These über den Zweck der Wirtschaft nicht nur diese spezielle Antwort trifft, sondern das ganze »ökonomische Sprachspiel«, das eine derartige Antwort erforderlich zu machen scheint. Das bedeutet natürlich nicht, daß Bedürfnisse und ihre Befriedigung theoretisch oder politisch nicht in Betracht kämen.

Von diesem Zweck her scheint sich das wirtschaftliche Leben als ein Sinnzusammenhang zu ordnen, als die kooperative Veranstaltung der sozialen Gemeinschaft zur Überwindung der natürlichen Knappheit im Dienste dieser Bedürfnisbefriedigung. Alle wesentlichen Tatbestände der wirtschaftlichen Realität bekommen in diesem Zusammenhang eine »Funktion«, die sie erfüllen oder nicht erfüllen können. Im Idealfall führen die Resultate der gesellschaftlichen Kooperation zur optimalen Erfüllung der wirtschaftlichen Aufgabe: zur Maximalbefriedigung. Der *Preismechanismus* spielt dabei quasi die Rolle einer *Induktionsmaschine*, die die Funktion hat, aus den gegebenen individuellen Bedürfnissen die richtige gesellschaftliche Bewertung aller Güter und Leistungen und damit den idealen Gleichgewichtszustand des Gesamtsystems abzuleiten, der sich daraus ergibt, daß sich alle produktiven Handlungen an diesen Bewertungen orientieren. Es existiert gewissermaßen ein durch bestimmte institutionelle Vorkehrungen garantierter übergreifender Zurechnungszusammenhang von den Bedürfnissen der Wirtschaftssubjekte her zu allen im System stattfindenden wirtschaftlichen Aktionen, die auf diese Weise koordiniert werden können.[5] Es handelt sich dabei um einen quasi-logischen Zusammenhang ähnlicher Art, wie ihn im Bereich der Erkenntnistheorie der *Induktivismus* für die Theorieproduktion postuliert hat, für die Gewinnung theoretischer Erkenntnisse durch Ableitung auf Grund einzelner Beobachtungen. Ich werde zu zeigen versuchen, daß wir hier keineswegs eine belanglose Analogie vor uns haben, sondern vielmehr eine beiden Konzeptionen zugrundeliegende gemeinsame Struktur des Denkens, die mit der Formulierung fundamentaler Probleme zusammenhängt.

---

5 Die Bedeutung dieser Vorstellung für die politische Verwendung der ökonomischen Theorie habe ich in meiner Schrift: Ökonomische Ideologie und politische Theorie, Göttingen 1954, zu klären versucht.

2. Die ökonomische Lösung des ordnungspolitischen Problems

Im Zentrum der ordnungspolitischen Debatte stand etwa seit den 20er Jahren dieses Jahrhunderts die Frage nach der *Möglichkeit einer rationalen Planwirtschaft,* die im allgemeinen identifiziert wurde mit der Frage nach der *Möglichkeit einer Wirtschaftsrechnung* in einer derartigen Ordnung. Dabei pflegte man das statische Grundmodell der vollkommenen Konkurrenz, auf das sich das Maximum-Theorem bezog, als Maßstab einer im Sinne richtiger Wirtschaftsrechnung funktionierenden Wirtschaft zu betrachten. Daß dieses Modell auch von Theoretikern mit im übrigen extrem entgegengesetzten Auffassungen als Basis der ordnungspolitischen Diskussion anerkannt wurde, kann als ein Symptom für die Überzeugungskraft neoklassischer Optimalitätsthesen angesehen werden.[6] Es scheint hier im wesentlichen nur darum zu gehen, ob die im statischen Ideal der neoklassischen Ökonomik verkörperte Logik der Entscheidung auch in einer mit zentraler Planung arbeitenden Wirtschaftsordnung mit Hilfe geeigneter

6 Selbst Carl Landauer vertrat in seinem Buch: Grundprobleme der funktionellen Verteilung des wirtschaftlichen Wertes, Jena 1923, S. 22 f., die Anschauung, daß die Sätze der reinen Ökonomie in einer Wirtschaftsordnung, in der die Regeln der Zurechnung sich nicht automatisch durchsetzen, normative Bedeutung gewinnen, d.h. also, daß sie ganz allgemein angeben, wie eigentlich gerechnet werden muß, damit »rational« gehandelt werden kann. Und noch Joseph A. Schumpeter, der in seinem Buch: Kapitalismus, Sozialismus und Demokratie, 2. Aufl., München 1950, die klassische Theorie der Demokratie – eine der ökonomischen Ideologie analoge Konzeption (s.u.) – einer scharfen Kritik unterzogen hat und der darin dem Maximum-Theorem der reinen Ökonomie nur noch die Bedeutung einer Trivialität zuzuerkennen bereit war, hat dennoch im gleichen Buch unter dem Titel: Kann der Sozialismus funktionieren? die sozialistische Wirtschaft bei der Behandlung der Frage, ob etwas »an der reinen Logik« dieser Wirtschaft »falsch ist oder nicht« (a.a.O., S. 275), an neoklassischen Maßstäben messen wollen. Hinsichtlich der Produktion in einer solchen Wirtschaftsform hat er das »eigentliche Problem« in der Frage gesehen, wie diese »rational«, das heißt in einer Weise erfolgen könne, »in der sich eine maximale Befriedigung der Konsumenten ergibt« (a.a.O., S. 279 f.), wobei er lediglich zu erwägen gab, daß »eine korrekte Ausdrucksweise« eine Menge von Umschreibungen erforderlich machen würde, die für seine Zwecke nicht notwendig seien. Sein Beweis der Möglichkeit rationaler Planung im sozialistischen Gesellschaft geht von der Idee eines Zurechnungszusammenhanges von der Bewertung der Konsumgüter durch die Konsumenten zur Bewertung der Produktionsgüter aus. Der rationalen Planwirtschaft scheint dieselbe »Logik der Wahl« zugrunde zu liegen wie der rationalen Marktwirtschaft. Nur in der Lösung des Problems der institutionellen Realisierung scheinen sich beide zu unterscheiden.

institutioneller Arrangements durchgesetzt werden kann.

Diese Problematik pflegt man in der ökonomischen Diskussion in zwei Teilprobleme zu zerlegen: das Problem der *logischen Möglichkeit* einer Wirtschaftsrechnung in der Planwirtschaft und das ihrer *praktischen Realisierbarkeit*. Dabei setzt offenbar die Lösung des zweiten der beiden Probleme die des ersten voraus. Das erste Problem scheint man dadurch lösen zu können, daß man den Versuch unternimmt, ein entsprechendes gesamtwirtschaftliches Ordnungsmodell zu konstruieren, das insofern »rational« funktioniert, als in ihm der wirtschaftliche Ablauf in analoger Weise gesteuert wird wie im statischen Grundmodell. Die Lösung derartiger Konstruktionsaufgaben hat sich – man möchte fast sagen: selbstverständlich – als möglich erwiesen, da man sich dabei mit einer mehr oder weniger schematischen Skizze der erforderlichen institutionellen Vorkehrungen begnügen kann und realistische Einschränkungen keine wesentliche Rolle zu spielen brauchen. Aus diesem Grunde ist aber die Lösung dieses Problems heute für die meisten Theoretiker wenig befriedigend. Die Realisierung einer rationalen Planwirtschaft durch planmäßige Herstellung der im Modell vergesehenen Institutionen könnte ja immer noch an praktischen Schwierigkeiten scheitern oder mit solchen Opfern verbunden sein, daß man geneigt sein könnte, aus diesem Grunde darauf zu verzichten. Es wird daher zuweilen großer Wert auf den Nachweis gelegt, daß solche Schwierigkeiten nicht auftreten oder jedenfalls relativ leicht überwunden werden können. Hier ist es offenbar notwendig, »realistische« Überlegungen anzustellen, die sich in detaillierter Weise mit dem Funktionieren der betreffenden institutionellen Vorkehrungen befassen und an »Erfahrungen« orientiert sind. In Ermangelung eines entsprechenden nomologischen Wissens kann man sich dabei vor allem auf geschichtliche Beispiele stützen. So wird dieser Teil der ordnungspolitischen Problematik – das Problem der Möglichkeit einer rationalen Planwirtschaft – also gemeinhin durch eine Kombination von *logischer Konstruktion* und *historischer Illustration* gelöst: durch ein *historisch unterbautes Gedankenexperiment*. Einerseits konstruiert man mehr oder weniger reichhaltige Modelle, deren Vereinbarkeit oder Unvereinbarkeit mit dem statischen Ideal mit logischen Mitteln nachgewiesen werden kann. Andererseits belegt man diese Modelle durch Hinweise auf historische Fälle, an denen die eine oder andere Art der sozialen Ordnung des wirtschaftlichen Lebens bis zu einem gewissen Grade exemplifiziert werden kann.

Nun bietet die historische Betrachtung aber nicht nur Beispiele für planwirtschaftlich organisierte Systeme, denen unter dem Gesichtspunkt statischer Rationalität gewisse Schwächen zugeschrieben werden müssen. Man kann vielmehr darauf hinweisen, daß auch in den marktwirtschaftlich organisierten Gesellschaften die im statischen Grundmodell enthaltene Lösung des ökonomischen Problems aus verschiedenen Gründen nicht in dem Maße zum Zuge kommt, wie das von Vertretern des extremen Liberalismus vielfach heute noch unterstellt wird. Bei gemeinsamer Anerkennung des im statischen Grundmodell verkörperten ökonomischen Ideals – bei Orientierung also an einer ganz bestimmten Idee der Rationalität – sind daher durchaus verschiedene ordnungspolitische Auffassungen vertretbar, besonders, wenn man sich zu ihrer Rechtfertigung der oben charakterisierten Methode bedient. Die Diskussion hat klargemacht, daß die Frage nach der Möglichkeit einer rationalen Marktwirtschaft mit gleicher Berechtigung gestellt werden kann wie die nach der Möglichkeit einer rationalen Planwirtschaft. Bei ähnlicher grundsätzlicher Orientierung findet man heute höchst verschiedenartige Anschauungen über die zu realisierende Wirtschaftsordnung.

Man kann einerseits noch immer als Altliberaler an die wenigstens approximative Selbstrealisierung des statischen Ideals ohne staatliche Eingriffe glauben, wobei offenbleibt, wie stark die Abweichung davon ist, bei deren Überschreitung man seinen Standpunkt aufgeben würde. Man kann als Neuliberaler ordnungspolitische Eingriffe zur Realisierung brauchbarer Rahmenbedingungen sowie mehr oder weniger »marktkonforme« Interventionen im Rahmen eines »funktionierenden« Preismechanismus befürworten, wobei verschiedene Deutungen für diese Marktkonformität möglich sind. Man kann andererseits mit den Neusozialisten hinsichtlich dieser Rahmenbedingungen etwas andere Auffassungen vertreten und darüber hinaus die Art der zulässigen Marktinterventionen offenlassen. Weiter kann man mit den Konkurrenzsozialisten eine Sozialisierung der Produktionssphäre, verbunden mit ihrer Organisation nach dem Konkurrenzprinzip, also mit pretialer Lenkung, oder schließlich mit den Kalkulationssozialisten eine Sozialisierung, verbunden mit bürokratischer Lenkung auf Grund zentraler Kalkulation, fordern. Alles das scheint mit der Annahme der für die Lösung des Allokationsproblems wesentlichen Züge des statischen Grundmodells vereinbar zu sein, bei unterschiedlicher Auffassung allerdings hinsichtlich der Frage der Realisierbarkeit. Offenbar kommt es hier nur darauf an, *wie* man den »Preismechanismus« dieses Modells am besten verwirklichen kann, welche institutionellen Bedingungen sich also am besten dazu eignen, eine approximative Realisierung des betreffenden Gleichgewichtspreissystems und des damit verbundenen ökonomischen Idealzustandes herbeizuführen. *Daß* eine solche Realisierung anzustreben ist, scheint dagegen kaum mehr der Diskussion bedürftig zu sein. Die Grundannahme, von der man auszugehen pflegt, ist die nur selten bestrittene Idee der *immanenten Rationalität* dieses Modells.[7] Vor allem muß man nach dieser Auffassung das ökonomische Zentralproblem lösen: das Problem der Allokation der produktiven Kräfte eines Wirtschaftssystems, ihrer Verteilung auf die verschiedenen möglichen Verwendungen. Es gibt nach ihr eine ideale Lösung dieses Problems, nämlich die, die sich im totalen Gleichgewicht des Konkurrenzmodells ergibt. Hier herrscht vollkommene Rationalität, weil der Preismechanismus unter den in diesem Modell gegebenen Bedingungen angeblich wie eine ideale Induktionsmaschine in bezug auf die Bedürfnisse der Konsumenten funktioniert.

3. Kritik der ökonomischen Lösung des Problems

Was zunächst die Kombination von logischer Konstruktion und historischer Illustration angeht, die bei der Lösung ordnungspolitischer Probleme auftritt, so macht sie ohne Zweifel, wenn sie mit einiger Meisterschaft gehandhabt wird, den Eindruck einer realistischen Analyse dieser Problematik. Aber sie hat, abgesehen von der Fragwürdigkeit der ihr zugrundeliegenden Rationalitätsdoktrin, einen fundamentalen Fehler: sie enthält keine theoretisch fundierte Analyse der realen Möglichkeiten, auch wenn die Modellbildung noch so »realistisch« und die historische Exemplifizierung noch so zutreffend ist. Eine Verbindung von logischer und historischer Analyse kann das Realisierbarkeitsproblem deshalb nicht lösen, weil die dazu notwendige nomologische Information nicht zu ersetzen ist. Das Verfahren verführt vermutlich dazu, das für brauchbare Lösungen notwendige nomologische Wissen systematisch zu unterschätzen, da man geneigt ist, das

7 Zur Kritik siehe meinen Aufsatz: Die Problematik der ökonomischen Perspektive. In meinem Buch: Marktsoziologie und Entscheidungslogik, Neuwied/Berlin 1967. Dieses Denken und die damit verbundene ökonomische Perspektive wird im allgemeinen durch gründliches Studium so gut »gelernt«, daß es später gegen jede Kritik immun bleibt, unberührt z.b. auch von den Resultaten der Diskussion um das Wohlfahrtsproblem und ähnlicher Debatten. Auch wenn man jeweils die Stichhaltigkeit einzelner Einwendungen durchaus zuzugeben bereit ist, ist man doch vielfach nicht in der Lage, diesen Einwendungen dann später, z.B. in der ordnungspolitischen oder überhaupt der wirtschaftspolitischen Diskussion, Rechnung zu tragen.

theoretische Fundament der Lösung in der Modell-Konstruktion zu sehen. De facto sagt natürlich die Konstruierbarkeit eines Modells nichts über seine Realisierbarkeit. Historische Beispiele aber bedürfen einer theoretisch fundierten Interpretation, um für diese Fragen relevant zu sein. Was erforderlich wäre, wäre eine Analyse faktischer Wirkungszusammenhänge in alternativen institutionellen Arrangements auf der Basis gehaltvoller Theorien. Eine Kombination von Logik und Geschichte ist kein Ersatz dafür.

Solange man nicht gehaltvolle sozialwissenschaftliche Theorien benutzen kann, ist es nicht möglich, die für das ordnungspolitische Problem kausal wesentlichen Züge der betreffenden historischen Beispiele herauszuarbeiten, d.h., man kann nicht zeigen, welche Bedingungen dafür in Betracht kommen, daß das analysierte System in ganz bestimmter Weise funktioniert.

Das System wirtschaftlicher Beziehungen, auf das sich die ökonomische Analyse konzentriert, ist stets in ein Sozial- und Kulturmilieu eingebettet, dessen Relevanz für sein Funktionieren heute kaum noch geleugnet werden kann.[8] Auf Grund bisheriger Untersuchungen gibt es genügend Anhaltspunkte dafür, daß sich bestimmte wirtschaftliche Systeme nicht in Sozialmilieus von im übrigen beliebiger Beschaffenheit realisieren lassen. Andererseits scheint die Frage, welche Züge eines Sozialmilieus in dieser Beziehung bedeutsam sind und welche Bedeutung sie haben, im einzelnen noch schwer beantwortbar zu sein.[9] Die ökonomische Analyse pflegt sich von derartigen Fragestellungen im Wege der Modellbildung zu emanzipieren. Der im Modell aufweisbaren logischen Möglichkeit eines bestimmten Funktionsstils steht aber immer die eines anderen gegenüber, und der historische Nachweis der Realisierbarkeit eines bestimmten Stils in einem raum-zeitlich abgegrenzten Bereich sagt nichts über ihre allgemeinen Bedingungen und

8 Siehe dazu die Forschungen Max Webers und die daran anschließenden neueren soziologischen und sozialpsychologischen Untersuchungen, z.B.: Robert N. Bellah, Tokugawa Religion. The Values of Pre-Industrial Japan, Glencoe 1957; Reinhard Bendix, Herrschaft und Industriearbeit. Untersuchungen über Liberalismus und Autokratie in der Geschichte der Industrialisierung (1956), Frankfurt a. M. 1960; David C. McClelland, The Achieving Society, Princeton/Toronto/London/New York 1961.

9 Das zeigt sich natürlich besonders deutlich bei der Untersuchung der Entwicklungsproblematik. Gewisse Forschungsergebnisse liegen allerdings schon vor; siehe z.B.: George A. Theodorson, Die Industrialisierung und ihre Folgen für die soziale Struktur nicht-westlicher Gesellschaften; James C. Abegglen, Kontinuität und Wandel in der japanischen Industrie; und andere Beiträge aus: Soziologie der Entwicklungsländer, Peter Heintz (Hrsg.), Köln/Berlin 1962; sowie die in Anm. 8 angegebene Literatur.

über andere reale Möglichkeiten. Die Logik täuscht einen zu großen, die Geschichte einen zu kleinen Spielraum ordnungspolitischer Möglichkeiten vor. Man könnte daher vermuten, daß die Akzentuierung der Modellkonstruktion radikale Lösungen und die der historischen Exemplifizierung konservative Lösungen begünstigt, wenigstens soweit man sich über den Abstand zwischen Modell und Realität klar ist. Die Kombination beider Verfahrensweisen kann daran prinzipiell nichts ändern, sie kann nur eine Realistik vortäuschen, die eine Lösung der Probleme auch da suggeriert, wo de facto schon die nomologische Information dazu nicht vorhanden ist. In dieser Beziehung besteht übrigens keineswegs ein wesentlicher Unterschied zwischen der Frage nach der Möglichkeit einer rationalen Planwirtschaft und der nach der Möglichkeit einer rationalen Marktwirtschaft. Die tatsächlich realisierten sozialen Ordnungsformen des wirtschaftlichen Lebens kommen dem statischen Ideal im allgemeinen so wenig nahe, daß man nur durch politische Vorliebe dazu gebracht werden kann, dieses Ideal in die Wirklichkeit einer dieser Formen hineinzuprojizieren.

In der Fragwürdigkeit dieses Ideals liegt nun der zweite Ansatzpunkt für eine Kritik an der ökonomischen Lösung ordnungspolitischer Fragen. Die für das ökonomische Denken charakteristische Art, die ordnungspolitische Problematik zu analysieren und zu lösen, ist nicht nur unter theoretischen Gesichtspunkten anfechtbar, sie ist außerdem an eine fundamentale Voraussetzung gebunden, die der Kritik nicht standhält: an die Annahme der Rationalität des Konkurrenzpreissystems und seiner Produktionswirkungen im Hinblick auf die Bedürfnisbefriedigung der Konsumenten. Hinter dieser Annahme steht, wie Myrdal vor einiger Zeit festgestellt hat, die *kommunistische Fiktion* einer einheitlichen gesellschaftlichen Zwecksetzung und einer daran anknüpfenden objektiven Wertskala, von der her alle wirtschaftlichen Vorgänge als Teilhandlungen einer gesellschaftlichen Wirtschaftsführung verstanden und bewertet werden können.[10] Es ist die Fiktion einer

10 Siehe dazu Gunnar Myrdal, a.a.O., S. 135 ff. Diese Fiktion hat inzwischen zur Formulierung des Problems der Möglichkeit einer allgemeinen sozialen Wohlfahrtsfunktion geführt, wobei die Beschränkungen, die in den bisher bevorzugten Voraussetzungen liegen, fallengelassen wurden; siehe dazu unten: Politische Ökonomie und rationale Politik. Diese Thematik hat an sich nicht mehr mit der Nationalökonomie zu tun als mit allen anderen Sozialwissenschaften; siehe dazu: Jérome Rothenberg, The Measurement of Social Welfare, Englewood Cliffs 1961. Die Abstammung dieses Problems aus dem ökonomischen Denken zeigt sich aber dennoch in der Art, wie man es behandelt, und in der Bedeutung unter normativen Gesichtspunkten, die man seiner Lösung beimißt. An sich wäre es ja durchaus möglich, formale

Gesellschaft ohne wesentliche Konflikte, wie sie vor allem utopischen Sozialkonstruktionen zugrunde zu liegen pflegt.[11]

Diese Idee läßt sich im allgemeinen besonders gut mit holistischen Vorstellungen über die Beschaffenheit der sozialen Wirklichkeit und über die soziale Willensbildung verbinden. In diesem Falle aber ist sie mit einem Individualismus verknüpft, der eine Brücke von den individuellen Interessen zur kollektiven Bewertung sozialer Tatbestände notwendig macht. Diese Brücke wird mit Hilfe der induktivistischen Fiktion hergestellt, die dafür sorgt, daß das Funktionieren des Preismechanismus unter bestimmten Bedingungen zurechnungstheoretisch unterbaut werden kann und dadurch im Sinne sozialer Rationalität als gerechtfertigt erscheint. So wird die kommunistische Fiktion mit der Vorstellung vereinbar gemacht, daß die einzelnen Mitglieder der Gesellschaft letzte Träger von Interessen sind und daß die eigentlichen Entscheidungen in der betreffenden Wirtschaftsordnung unten getroffen werden, nämlich von den Konsumenten, denen die Resultate der Produktion zugute kommen. *Konsumentensouveränität, induktivistische* und *kommunistische Fiktion* führen so zu einer einheitlichen Konzeption, die sowohl die *Erklärung* des wirtschaftlichen Geschehens als auch seine *Rechtfertigung* im Sinne der Rationalität zu leisten hat.

In ähnlicher Weise verfährt die klassische Theorie der Demokratie im politischen Bereich: Sie enthält die kommunistische Fiktion des Gemeinwohls, die die tatsächlichen Interessenkonflikte überdeckt, und konstruiert einen übergreifenden Zustimmungszusammenhang induktivistischer Natur von den Interessen und Entscheidungen der einzelnen Wähler zu den Resultaten der sozialen Willensbildung und der

Probleme dieser Art im Rahmen der Analyse institutionell realisierbarer Entscheidungsregeln zu behandeln. In diese Richtung zielt wohl teilweise auch Gérard Gäfgen in seinem Aufsatz: Zur Theorie kollektiver Entscheidungen in der Wirtschaft. Eine Neuinterpretation der Welfare Economics, Jahrbücher für Nationalökonomie und Statistik, Band 173 (1961), S. 1 ff. Fragwürdig ist heute vor allem die ideologische Interpretation solcher Probleme, ihre unmittelbare Verschmelzung mit der sozialen Rechtfertigungsproblematik.

11 Im ökonomischen Denken findet man diese Idee schon seit der Klassik. Im soziologischen Denken sind teilweise analoge Ideen zu finden. Für eine kritische Untersuchung in diesem Bereich siehe Ralf Dahrendorf, Pfade aus Utopia. Zu einer Neuorientierung der soziologischen Analyse. In seinem Buch: Gesellschaft und Freiheit, München 1961. Dort wird u.a. auf die für manche Theorien charakteristische Abstraktion von strukturell bedingten sozialen Konflikten hingewiesen. Auch die klassische Theorie der Demokratie setzt eine derartige kommunistische Fiktion voraus. Sie wurde aus diesem Grunde vor allem von Joseph A. Schumpeter kritisiert; siehe dazu die

Politik. Auch hier werden die eigentlichen Entscheidungen unten getroffen, nämlich von den Wählern. Ebenso wie in der Marktwirtschaft die Unternehmer lediglich den Konsumentenwillen vertreten, setzen die Volksvertreter in der Demokratie nur den Wählerwillen durch.[12] *Wählersouveränität, induktivistische* und *kommunistische Fiktion* führen hier zu einer analogen Konzeption für die *Erklärung* und *Rechtfertigung* des politischen Geschehens, wie sie die neoklassische Ideologie für den Wirtschaftsablauf bietet.

In beiden Fällen bilden die Interessen des Einzelnen, von denen angenommen wird, daß sie ihm selbst unmittelbar einsichtig sind, letzte Gegebenheiten, aus denen sich die adäquate Bewertung des Gesamtgeschehens und, unter der Voraussetzung der Existenz einer rationalen Sozialordnung, auch die tatsächliche Gestaltung dieses Geschehens herleiten läßt. Sie sind gleichzeitig Quelle und Geltungsgrund aller relevanten Entscheidungen.[13] Sie spielen dieselbe Rolle, die in der empiristischen Variante der klassischen Erkenntnistheorie den einzelnen Sinneswahrnehmungen zugeschrieben wird[14], die als das Fundament der Erkenntnis betrachtet werden und die Basis für das

letzten Kapitel seines Buches: Kapitalismus, Sozialismus und Demokratie, 2. Aufl., München 1950. Der Marxismus verlegt diese Utopie in die Zukunft, an das Ziel der geschichtlichen Entwicklung und gewinnt damit Raum für die Zulassung struktureller Konflikte in der Gegenwartsgesellschaft. Karl R. Popper zeigt in seinem Werk: Die offene Gesellschaft und ihre Feinde, a.a.O., den Zusammenhang zwischen holistischer Sozialphilosophie, utopischer Sozialtechnologie und geschlossener Gesellschaft. Es ist nicht uninteressant, daß das an sich individualistische Denken der Klassik und Neoklassik dennoch einen Rest derartiger Vorstellungen enthält.

12 Der Theorie der vikarischen Funktion der Unternehmer, die Joseph A. Schumpeter seinerzeit explicite entwickelt hat (siehe dazu seinen Aufsatz: Das Grundprinzip der Verteilungstheorie, Archiv für Sozialwissenschaft und Sozialpolitik, Band 42, 1916/17, S. 42), entspricht daher im politischen Bereich die Theorie von der vikarischen Funktion der Regierung, die Repräsentationsfiktion, die der gleiche Schumpeter später in seinem o.a. Buch mit guten Gründen kritisiert und erledigt hat.

13 Die Betonung des »Datencharakters« der Bedürfnisse im neoklassischen Denken scheint mir vor allem mit dieser normativen Auszeichnung zusammenzuhängen. Das kommt sehr schön z.B. in dem Buch von Bernard Lavergne, L'Hégémonie du Consommateur, Paris 1958, zum Ausdruck, in dem eine auf der Konsumentensouveränität fußende Theorie in Reinkultur entwickelt wird.

14 Diese Analogie scheint nicht zufällig zu sein, sondern einer gemeinsamen Denkstruktur zu entspringen; siehe dazu: John W.N. Watkins, Erkenntnistheorie und Politik, a.a.O. Watkins, der hier vor allem die Zusammenhänge zwischen Empirismus und Theorie der Demokratie analysiert, weist u.a. auf die analoge Struktur des Empirismus und des Utilitarismus hin.

quasi-logische Ableitungsverfahren der Induktion abgeben sollen. Dabei ist die reine Wahrnehmung als absolute Gegebenheit ebenso problematisch wie das reine und unverfälschte Interesse als Datum des sozialen Geschehens[15], die quasi-logische Induktion ebenso fragwürdig wie die analoge quasi-logische Zurechnung. Die Idee eines sicheren Fundaments der Erkenntnis und der Bewertung, an die ein jeweils sicheres Ableitungsverfahren dieser Art anknüpfen kann, ist in beiden Fällen einer statischen Konzeption entsprungen, die die Rolle von Widersprüchen oder Konflikten, die Rolle der Ungewißheit und des Risikos unterschätzte und im Zusammenhang damit die Notwendigkeit der positiven Rechtfertigung in den Vordergrund stellte.

4. Vom Prinzip der zureichenden Begründung zum Prinzip der kritischen Prüfung: Die Überwindung der klassischen Methodologie

Damit sind wir bei der fundamentalen Struktur der Fragestellung angelangt, die man in epistemologischen und moralphilosophischen Untersuchungen ebenso finden kann wie in Untersuchungen, die sich auf das soziale Leben, auf den wirtschaftlichen und den politischen Bereich beziehen. Diese Struktur ist nämlich von einer Idee bestimmt, die letzten Endes hinter all diesen Begründungsversuchen für soziale Tatbestände steht: von der Idee der positiven Rechtfertigung. Diese allgemeine philosophische Idee, die sich auf keinen Spezialbereich beschränken läßt, sondern vielmehr in ganz verschiedenen Bereichen die Richtung der Fragestellung beeinflußt, kommt vermutlich am besten in einem Prinzip zum Ausdruck, das seinerzeit von Leibniz explizit formuliert und als ein grundlegendes Prinzip des Vernunftsgebrauches herausgestellt wurde: im Prinzip des zureichenden Grundes.[16]

15 Für eine Diskussion der Sinnesdaten und der sie angeblich nur registrierenden Wahrnehmungsaussagen, die mitunter als unanzweifelbar hingestellt werden, siehe: Paul K. Feyerabend, Das Problem der Existenz theoretischer Entitäten. In: Probleme der Wissenschaftstheorie. Festschrift für Victor Kraft, Ernst Topitsch (Hrsg.), Wien 1960. Feyerabend weist u.a. auf den interessanten Tatbestand hin, daß derartige Aussagen Widersprüche enthalten können. Sie involvieren, wie alle anderen Aussagen, immer schon eine Interpretation, worauf schon Karl R. Popper in seiner oben erwähnten: Logik der Forschung, hingewiesen hat. – Was die Bedürfnisse (Interessen) als Daten des ökonomischen Denkens angeht, so sind sie in der Form, in der sie auftreten, immer schon Ergebnisse sozialer Prozesse und Deutungen.

16 Siehe dazu: Gottfried Wilhelm Leibniz, Monadologie, § 32; außerdem: Arthur Schopenhauer, Über die vierfache Wurzel des Satzes vom zureichen-

In einer von seiner etwas abweichenden Formulierung, nämlich als *Prinzip der zureichenden Begründung*, kann dieser Satz als ein allgemeines *Postulat der klassischen Methodologie* des rationalen Denkens aufgefaßt werden, das den intellektualistischen wie den empiristischen Versionen der klassischen Erkenntnistheorie, der Moralphilosophie und anderer, z.B. sozialphilosophisch orientierter Disziplinen (Nationalökonomie, politische Theorie) gemeinsam ist: Alles, was ausgesagt wird, bedarf nach diesem Prinzip einer zureichenden Begründung, einer Rechtfertigung durch Zurückführung auf positive Gründe, die im allgemeinen mit Hilfe eines logischen oder quasi-logischen Ableitungsverfahren zu geschehen hat.[17] Auf diese Weise sind nicht nur Aussagen und Systeme, sondern darüber hinaus soziale Zustände und Ordnungen aller Art einer letzten Rechtfertigung zugänglich. Was nicht auf diese Weise gerechtfertigt werden kann, bleibt problematisch und damit unverbindlich oder verfällt der Ablehnung, so daß durch diese Forderung die Neigung zu Schein-Begründungen aller Art stark begünstigt wird. Das ganze Verfahren hat den Zweck, das zu Begründende dadurch zu legitimieren, daß man seine Geltung auf letzte Quellen zurückführt, die ihrer Natur nach Autorität für sich in Anspruch nehmen können und daher in der Lage sind, diese ihre Autorität im Wege des betreffenden logischen oder quasi-logischen Verfahrens zu übertragen. Dabei können sehr verschiedene Instanzen die Rolle der letzten Autorität übernehmen: bei der intellektualistischen Variante kommen dafür vor allem Vernunft, intellektuelle Intuition und Wesensschau, bei der empiristischen Sinneswahrnehmungen, Beobachtungen und letzte Interessen oder Bedürfnisse in Frage.[18]

den Grunde (1813), Hamburg 1957, wo die verschiedenen Deutungen des Prinzips herausgearbeitet werden. Kazimierz Ajdukiewicz hat in seinem: Abriß der Logik, Berlin 1958, S. 72 ff., darauf hingewiesen, daß der Satz als Postulat formulierbar ist.

17 Zur Analyse und Kritik dieses Denkens vgl. mein Buch: Traktat über kritische Vernunft, Tübingen 1968, 3. erweiterte Auflage 1975.

18 Die Analyse dieser gemeinsamen Züge der klassischen Erkenntnistheorie und anderer philosophischer Disziplinen verdanken wir Karl R. Popper; siehe vor allem seinen Aufsatz: On the Sources of Knowledge and of Ignorance, Proceedings of the British Academy, Vol. XVI, London 1960, wiederabgedruckt als Einleitungskapitel seines Aufsatzbandes: Conjectures and Refutations, London 1963. Aus seiner Analyse ergibt sich, daß sich in diesen Zügen eine auf ältere Ursprünge zurückweisende quasitheologische Manifestationstheorie der Wahrheit erhalten hat, von der sich die Philosophie erst heute allmählich emanzipiert. Die dogmatische Fixierung an eine mündlich oder schriftlich überlieferte Tradition unterscheidet sich davon prinzipiell nur durch die mehr oder weniger starre Koppelung von

Dieser methodische Ansatz des Denkens weist eine *autoritär-dogmatische Struktur* auf, auch da, wo er im übrigen de facto mit einer durchaus kritischen Einstellung verbunden ist[19], denn jede Rechtfertigung der erörterten Art rekurriert letzten Endes auf eine unanzweifelbare Quelle, deren Autorität transferierbar ist, setzt also eine dogmatische Grundlage voraus. Das ist jedenfalls die einzige Möglichkeit, den sonst drohenden infiniten Regreß zu vermeiden[20], wenn man das Postulat der zureichenden Begründung beibehalten will. Die Dogmatisierung gewisser als fundamental angesehener Gegebenheiten hat wiederum die Konsequenz, wesentliche Bestandteile des betreffenden Rechtfertigungszusammenhanges gegen mögliche Kritik zu immunisieren und damit der Revision zu entziehen. Auch für kritische Analysen glaubte man bisher im allgemeinen stets eine sichere Grundlage voraussetzen zu müssen, denn eine Position zu kritisieren, schien den Vertretern der klassischen Methodologie bedeuten zu müssen: zu zeigen, daß sie sich nicht von der betreffenden Grundlage ableiten läßt oder daß sie gar mit ihr unvereinbar ist.[21] Kritik und Rechtfertigung schienen also notwendig miteinander verbunden zu sein. Das Rationalitätsproblem wurde mit einer gewissen Selbstverständlichkeit, wie sie oft gerade fundamentalen Ansätzen zuerkannt wird, als ein Rechtfertigungsproblem im Sinne des Postulats der zureichenden Begründung interpretiert. – Wie

Erkenntnisquelle und Inhalt, die dazu führt, daß die wesentlichen Probleme exegetischer Natur sind, wodurch der Revisionsspielraum sich stark verengen kann. Von dieser starren Bindung hat sich die klassische Erkenntnistheorie schon befreit, wenn sie auch die Idee der absoluten Rechtfertigung und der Wahrheitsgarantie übernahm.

19 Das hat im Anschluß an die Popperschen Untersuchungen William Warren Bartley gezeigt; siehe dazu seinen Beitrag: Rationality versus the Theory of Rationality. In: A Critical Approach to Science and Philosophy, a.a.O.; sowie sein Buch: The Retreat to Commitment, New York 1962. Die folgende Kritik schließt an diese Arbeiten an.

20 Das wurde zum Beispiel schon ganz klar von einem hervorragenden Vertreter der klassischen Methodologie gesehen, von Blaise Pascal; siehe dazu seine kleine Schrift: Vom Geiste der Geometrie (etwa 1658), Darmstadt 1948, vor allem S. 23, die im übrigen vieles heute noch Gültige enthält. Pascal empfiehlt als Ausweg einen Rekurs auf das Klare und das Bekannte. Für eine Analyse dieses Dilemmas (bzw. Trilemmas, wenn man den Friesschen Psychologismus als Sonderfall von anderen Formen des Dogmatismus unterscheidet) siehe Karl R. Popper, Logik der Forschung, a.a.O., Abschn. 25.

21 Siehe dazu: William Warren Bartley, Rationality versus the Theory of Rationality, a.a.O., S. 52, sowie zu diesem Problemkomplex das Addendum: Fact, Standards, and Truth: A further Criticism of Relativism, des zweiten Bandes der vierten Auflage von Karl R. Poppers: Die offene Gesellschaft und ihre Feinde, a.a.O.

Bartley mit Recht bemerkt, ist die Philosophie Poppers die erste in der Geschichte des philosophischen Denkens, die den Kritizismus nicht mit der Idee der positiven Rechtfertigung verschmolzen hat. In ihr tritt an die Stelle des Prinzips der zureichenden Begründung das *Prinzip der kritischen Prüfung*, an die Stelle eines im Grunde dogmatisch-apologetischen Programms das Programm der freien und unabhängigen Kritik, einer Kritik ohne Rekurs auf eine Autorität und daher ohne die Annahme einer Wahrheitsgarantie. Die Rolle der Logik ist für diese Auffassung demzufolge nicht die eines *Instruments der positiven Begründung*, sondern vielmehr die eines *Organons der rationalen Kritik*.[22]

Dieser Kritizismus geht davon aus, daß die Analyse und Diskussion bestimmter Probleme niemals in einem geistigen und sozialen Vakuum vor sich geht. In allen Bereichen des Denkens wird man vielmehr stets mit bestimmten überkommenen Denkweisen, mit Positionen und Traditionen konfrontiert, in denen sich früher vorgeschlagene und akzeptierte Problemlösungen niedergeschlagen haben, gleichgültig, ob es sich dabei um philosophische, wissenschaftliche, moralische, soziale oder andere Probleme handelt. Neue Probleme pflegen dann zu entstehen, wenn irgendwelche Widersprüche oder Schwierigkeiten auftauchen, die einen Teil des tradierten Bestandes an Überzeugungen fragwürdig machen und ihn damit aus dem Hintergrund des bisher Bewährten hervorheben, z.B. weil unsere in bisherigen Denkweisen wurzelnden Erwartungen durch das tatsächliche Geschehen enttäuscht[23] oder unsere Interessen durch bestimmte Handlungen und Vorgänge verletzt werden. Zur Lösung derartiger Probleme bedarf es dann im allgemeinen, wenn sie wirklich neuartig sind, neuer Einfälle, von denen von vornherein nicht feststeht, ob sie sich bewähren werden oder nicht. Vielfach tauchen mehrere rivalisierende Lösungsvorschläge auf, deren komparative Schwächen und Vorzüge kritischer Beurteilung

22 Wir haben hier eine kritische Interpretation der Rationalität vor uns, ein Prinzip einer allgemeinen Methodologie des rationalen Denkens, das, wie Bartley gezeigt hat, zum erstenmal einen wirklich widerspruchsfreien umfassend kritischen Rationalismus möglich macht. Für die Schwierigkeiten früherer Lösungen des Rationalitätsproblems siehe das 24. Kapitel von: Die offene Gesellschaft und ihre Feinde, sowie das o.a. Buch Bartleys; siehe auch meinen Aufsatz: Ethik und Meta-Ethik. Das Dilemma der analytischen Moralphilosophie. In: Konstruktion und Kritik, a.a.O., wo ich die analytische Moralphilosophie mit den Gesichtspunkten des Kritizismus konfrontiert habe.

23 Siehe zum Beispiel die Darstellung Karl R. Poppers in: Naturgesetze und theoretische Systeme. In: Theorie und Realität, a.a.O.

unterliegen. Die Diskussion dieser Vorschläge im Lichte überlieferter und relativ bewährter Konzeptionen kann dann zu einer Revision des tradierten Bestandes an Lösungen führen, wobei die so modifizierten Auffassungen, Verfahrensweisen und Institutionen nicht als endgültig begründet und einwandsimmun gelten können, sondern auch in Zukunft stets weiterer Kritik unterliegen und mit dem Risiko des Scheiterns belastet sind.[24]

5. Normativer oder kritischer Rationalismus im ordnungspolitischen Denken

a) Die Idee der positiven Rechtfertigung in der ordnungspolitischen Analyse

Damit kommen wir zu unserem speziellen Problem zurück, zum Problem der Rationalität in der ordnungspolitischen Diskussion. Wie unsere bisherige Analyse gezeigt hat, ist die übliche Argumentation hinsichtlich dieses Problems am Modell der positiven Rechtfertigung orientiert.[25] Die für sie grundlegende Konzeption, in der die Idee der Konsumentensouveränität mit der induktivistischen und der kommuni-

24 Dieser »Fallibilismus« gilt nicht nur für realwissenschaftliche Theorien, für die er sich in der methodischen Praxis schon weitgehend durchgesetzt hat, sondern auch für mathematische Grundlagenfragen, für deren Lösung man bisher größere Sicherheit erwartete; siehe dazu: Imre Lakatos, Infinite Regress and Foundations of Mathematics. In: The Aristotelian Society, Suppl. Vol. XXXVI, 1962; in mancher Hinsicht zu ähnlichen Ergebnissen kommt Alexander Israel Wittenberg in seinem Buch: Vom Denken in Begriffen. Mathematik als Experiment des reinen Denkens, Basel und Stuttgart 1957. Diese methodische Auffassung läßt sich auf andere Bereiche übertragen, vor allem auch: auf das soziale Leben, auf Wirtschaft und Politik, wo die Idee der positiven Rechtfertigung fest verwurzelt ist, die meines Erachtens das entscheidende methodische Fundament des ideologischen Denkens ist.

25 In meiner oben erwähnten Ideologieschrift habe ich seinerzeit die für das ökonomische Denken charakteristische Behandlung dieses Problems einer Kritik unterworfen, die in diese Richtung geht, ohne jedoch die allgemeine Bedeutung dieses Rechtfertigungsmodells zu erkennen, die durch die oben erwähnten Arbeiten zum erstenmal ins rechte Licht gerückt wurde. Ideologisches Denken pflegt die Methode positiver Begründung zu bevorzugen. Damit hängt vermutlich auch die von Ernst Topitsch immer wieder kritisch beleuchtete Strategie des Leerformelgebrauchs zusammen, die den dogmatischen Abschluß des Regresses der Rechtfertigung einwandsimmun und plausibel zu machen geeignet ist. Siehe zu dieser Problematik: Ernst

stischen Fiktion verschmolzen ist, ist das Musterbeispiel eines positiven Rechtfertigungsschemas im Sinne der klassischen Methodologie. Die tatsächlichen Bedürfnisse, Wertungen oder Entscheidungen der Konsumenten werden dabei als das gegebene und ohne jede Kritik hinzunehmende Fundament der Rechtfertigung behandelt, so daß die Idee der Maximalbefriedigung oder des maximalen sozialen Nutzens als selbstverständlich und daher akzeptabel erscheint. Alle institutionellen Vorkehrungen haben offenbar nur die Aufgabe zu erfüllen, einen Preismechanismus oder ein funktionelles Substitut in einer Weise zu installieren, die dafür sorgt, daß sich die individuellen Wertungen im Zurechnungszusammenhang durchsetzen, so daß der ganze Ablauf des wirtschaftlichen Lebens sich dem objektiven Wertmaßstab der Gesellschaft entsprechend vollzieht. Eine Wirtschaftsordnung, die das leistet, ist insofern »rational« und »vom ökonomischen Gesichtspunkt her« gerechtfertigt. Abweichungen von diesem de facto weitgehend leeren Funktionsideal sind, soweit sie durch eine spezielle Deutungstechnik konstatierbar sind, ohne weiteres als ökonomische Mängel zu bewerten. Wie die Sinneswahrnehmungen nach klassisch-empiristischer Auffassung wahre Theorien induzieren, so induzieren die Bedürfnisse der Konsumenten nach utilitaristischer oder besser: nach neoklassisch-ökonomischer Auffassung die ideale Produktion. Läßt man sie dagegen infolge von »Funktionsstörungen« des Preismechanismus nicht voll zum Zuge kommen, so weicht auch das Ergebnis der wirtschaftlichen Tätigkeit von diesem Ideal ab.

Diese Argumentation hat auch im wirtschaftlichen Alltagsdenken tiefe Wurzeln geschlagen. Sie ist in der Diskussion um die Problematik der sozialen Wohlfahrt eigentlich ad absurdum geführt worden, allerdings teilweise in einer Form, die die Bereitschaft, im ökonomischen Denken die Konsequenzen daraus zu ziehen, nicht unbedingt fördert. Die Kritik

Topitsch, Vom Ursprung und Ende der Metaphysik, Wien 1958; sowie die in seinem Aufsatzband: Sozialphilosophie zwischen Ideologie und Wissenschaft, Neuwied 1961, abgedruckten Arbeiten, Alf Ross, On Law and Justice, London 1958, bes. Kap. 12; sowie Gunnar Myrdals oben erwähntes Buch. Leere, mit positiven Wertakzenten versehene Formeln wie »Jedem das Seine«, »Jedem nach seinen Bedürfnissen«, »Maximale Bedürfnisbefriedigung aller Mitglieder der Gesellschaft« oder »Seinsgerechte Gestaltung der Wirtschaft im Sinne des Einklangs von Bedarf und Deckung« sind hervorragend geeignet, den Denkprozeß an einer Stelle zu suspendieren, wo weiteres Fragen ins Leere stoßen müßte. Sie bilden daher das »natürliche« dogmatische Scheinfundament für die ideologische Rechtfertigung. Die Interpretation solcher Formeln zur Ableitung spezieller Zielsetzungen ist dann allerdings Angelegenheit einer logisch gesehen etwas merkwürdigen Strategie, die de facto auf Selbst- oder Fremdtäuschung abstellt.

an früheren Vorstellungen über die Rolle eines im Sinne vollständiger Konkurrenz funktionierenden Preismechanismus bei der Lösung des Wohlfahrtsproblems hat zu einschränkenden Behauptungen verschiedenster Art geführt, die aber meist im Sinne einer konventionalistischen Strategie zur Rettung der damit völlig entleerten Kernthese verwertet werden.[26] Ein letzter Rest utilitaristischen Rechtfertigungsdenkens ist bei fast allen Teilnehmern der Debatte zu finden. Auch wer die Bedeutung eines »ideal« funktionierenden Preismechanismus für die Maximalbefriedigung bezweifelt, hält doch vielfach noch die Art der Fragestellung, den Gesichtspunkt der Rechtfertigung wirtschaftlicher Vorgänge, Maßnahmen und Eingriffe durch Rekurs auf eine hypothetische Maximalbefriedigung der Gesellschaft für akzeptabel[27]. Auch scharfe Kritiker der Wohlfahrtsökonomik pflegen die Idee einer sozialen Nutzenfunktion mitunter für unproblematisch zu halten oder sie doch jedenfalls selbst implicite vorauszusetzen[28]. Schwierigkeiten bei der praktischen Verwendung dieser Idee werden vielfach als solche mehr »technischen« Charakters beurteilt. Sie scheinen nur die Frage zu betreffen, *wie* man eine solche Funktion adäquat konstruieren kann, so daß sie zu konkreter Anwendung geeignet ist. *Daß* ihre Konstruktion

26 Siehe dazu meine Kritik im IV. Abschnitt des oben erwähnten Beitrages zur Popper-Festschrift: Social Science and Moral Philosophy. Es handelt sich dabei vor allem um folgende Einschränkungen: die Unterscheidung zwischen allgemeiner und ökonomischer Wohlfahrt, die Trennung der Produktions- von der Verteilungssphäre, die Deutung des Problems der idealen Produktion als eines rein ökonomischen Effizienzproblems, den Rückzug auf das Pareto-Kriterium, die Annahme der Gegebenheit der individuellen Bedürfnisse und des technologischen Wissens, die Nichtberücksichtigung des Verbrauchs an Kollektivgütern und schließlich die Abstraktion von allen externen Wirkungen in der Konsum- und Produktionssphäre.

27 Das führt dann zu solchen Problemen wie dem der Konstruierbarkeit einer sozialen Wohlfahrtsfunktion, die bestimmten intuitiv einleuchtenden Adäquatheitsbedingungen genügt. Die Frage ist hier, warum man für institutionelle Entscheidungsmechanismen die von Arrow behandelte Art der Rationalität erwarten sollte. Zur Kritik siehe z. B.: James M. Buchanan, Social Choice, Democracy, and Free Markets, The Journal of Political Economy, Vol. LXII (1954), S. 114 ff.

28 Das trifft allerdings nicht für Gunnar Myrdal zu, dessen Kritik zwar technische Details vernachlässigt, aber dafür die prinzipiellen Gesichtspunkte deutlicher herausstellt als andere Arbeiten. In K. William Kapps interessantem Buch: The Social Costs of Private Enterprise, Cambridge, Mass., 1950, findet man die Myrdalsche Kritik großenteils berücksichtigt, allerdings mit einer ziemlich entscheidenden Ausnahme: Kapp hält im Grunde genommen an der Idee einer sozialen Nutzenrechnung fest, ohne die seine Argumentation nicht in dieser Weise möglich wäre. Er bleibt insoweit offenbar im Bannkreis der klassischen Methodologie.

zu den Desiderata des sozialwissenschaftlichen Denkens gehört, scheint sich dagegen aus der ökonomischen Perspektive zu ergeben.[29]

Wir haben aber keinerlei Anlaß anzunehmen, daß das Prinzip der zureichenden Begründung, das hinter derartigen Konstruktionsversuchen steht, in diesem Bereich besser funktioniert als im Bereich der Erkenntnistheorie. Die Ideen der klassischen Methodologie sind vielmehr hier ebenso zum Scheitern verurteilt wie in anderen Bereichen. Die Tendenzen zur Konservierung wohlfahrtsökonomischer Verfahrensweisen, die heute zu beobachten sind, entspringen vermutlich zu nicht geringem Teil der Vorstellung, daß es keine Alternative geben kann – der Auffassung, daß wir normativer Systeme zur Rechtfertigung politischer Maßnahmen und sozialer Zustände bedürfen und daß ein Verzicht auf sie gleichzeitig einen Verzicht auf Rationalität im sozialen Leben bedeuten müsse. Das trifft aber hier ebensowenig zu wie in anderen Bereichen.

Was das letzte Fundament der ökonomischen Rechtfertigung angeht, die Bedürfnisse der Mitglieder der Gesellschaft, so steht es um sie ähnlich wie um andere letzte »Gegebenheiten«. Sie sind durch den Sozialprozeß selbst geformt und unterliegen seinem dauernden Einfluß, wobei auch die wirtschaftlichen Vorgänge eine bedeutende Rolle spielen. Ihre Entwicklung, Kanalisierung und Orientierung unter der Einwirkung sozialer Wertungen und anderer Faktoren ist so in die sozialen Geschehnisse verwoben, daß ihre Herauslösung, um sie zu letzten Gegebenheiten einer Strategie der Rechtfertigung zu machen, nur auf ein illusionäres Gedankenexperiment hinauslaufen kann. Zudem ist die Vorstellung, gegebene Bedürfniskonstellationen und Interessenlagen seien prinzipiell sakrosankt und daher der Kritik entzogen, nichts als ein Dogma, das solange eine gewisse Plausibilität für sich in Anspruch nehmen zu können scheint, als man den Datencharakter der Bedürfnisse mit der Freiheitsidee koppelt. Aber die Immunisierung der tatsächlich sich äußernden Bedürfnisse und Interessen gegen kritische Untersuchungen ist keineswegs eine Vorbedingung

29 Die Idee einer explizit normativen Sozialwissenschaft, die sich von einigen früheren Beschränkungen frei macht und ihre fundamentalen Werturteile offen herausstellt, ist also dem modernen wohlfahrtsökonomischen Denken keineswegs fremd; siehe dazu das o.a. Buch von Jérome Rothenberg, The Measurement of Social Welfare. Sie geht wie auch andere Vorstellungen von einer solchen Disziplin auf das Prinzip der zureichenden Begründung zurück. Zur Kritik der Auffassung, daß solche Systeme für die praktische Anwendung der Sozialwissenschaft notwendig ist, siehe meinen Beitrag: Wertfreiheit als methodisches Prinzip, unten.

freiheitlicher Gestaltung der sozialen Ordnung.[30]

Außerdem bedarf jede Konstellation von Bedürfnissen oder Interessen in einer Gesellschaft vorheriger Interpretation, wenn sie zur Grundlage sozialer Wertungen gemacht werden soll. Auch hier besteht eine Analogie zur epistemologischen Problematik, wo die Notwendigkeit der Interpretation von Wahrnehmungen gegeben ist.[31] Die Schwierigkeiten der Wohlfahrtsökonomik beruhen zum Teil gerade darauf, daß hier eine solche Interpretation mit Hilfe des üblichen ökonomischen Instrumentariums der Neoklassik versucht wird, was zu höchst. fragwürdigen Einschränkungen führt, die aus der spezifischen Selektivität dieses Begriffsapparats entspringen. Die Problematik dieser Selektion scheint vielen Vertretern der Wohlfahrtsökonomik einzuleuchten, so daß sie die Neigung haben, den darin liegenden Begrenzungen irgendwie Rechnung zu tragen. Das hat einerseits die Benutzung entsprechender einschränkender Formeln, die die praktische Relevanz dieser Disziplin in Frage stellen, andererseits aber die Verallgemeinerung der Fragestellung gefördert, die den gleichen Effekt haben muß. In beiden Fällen wird verkannt, daß eine zur Ableitung adäquater sozialer Wertungen brauchbare Interpretation der gesamten Bedürfnis- oder Interessenkonstellation ein utopisches Unterfangen ist, ein Unterfangen, das außerdem nur im Rahmen einer entsprechend utopischen Auffassung von den Möglichkeiten der Sozialtechnologie und der darauf aufbauenden Politik sinnvoll sein kann.[32] Zweierlei ist für eine

30 Eine sozialpsychologische Analyse zeigt, daß die Mitglieder sozialer Gebilde durch deren strukturelle Eigenschaften sehr oft dazu gebracht werden können, ihre eigenen Bedürfnisse und Befriedigungschancen sehr vordergründig zu beurteilen und sich entsprechend zu verhalten, was zu kollektiven Frustrationen führen kann, deren Ursachen keineswegs offen zutage liegen. Hier haben Sozialkritik und Aufklärung ein weites Feld. Es kommt darauf an, die Wirkungszusammenhänge *hinter* solchen Bedürfniskonstellationen zu erforschen, nicht ihre Gegebenheit zu postulieren und normativ zu überhöhen. Vielleicht darf man sagen, daß der Rekurs Weissers auf »wohlverstandene« Interessen im Sinne Leonard Nelsons wenigstens der Intention nach weniger fragwürdig ist.

31 Darauf hat schon Alf Ross in seiner Kritik der Leonard Nelsonschen Moralphilosophie aufmerksam gemacht; siehe dazu sein Buch: Kritik der sogenannten praktischen Erkenntnis. Zugleich Prolegomena zu einer Kritik der Rechtswissenschaft, Kopenhagen/Leipzig 1933, S. 364 ff. Zu den Schwierigkeiten, die bei der Rekonstruktion des sozialen Interessenfeldes auftauchen, siehe auch das letzte Kapitel des oben erwähnten Myrdalschen Buches, a.a.O., S. 185 ff.

32 Der Kritik an solchen utopischen Auffassungen, in denen außerdem die Informationsgrundlage der Politik, das vorhandene Wissen, systematisch überschätzt zu werden pflegt, ist Karl R. Poppers Buch: Das Elend des

solche Konzeption charakteristisch: die Überschätzung des für die Beeinflussung des sozialen Geschehens zur Verfügung stehenden Wissens und die Unterschätzung der Bedeutung sozialer Konflikte für die historische Entwicklung. Die Interpretation der sozialen Rationalität, die hier zum Ausdruck kommt, arbeitet daher mehr oder weniger explizit mit der Vorstellung, daß den Entscheidungsträgern hinsichtlich der relevanten Tatbestände *vollständige Information* verfügbar ist und daß es in der Gesellschaft *keine wesentlichen Interessenkonflikte* gibt, die eine geistige Vorwegnahme harmonischer Lösungen unter Verwendung einer objektiven Wertskala unmöglich machen könnten. Ungewißheit, Risiko, Irrtum, Konflikt und Widerspruch werden hier also ebenso bagatellisiert wie in den anderen Bereichen, die mit den Mitteln der klassischen Methodologie behandelt werden.[33] Die Bagatellisierung von Konflikten im utopischen Denken führt aber nicht selten zu ihrer faktischen Unterdrückung, zu einer Sozialordnung, die die postulierte Interessenharmonie durch Gewaltanwendung herstellt.[34] Es scheint zwar merkwürdig zu sein, wenn man diese Konsequenz ausgerechnet im Zusammenhang mit einer Konzeption erwähnt, die genetisch sehr eng mit der liberalen Minimalstaatsdoktrin verbunden ist. Aber dieser genetische Zusammenhang darf nicht über den, möglicherweise nicht sehr auffälligen, utopischen Rest in den abstraktesten Konstruktionen der Wohlfahrtsökonomik hinwegtäuschen. Der normative Modell-Platonismus dieser Konstruktionen macht sie für eine realistische Analyse der ordnungspolitischen Probleme unbrauchbar, erweckt aber den Eindruck, es gäbe eine ideale Lösung dieser Probleme, die allen Bedürfnissen und Interessen gerecht werde.

Abgesehen von der Frage der Gegebenheit des Fundamentes der Rechtfertigung, der Konstellation der Bedürfnisse oder Interessen, ist auch der Induktivismus, der in der Zurechnungsidee zum Ausdruck

Historizismus, a.a.O., gewidmet, auf das hier verwiesen sei. – Nur in einem solchen Rahmen scheint mir übrigens auch die Idee einer umfassenden normativen Sozialwissenschaft verständlich zu sein.

33 Für eine Analyse des Zusammenhangs zwischen utopischem Denken und der Vernachlässigung von Konflikten siehe: Ralf Dahrendorf, Pfade aus Utopia. In seinem o.a. Aufsatzband: Gesellschaft und Freiheit. Auf die tatsächliche Bedeutung des Konflikts für den sozialen Wandel weisen seine Untersuchungen in seinem Buch: Class and Class Conflict in Industrial Society, Stanford/London 1961, hin; siehe auch: Lewis A. Coser, Social Conflict and the Theory of Social Change, The British Journal of Sociology, Vol. VIII (1957), wo unter anderem die Bedeutung des Konflikts für Innovation und Kreativität betont wird.

34 Siehe dazu: Karl R. Popper, Utopia and Violence. In: Conjectures and Refutations, a.a.O., S. 335 ff.; sowie die in Anm. 3 genannten Arbeiten.

kommt, fiktiv, und zwar hinsichtlich seiner normativen und seiner explikativen Komponente. Weder der Idee der eindeutigen Ableitbarkeit eines sozialen Optimums noch der Annahme, es gebe einen idealen institutionellen Mechanismus, der die Realisierung eines solchen Zustandes verbürge, kommt außerhalb einer utopischen Vorstellungswelt irgendwelche Bedeutung zu. Da der statische Charakter des in diesem Problembereich vorherrschenden ökonomischen Denkens dafür sorgt, daß von wesentlichen Eigenschaften einer in dauernder Entwicklung begriffenen Gesellschaft abstrahiert wird, kommen viele Schwächen dieses Ansatzes erst zum Vorschein, wenn solche Eigenschaften berücksichtigt werden. Die Idee eines Kriteriums einer idealen sozialen Ordnung, einer »guten Gesellschaft«, ist auch in ihrer utilitaristischen Fassung unbrauchbar, was allerdings nicht bedeutet, daß die Beurteilung der tatsächlichen sozialen Zustände auf Bedürfnisse und ihre Befriedigung keine Rücksicht zu nehmen brauche. Es kann kaum einen Zweifel darüber geben, daß das Postulat der zureichenden Begründung auch bei seiner Anwendung auf die soziale Ordnung des wirtschaftlichen Lebens gescheitert ist.

Dabei ist nicht zu vergessen, daß die mit den Mitteln des ökonomischen Denkens angestellten Versuche sozialer Rechtfertigung zu den bisher am meisten durchgearbeiteten Konstruktionen dieser Art für das soziale Leben geführt haben. Um so bedeutsamer scheint mir dieses Ergebnis zu sein.

b) Die Idee der kritischen Prüfung in der ordnungspolitischen Analyse

Es ist daher nun zu fragen, welche Konsequenzen wir daraus zu ziehen haben, daß die klassische Deutung des Rationalitätsproblems nicht akzeptiert werden kann. Zunächst einmal ist festzustellen, daß sich daraus keineswegs die Notwendigkeit ergibt, den ordnungspolitischen Problemkomplex dem Irrationalismus zu überlassen. Wir haben vielmehr Anlaß zu untersuchen, ob sich das Prinzip der kritischen Prüfung nicht auch auf die ordnungspolitische Fragestellung und überhaupt auf die Probleme des sozialen Bereichs übertragen läßt.

Um diese Frage zu beantworten, kann man davon ausgehen, daß alle Probleme, mit denen wir es zu tun haben, gleichgültig, ob es sich um wissenschaftliche oder zum Beispiel politische Probleme handelt, in einem bestimmten historischen Zusammenhang auftauchen: der jeweils vorliegenden Problemsituation. Das gilt auch für die ordnungspolitische Problematik, die also ebensowenig in einem Vakuum diskutiert werden muß wie irgendein Problem der Wissenschaft. Wir haben immer ein »Apriori« im historischen Sinne vor uns: eine bestimmte Situation, an die wir anknüpfen und die wir nur auf Kosten der Realistik und Brauchbarkeit unserer Ergebnisse vernachlässigen können.[35] Eine ordnungspolitische Diskussion, in der von einem abstrakten Ideal her argumentiert und die jeweils vorliegende Problemsituation nicht berücksichtigt wird, ist daher vom Ansatz her fragwürdig. Der normative Modell-Platonismus, der dann zum Vorschein kommt, pflegt die Konstruierbarkeit von Modellen in ganz analoger Weise für praktisch ohne weiteres bedeutsam zu halten, wie sie der kognitive Modell-Platonismus als erkenntnisrelevant hinstellt.[36] Ein solches Vorgehen läßt sich von der Vorstellung her verstehen, man müsse das Gegebene an einem absolut guten Zustand messen[37], einem Idealzustand, der Vision einer guten Gesellschaft, wie sie sich aus einer ohne Rücksicht auf Realisierbarkeit vollzogenen moralisch-politischen Spekulation ergeben könne, und dann versuchen, durch praktische Politik die Abweichungen der gegebenen Verhältnisse von diesem Zustand mit den zur Verfügung stehenden Mitteln zu eliminieren, um den Idealzustand herbeizuführen. Dieser absolut gute Zustand liegt aber de facto immer jenseits dessen, was wir auf Grund unseres beschränkten Wissens und der beschränkten Macht realisieren können. Der Wille, mit einem solchen Ideal Ernst zu machen, wird allerdings gerade deshalb zunächst zu der Tendenz führen können, Wissen und Macht, Informations- und Entscheidungsmöglichkeiten bei den Verfechtern solcher Ideale zu konzentrieren, woraus sich dann reale Konsequenzen zu ergeben pflegen, die die Realisierung der ursprünglichen Vision verhindern. Will man diese Gefahr vermeiden, dann wird man sich dazu entschließen müssen, auf die Realisierung der absolut guten Gesellschaft zu verzichten.

Wer die Methodologie der kritischen Prüfung akzeptiert, wird nicht nur auf die Realisierung solcher abstrakter Ideale, sondern darüber hinaus

<hr/>

35 Siehe dazu Karl R. Popper, Towards a Rational Theory of Tradition (1948). Abgedruckt in seinem Aufsatzband: Conjectures and Refutations, a.a.O., S. 120 ff.; sowie: Utopia and Violence, a. a. O., S. 355 f.; und meine o. a. Schrift: Ökonomische Ideologie und politische Theorie, S. 137.

36 Andreas Predöhls Gedanken zu einer pragmatischen Ordnungs- und Wirtschaftspolitik in seinem Buch: Verkehrspolitik, Göttingen 1958, S. 264 ff., richten sich, soweit ich sehe, vor allem auch gegen diese Art dogmatisch-normativen Denkens.

37 Für eine der ökonomischen Tradition verpflichtete Sozialphilosopie, in der diese Vorstellung der Kritik unterworfen wird; vgl.: James M. Buchanan, The Limits of Liberty. Between Anarchy and Leviathan, Chicago 1975.

auf die damit zusammenhängende absolute Beurteilung ordnungspolitischer Fragen verzichten müssen. Wir haben ja nicht zwischen logisch möglichen utopischen Zuständen zu entscheiden, sondern zwischen praktikablen Alternativen.[38] Zu einer historischen Situation gehören realisierbare Möglichkeiten, die den Spielraum des praktischen Verhaltens jeweils einschränken. Von dieser konkreten Situation kann bei der Erörterung ordnungspolitischer Probleme ausgegangen werden. Das bedeutet zunächst eine Relativierung der ordnungspolitischen Problematik auf einen bestimmten konkreten Sozialkörper, der sich von anderen solchen Gebilden im allgemeinen so unterscheiden wird, daß eine einfache Übertragung von Problemlösungen nicht ohne weiteres praktiziert werden kann. Es bedeutet also keineswegs eine unzulässige Historisierung derartiger Probleme. Auch wer die Anwendung allgemeiner Theorien bei der Lösung sozialer Probleme für möglich hält, wird zu berücksichtigen haben, daß verschiedenartige Anwendungssituationen zu verschiedenartigen Konsequenzen führen können.

Insofern geht in die konkrete *Anwendung* allgemeiner Theorien immer ein *historisches* Element ein, auch wenn diese Theorien selbst im strengen Sinne universell sind, d.h. ohne essentielle Einschränkung auf bestimmte Raum-Zeit-Gebiete. Dieses historische Element kommt in der Beschreibung der jeweiligen Anwendungssituation zum Ausdruck. Wenn man von der klassischen Praxis abgeht, die Existenz eines allgemeinen Modells der guten Gesellschaft vorauszusetzen, dann muß man angesichts der verschiedenartigen historischen Prägung der verschiedenen Sozialkörper darüber hinaus die Konsequenz ziehen, daß es gar keine einheitliche ordnungspolitische Problematik gibt. Verschiedene historische Situationen, verschiedene Traditionen und Institutionen führen zu verschiedenen Problemen. – Auch wenn man z.B. für die bisherige Entwicklung im östlichen Bereich keine besondere Sympathie aufbringen kann, so muß man dennoch zugeben, daß die nun einmal dort vorliegende Situation mit ihren institutionellen Gegebenheiten neue Probleme erzeugt hat, die nicht unbedingt mit denselben Methoden zu lösen sind wie die unseren.[39] – Diese Probleme entstehen daraus, daß unsere bisherigen Lösungen sozialer und im besonderen:

38 Die sogenannte »Theorie des Zweitbesten« ist ein etwas kurioser Versuch, dieser Situation Rechnung zu tragen, ohne die Grundidee der Methodologie der zureichenden Begründung aufzugeben. Ich bin nicht in der Lage zu erkennen, inwiefern darin eine Rettung des wohlfahrtsökonomischen Denkens zu sehen ist.
39 Siehe dazu z.B.: Kurt W. Rothschild, A Note on the Rationality Controversy, Soviet Studies, Vol. IX, 1957, S. 48 ff.

ordnungspolitischer Fragen zu bestimmten Schwierigkeiten, Widerständen und Konflikten führen, die die Kritik stimulieren. Das wiederum kann zur Erfindung und Erörterung praktikabler Alternativen beitragen, die, je nach dem Stande der Information, der allgemeinen Interessenkonstellation und den Machtverhältnissen, in der Lage sind, politisches Gewicht zu erwerben und den Gang der Ereignisse zu beeinflussen.

Wenn man die Methode der kritischen Prüfung akzeptiert, kann man dieser Problemlage dadurch Rechnung tragen, daß man auch hier das in der Wissenschaft bewährte Verfahren von Versuch und Irrtum anwendet. Es kommt dann nicht darauf an, ein abstraktes Ideal zu realisieren, sondern von der konkreten Situation her zu argumentieren, d.h. zum Beispiel: tatsächlich vorliegende Schwächen unseres sozial-institutionellen Gefüges, unserer Traditionen, Institutionen, Denkweisen und Methoden zu lokalisieren und einer Kritik im Lichte des vorhandenen sozialen Wissens zu unterwerfen. Es ist ein Irrtum anzunehmen, daß man sich zur Aufdeckung konkreter sozialer Übelstände an einem abstrakten Ideal einer vollkommenen Gesellschaft orientieren müsse. Dieser Irrtum ist analog zu dem im Bereich der Erkenntnistheorie, daß man, um Irrtümer aufzudecken, die volle Wahrheit bzw. ein Kriterium der Wahrheit haben müsse. De facto ist man dagegen im Bereich der Wissenschaft genötigt, sich ohne ein solches Kriterium durch Versuch und Irrtum an die Wahrheit heranzutasten, ohne sie jemals genau zu kennen. Die Methodologie der Realwissenschaften kennt daher nur eine relative Bewährung von Theorien, die prinzipiell immer provisorisch ist. Auch im sozialen Leben treten zunächst die Probleme auf, ohne daß man gleich ihre adäquate Lösung kennt. Probleme entstehen gerade daraus, daß unsere bisherigen Lösungen an irgendwelchen Umständen sich als inadäquat erweisen und mehr oder weniger scheitern. Die Fiktion, man brauche dann nur auf ein in abstracto entworfenes Ideal zurückzugreifen, ist einer tatsächlichen Lösung nicht sehr förderlich. Es kommt vielmehr darauf an, unter Verwendung unseres sachlichen Wissens Lösungen zu erfinden und sie praktisch auszuprobieren, Lösungen, von denen wir durchaus annehmen dürfen, daß sie auch bei vorläufiger Bewährung sich später einmal als revisionsbedürftig erweisen können.

Die soziale Erfindung und die institutionelle Innovation spielten in der sozialen Entwicklung eine ähnliche, wenn auch nicht so auffällige Rolle wie die technische Erfindung und die technische Neuerung, die uns das soziale Phänomen des technischen Fortschritts beschert hat. Aber unser heutiges soziales Leben ist ohne eine Fülle uns selbstverständlicher

Arrangements, die einst den Charakter solcher Erfindungen und Innovationen hatten, vom Geld und von der Aktie bis zu Abstimmungsverfahren und Konfliktlösungs- und -regulierungsmethoden aller Art, wie z.B. der parlamentarischen Regierungsform, nicht zu begreifen.[40] Das hier skizzierte Verfahren entspricht unseren tatsächlichen Möglichkeiten eher als der utopische Ansatz des normativen Modell-Platonismus. Vor allem sind wir in der Lage, unser tatsächliches theoretisches und historisches Wissen über den sozialen Bereich dabei zu verwerten. Es treten dabei Sachprobleme auf, deren Behandlung im Rahmen der sozialwissenschaftlichen Forschung grundsätzlich möglich ist.[41] Theorien, mit deren Hilfe wir imstande sind, soziale Phänomene irgendwelcher Art, also auch solche, die unter gewissen Gesichtspunkten als Übelstände erscheinen, zu *erklären,* setzen uns nämlich prinzipiell in die Lage, *Ansatzpunkte* für deren *Beseitigung* zu erkennen, gleichzeitig aber auch zu sehen, welche *Nebenwirkungen* sich dabei nicht vermeiden lassen. Derartige Theorien können daher als brauchbare technologische Grundlage einer rationalen Politik angesehen werden. Sie bieten uns die Möglichkeit, konkrete Probleme im Lichte realisierbarer Alternativen zu behandeln.

Diese Methode der Lösung ordnungspolitischer Probleme kombiniert also eine theoretisch und historisch fundierte *Sozialkritik* mit einer *Sozialtechnologie* auf eben derselben Grundlage. Eine normative Sozialwissenschaft im Sinne der Wohlfahrtsökonomik oder ähnlicher Systeme, die einen Idealzustand postulieren oder ein allgemeines Kriterium einer guten Gesellschaft formulieren, wird dagegen hier nicht benötigt. Eine solche Disziplin würde den Anforderungen der klassischen Methode entsprechen. Dabei braucht keineswegs geleugnet zu werden, daß die hier auftretenden *Relevanzprobleme* teilweise von

40 Siehe zu diesen Problemen das letzte Kapitel: The Institutional and the Subinstitutional, des interessanten mikrosoziologischen Buches von George Caspar Homans, Social Behavior. Its Elementary Forms, New York 1961.

41 Tatsächlich kann man den Einfluß von utopischen Vorstellungen und ideologischen Denkweisen auf das sozialwissenschaftliche Denken selbst nicht leugnen. Auch in der Geschichte der Naturwissenschaften spielen ja mythologische Elemente eine gewisse Rolle. Der Erkenntnisfortschritt in beiden Bereichen war aber stets davon abhängig, daß man solche Ideen mit kritischen Methoden behandelte und sie dadurch in konkrete Problemlösungen umsetzte, in Lösungen für Probleme, die sich oftmals gerade aus sozialen Übelständen ergaben, z.B. der Armut, der Unfreiheit, der Ungleichheit und der Ausbeutung, der Rassendiskriminierung und anderen Formen der Unterdrückung. Hier ist eine gemeinsame Wurzel von Sozialwissenschaft und Sozialkritik vorhanden: das Auftreten gewisser Sachprobleme, die unter bestimmten Wertgesichtspunkten als äußerst dringlich erschienen.

bestimmten *Wertgesichtspunkten* her entschieden werden müssen[42], wie das auch sonst in den Wissenschaften der Fall ist. Wenn diese Wertgesichtspunkte in der Sozialkritik stärker hervortreten als in der Sozialwissenschaft in ihrer reinen oder technologischen Form, dann hängt das teilweise damit zusammen, daß die Sozialkritik selbst ein Teilphänomen des *sozialen Konflikts* ist, der die historische Entwicklung vorantreibt.

Dabei gehört zur Sozialkritik auch die Kritik der Ideologien, die das soziale Leben beeinflussen, ein Bereich also, in dem Sozialwissenschaft, Sozialphilosophie und soziale Praxis eng miteinander verbunden sind. Die Ideologiekritik trifft Aussagensysteme, die gleichzeitig als in einem besonderen Maße politisch relevante soziale Tatbestände gelten können. Die Bedeutung von Wertgesichtspunkten für die Sozialkritik macht diese aber keineswegs notwendig zu einem ideologischen Unternehmen. Gerade der für das ideologische Denken charakteristische Aspekt der normativen Rechtfertigung, der positiven Begründung sozialer Maßnahmen und Zustände mit Hilfe einer absoluten Wertbasis, fehlt in einer Sozialkritik, die am Postulat der kritischen Prüfung orientiert ist. Für sie gibt es bestenfalls eine relative Bewährung sozialer Phänomene, institutioneller Vorkehrungen und politischer Maßnahmen im Lichte bestimmter Problemstellungen, nicht aber ihre absolute Beurteilung auf Grund einer irgendwie garantierten Wahrheit.

Wir können also zwischen einer radikalen, utopisch orientierten Sozialkritik und einer pragmatisch-empirischen, sozialwissenschaftlich fundierten Sozialkritik unterscheiden, wobei die Grenzen zwischen diesen beiden Arten nicht immer leicht zu bestimmen sind; sie verlaufen mitunter innerhalb bestimmter Richtungen des sozialkritischen Denkens, wie man am Beispiel des Marxismus feststellen kann. Für die kritische Variante des Rationalismus kommt es nicht darauf an, eine rationale Sozialordnung zu postulieren, die als Maßstab der Politik dienen könnte, sondern vielmehr darauf, das ordnungspolitische Problem rational zu behandeln. Die Idee der immanenten Rationalität eines bestimmten Modells ist ein ökonomisches Dogma, die kritisch-rationale Methode der Behandlung von Problemen aber ist eine Methode, die sich in vielen Bereichen bewährt hat.

---

42 Siehe dazu: Wertfreiheit als methodisches Prinzip, unten.

6. Zur heutigen ordnungspolitischen Problematik

Man kann sich nun fragen, was das alles für die Behandlung der heute vorliegenden ordnungspolitischen Probleme bedeutet. Der Zusammenhang zwischen der oben analysierten sehr allgemeinen methodischen Alternative und der jeweils zur Diskussion stehenden konkreten Problematik mag nicht ohne weiteres durchschaubar sein. Trotzdem ist er vorhanden, auch dort, wo er von den Verfechtern verschiedener Lösungen selbst nicht erkannt wird.

Wer einem sauber abgrenzenden Ressortdenken huldigt, wird sich nicht leicht damit abfinden können, daß philosophischen Ideen ein solcher Einfluß nicht nur auf das wissenschaftliche Denken, sondern darüber hinaus auf so alltägliche Dinge wie die politische Diskussion und das soziale Geschehen eingeräumt werden soll. Wer die Geschichte kennt, wird aber feststellen müssen, daß ein derartiger Einfluß stets vorhanden war. Er wird sich auch in Zukunft kaum vermeiden lassen, denn es dürfte schwer sein, die Philosophie auf ein für andere Bereiche folgenloses Universitätsfach zu reduzieren.

Zunächst haben wir die Konsequenzen daraus zu ziehen, daß es nicht darauf ankommen kann, irgendeinen bestehenden oder anzustrebenden Zustand auf irgendeine Weise absolut zu rechtfertigen und daraus politische Maßnahmen abzuleiten. Zum Beispiel ist die statische Rechtfertigung der Marktwirtschaft, gleichgültig, ob wir uns heute dem darin postulierten Idealzustand näher oder ferner glauben, unbrauchbar – es sei denn: als ideologische Maskerade –, aber: es besteht keinerlei Anlaß, sie durch etwas Ähnliches zu ersetzen oder gar aus dieser Unbrauchbarkeit die Notwendigkeit der Einführung einer Form der Planwirtschaft abzuleiten. Der Ruf nach einer neuen Ideologie, den man sehr oft hört – und die damit zusammenhängende Forderung nach einer neuen Definition des Optimalzustandes –, ist der Idee der Rechtfertigung entsprungen und daher eine Fehlleitung politischer Ambitionen, denn: es gibt keine solche Rechtfertigung und wir bedürfen ihrer auch nicht. Was wir dagegen ohne die Basis einer solchen Ideologie haben können und als Voraussetzung einer Weiterentwicklung unserer sozialen Ordnung brauchen, ist die kritische Durchleuchtung unserer Zustände im Lichte möglicher Alternativen, d.h. relevante Sozialkritik, die die Bewährung institutioneller Arrangements und anderer sozialer Tatbestände unter bestimmten Gesichtspunkten analysiert. Hier können die Bedürfnisse der Mitglieder der Gesellschaft eine wesentliche Rolle spielen, ohne daß ein Rekurs auf die Idee der Maximalbefriedigung notwendig wäre. Allerdings muß dabei die soziale Kanalisierung der Bedürfnisse und ihrer Befriedigungsmöglichkeiten in Rechnung gestellt werden.

Da eine solche Kritik an die jeweils vorliegende Situation anknüpft, muß sie, wie ich schon erwähnt habe, für verschiedene Sozialkörper verschieden ausfallen. Die Alternative von Marktwirtschaft und Planwirtschaft wird sich dabei vermutlich in kaum einem Fall in dieser Form stellen. Wenn man den sozialen Anreiz- und Steuerungsmechanismus eines Preissystems nicht mehr im Lichte der ökonomischen Rationalitätsdoktrin sieht, sondern ihn als ein institutionelles Arrangement betrachtet, das je nach seiner sozialen Einbettung ganz verschieden funktionieren kann, das aber in keinem Falle die Realisierung eines optimalen Zustandes garantiert, dann wird seine Beurteilung und die Beurteilung möglicher Eingriffe in jedem einzelnen Fall von der soziologischen Erforschung seiner Wirkungsweise unter den vorliegenden und entsprechend variierten sozialkulturellen Bedingungen abhängen.

Das bedeutet z.B. in concreto, daß es nicht mehr ohne weiteres möglich ist, Änderungen der Unternehmungsverfassung, wie sie sich z.B. aus der Einführung der Mitbestimmung ergeben, auf Grund der oben erwähnten Idee der vikarischen Funktion der Unternehmer zu beurteilen, nach der bei vollständiger Konkurrenz die Unternehmer automatisch ideale Marktentscheidungen im Sinne der Bedürfnisse der Mitglieder der Gesellschaft treffen. Weiter ist es danach ebenso fragwürdig, Änderungen der Steuergesetzgebung und der Sozialversicherungsgesetzgebung an derartigen Fiktionen aus dem Arsenal der ökonomischen Ideologie zu orientieren, wie das ebenfalls schon geschehen ist. – Man sieht, daß die von mir herausgestellte methodische Alternative einige Bedeutung für die politische Alltagsdiskussion haben dürfte.

Man wird dabei unter Umständen zwischen den motivationalen und institutionellen Faktoren und im Zusammenhang damit zwischen Antriebs- und Lenkungswirkungen solcher sozialer Mechanismen unterscheiden müssen. Das ökonomische Denken hat sich lange Zeit mit einer relativ einfachen Vorstellung von solchen Wirkungszusammenhängen begnügt. Das soll nicht etwa heißen, daß es keine komplizierten Modelle der Preisbildung gegeben hat, sondern daß die Methode der Modellbildung es erlaubte, gewisse die Kausalzusammenhänge betreffende Fragen von ziemlicher Bedeutung auszuklammern. Man hat im wesentlichen die Wirksamkeit finanzieller Sanktionen und das Vorhandensein ausreichender Information unterstellt, außerdem die Existenz institutioneller Vorkehrungen, die für eine Kanalisierung der in Frage kommenden Verhaltensweisen sorgen, wobei von der internen Struktur der Träger von Marktbeziehungen meist abstrahiert wurde. Hinsichtlich der faktischen Bedeutung aller dieser Faktoren und daher auch der Brauchbarkeit bisheriger Problemlösungen sind wir heute zu einigen Zweifeln berechtigt. Die Bedeutung finanzieller Sanktionen für die Verhaltensmotivation scheint eine komplexere Grundlage zu haben, als im allgemeinen angenommen wird.[43] Sie ist so beschaffen, daß bei gewissen Änderungen des sozialkulturellen Milieus mit anderen Reaktionsweisen gerechnet werden muß.[44] Was die Annahme ausreichender Information angeht, so darf man wohl sagen, daß ihre Problematik erst seit der Arbeit Morgensterns zu dieser Frage deutlich geworden ist[45], daß aber bisher noch keine überzeugende Lösung gefunden zu sein scheint.[46] Daß die interne Struktur der

43 Nach vorliegenden Untersuchungen ist die Eigenart der Reaktion auf das Vorhandensein bzw. die Abwesenheit finanzieller Anreize u.a. von relativ stabilen Komponenten des Motivationsgeschehens, wie zum Beispiel vom Niveau der Leistungsmotivation, abhängig, das selbst wieder, durch Erziehung usw., soziokultureller Prägung unterliegt, die heute im allgemeinen schichtspezifische Unterschiede aufweist. Siehe dazu z.B.: Bernard Rosen, The Achievement Syndrome: A Psychocultural Dimension of Social Stratification, American Sociological Review, 21 (1956); Elizabeth Douvan, Social Status and Success Strivings, The Journal of Abnormal and Social Psychology, 52 (1956). Beides abgedruckt in: Motives in Fantasy, Action and Society, John W. Atkinson (ed.), Princeton/Toronto/London/New York 1958; siehe auch: Allison Davis, The Motivation of the Underprivileged Worker. In: Industry and Society, William F. White (ed.), 1946.

44 Auf derartige Phänomene hat schon Max Weber aufmerksam gemacht; siehe dazu seine Abhandlung: Die protestantische Ethik und der Geist des Kapitalismus. In: Max Weber, Gesammelte Aufsätze zur Religionssoziologie, 4. Aufl., Tübingen 1947, z.B. S. 47 f. Siehe auch die auf Webers Problemstellung zurückgehende großangelegte Untersuchung von David C. McClelland, The Achieving Society, Princeton/Toronto/London/New York 1961; sowie Marian R. Winterbottoms Untersuchung über die Bildung der Leistungsmotivation: The Relation of Need for Achievement to Learning Experiences in Independence and Mastery. In dem in Anm. 43 angegebenen, von John W. Atkinson edierten Band.

45 Siehe dazu: Oskar Morgenstern, Vollkommene Voraussicht und wirtschaftliches Gleichgewicht, Zeitschrift für Nationalökonomie, Bd. VI (1935); weitere: Terence W. Hutchison, The Significance and Basic Postulates of Economic Theory (London 1938), 2. Aufl., New York 1960, bes. S. 84 ff.; siehe außerdem: Armen A. Alchian, Uncertainty, Evolution, and Economic Theory, The Journal of Political Economy, LVIII (1950), wo versucht wird, das Problem in sehr interessanter Weise zu beseitigen.

46 Eine Untersuchung zur Motivation des Verhaltens bei Ungewißheit findet man bei: J. W. Atkinson, Motivational Determinants of Risk-Taking Behavior, Psychological Review, 64 (1957). Abgedruckt im o. a. Atkinson-Band.

Unternehmungen für den Marktablauf eine gewisse Bedeutung erlangen kann, ist eine zumindest der Erwägung werte Auffassung[47], denn eine Änderung der Herrschaftsstruktur (z. B. durch Trennung von Eigentum und Kontrolle) und zunehmende Bürokratisierung werden vermutlich nicht ohne Einfluß auf die Gestaltung der Willensbildung sein.[48] Ähnliches gilt für institutionelle Änderungen im kommerziellen oder im übrigen sozialen Milieu wirtschaftlicher Gebilde.

Solche Probleme mögen sich aus der Perspektive der Neoklassik teilweise als nicht ganz »ökonomisch« ausnehmen, aber eine solche Sicht der Dinge kann nur durchgehalten werden, wenn man die Analyse faktischer Wirkungszusammenhänge auszuklammern bereit ist. Das tatsächliche Funktionieren eines Preismechanismus kann von motivationalen und institutionellen Anreiz- und Steuerungsvorgängen nicht unabhängig sein. Ihre Vernachlässigung ist also keineswegs a priori zu begründen, etwa damit, daß der ökonomische Begriffsapparat darauf nicht zugeschnitten sei. Wir haben allen Anlaß anzunehmen, daß der in der neoklassischen Ökonomie schematisierte und seiner dynamischen Züge entkleidete Preismechanismus in verschiedenen sozialkulturellen Milieus auf verschiedene Weise funktioniert. Das kann auch für die ordnungspolitische Fragestellung nicht gleichgültig sein. Derartige soziale Mechanismen pflegen auf einem Unterbau sozialer Einstellungen und Orientierungen aufzuruhen, von dem bei Untersuchung der Wirkungszusammenhänge nicht abstrahiert werden kann, ohne daß man zu fragwürdigen Verallgemeinerungen gelangt, zur Generalisierung von Quasi-Theorien. Institutionelle Änderungen, wie z. B. der Einbau von Elementen der Planung in weitgehend kommerziell organisierte Gesellschaften oder umgekehrt der Einbau von Marktelementen in Gesellschaften mit überwiegend administrativer Regulierung wirtschaftlicher Vorgänge[49], sind nicht zu beurteilen, ohne daß man auf

47 Siehe dazu: William J. Baumol, Business Behavior, Value and Growth, New York 1959, S. 28 ff., 45 ff. und passim; weiter: J. P. Nettl, A Note on Entrepreneurial Behaviour, The Review of Economic Studies, Vol. XXIV (1956–1957); Robert A. Gordon, Business Leadership in a Large Corporation (1945), Berkeley and Los Angeles 1961.

48 Vgl. dazu neuerdings die interessanten Resultate der Theoretiker des »property rights approach«; z. B.: Alchian, Williamson, Furubotn, Pejovich, Bajt, Demsetz und Moore. In: Furubotn/Pejovich, The Economics of Property Rights, Cambridge/Mass. 1974, in denen – im Gegensatz zum neoklassischen Denken – institutionelle Tatbestände wieder ernst genommen werden.

49 Robert L. Heilbroner schreibt in seinem Buch: The Making of Economic Sociecy, Englewood Cliffs 1962, S. 230, daß Planung in den fortgeschrittenen Marktgesellschaften entsteht, um deren inhärenten Zielsetzungsschwä-

solche Wirkungszusammenhänge eingeht, vor allem nicht auf Grund eines schematischen Bildes vom idealen Ablauf sozialer Prozesse, über dessen reale Bedingungen wenig bekannt ist. Das gleiche gilt für das Problem der Übertragbarkeit institutioneller Arrangements zur Steuerung wirtschaftlicher Prozesse auf Sozialkörper, die sich gerade anschicken, in die Frühphase der Industrialisierung einzutreten. Hier treten stets schwierige Fragen der realen Kompatibilität sozialstruktureller Tatbestände auf, die noch relativ wenig erforscht sind.[50]

Das logische Problem der Konstruktion eines in einem bestimmten Sinne funktionierenden Modells ist scharf zu unterscheiden von der soziologischen Frage der Realisierbarkeit der darin postulierten Verlaufsmuster in einem bestimmten sozialkulturellen Milieu, einer Frage, deren Beantworung außer nomologischem Wissen eine Analyse der faktischen Situation, der historischen Grundlage der Anwendung dieses Wissens, voraussetzt. Man wird nicht erwarten, daß sich in solchen Fragen die vor allem im neoklassischen Denken kultivierte Trennung des rein Ökonomischen von den anderen Tatbeständen des sozialen Lebens durchhalten läßt, auch nicht in der moderneren Form, die sich weiter an der prinzipiellen Rationalität des Konkurrenzpreissystems orientiert, aber den Problemen des Ordnungsrahmens größere Bedeutung einräumt, als das früher geschah. Auch bei dieser Form des ordnungspolitischen Denkens ist die Idee der Realisierung eines zeitlosen abstrakten Ideals noch nicht überwunden. Auch sie ist noch als eine Anwendung der klassischen Methodologie in diesem Bereich zu betrachten. Sie wird erst überwunden sein, wenn an die Stelle der positiven Rechtfertigung die kritische Prüfung und an die Stelle der Realisierung abstrakter Ideale die versuchsweise Reform sozialer Vorrichtungen und Institutionen getreten ist, die den historischen Wandel und das damit verbundene Auftreten neuer sozialer Probleme als auch für eine rationale Betrachtung wesentliche Erscheinungen ernst

chen zu steuern, ebenso wie der Marktmechanismus in fortgeschrittenen Befehlsgesellschaften entsteht, um deren inhärenten Motivationsschwächen zu begegnen. Diese Formulierung mag zu einfach sein, sie hat aber wenigstens den Vorzug, keines der Steuerungssysteme zu idealisieren. Siehe zu dieser Problematik auch die auf die sowjetischen Verhältnisse bezogene Analyse Erik Boettchers in seinem Buch: Die sowjetische Wirtschaftspolitik am Scheidewege, Tübingen 1959, S. 174 ff. und 278 ff.

50 Siehe dazu z.B.: George A. Theodorson, Die Industrialisierung und ihre Folgen für die soziale Struktur nicht-westlicher Gesellschaften. In: Soziologie der Entwicklungsländer, Peter Heintz (Hrsg.), Köln/Berlin 1962; dort auch andere Arbeiten zu solchen Problemen, z.B.: James C. Abegglen, Kontinuität und Wandel in der japanischen Industrie, und Manning Nash, Maya-Indianer im Zeitalter der Maschine.

nimmt. Nur bei einer solchen Interpretation der Rationalität läßt sich jener Rekurs auf dogmatische Positionen vermeiden, der die rational analysierbaren Probleme dem Kampf der Ideologien ausliefern muß.

7. Zusammenfassung

Unsere Argumentation zur ordnungspolitischen Problematik läßt sich im wesentlichen folgendermaßen zusammenfassen:

a) So verschieden die Lösungen sind, die für die Problematik angeboten werden, so haben sie, soweit sie das Rationalitätsproblem akzentuieren und daher die typischen Gesichtspunkte der reinen Ökonomie zum Tragen bringen, eines gemeinsam: *die allgemeine Struktur der Problemstellung*, die an der *klassischen Methodologie des rationalen Denkens* orientiert ist.

b) Diese Methodologie läßt sich vor allem durch das *Prinzip der zureichenden Begründung* charakterisieren, das die Rechtfertigung von Tatbeständen aller Art durch Rekurs auf *letzte der Kritik enthobene Gegebenheiten* fundamentalen Charakters mit Hilfe eines *logischen oder quasi-logischen Ableitungsverfahrens* (Deduktion, Induktion, Zurechnung) postuliert und daher zu einem *apologetisch-dogmatischen Programm*, im sozialen Bereich: zu Versuchen der *ideologischen Legitimierung* sozialer Tatbestände, führt.

c) An die Stelle dieses Prinzips setzt die *moderne Methodologie* das *Prinzip der kritischen Prüfung*, das es ermöglicht, ohne Rekurs auf ein sicheres Fundament alle Tatbestände der *Kritik im Lichte alternativer Möglichkeiten und verschiedener Gesichtspunkte* auszusetzen und daher zu einem nicht-autoritären *Programm der freien und unabhängigen Kritik* führt.

d) Im ordnungspolitischen Denken hat sich die klassische Methodologie in ideologischen Konzeptionen ausgewirkt, die die *Idee der Souveränität des Wählers oder des Konsumenten* mit der *induktivistischen* und der *kommunistischen Fiktion* verschmelzen, um gleichzeitig eine *Erklärung* und eine *Rechtfertigung* politischer oder wirtschaftlicher Tatbestände zu erreichen, Konzeptionen, die der kritischen Prüfung unter modernen Gesichtspunkten nicht standhalten können.

e) Auch in diesem Bereich kann *an die Stelle des Prinzips der zureichenden Begründung*, das zu Dogmatisierung führen muß, *das Prinzip der kritischen Prüfung* treten, der Prüfung sozialer Tatbestände, institutioneller Vorkehrungen und sozialer Ordnungen *im Lichte realisierbarer Alternativen* und *unter Verwendung verschiedener Ge-*

sichtspunkte, von denen her sie sich mehr oder weniger *bewähren* bzw. *modifiziert* oder *revidiert* werden können.

f) Eine so verstandene theoretisch und historisch fundierte *Sozialkritik* kann in Verbindung mit einer ebenso fundierten *Sozialtechnologie* als *Grundlage einer rationalen Politik*, speziell: *einer rationalen Ordnungspolitik*, aufgefaßt werden, einer Politik, die die Orientierung an einem utopischen Ideal der Rationalität vermeiden kann, ohne sich auf irrationale Gesichtspunkte ideologischer Natur stützen zu müssen.

g) Der *Preismechanismus* tritt bei einer solchen Auffassung der ordnungspolitischen Problematik *nicht* im Zusammenhang eines *Idealmodells* des rationalen Wirtschaftsablaufs in Erscheinung, sondern als ein *komplexer sozialer Tatbestand*, dessen Beschaffenheit unter alternativen institutionellen und motivationalen Bedingungen soziologischer Forschung zugänglich ist. *An die Stelle der ökonomischen Idee der immanenten Rationalität* tritt die *Untersuchung von sozialen Wirkungszusammenhängen* und die kritische *Verwendung* ihrer *Resultate* bei der *Analyse ordnungspolitischer Möglichkeiten.*

h) Eine solche Interpretation der Rationalität im Sinne einer Methodologie der kritischen Prüfung gibt die *Möglichkeit*, die *ordnungspolitische Diskussion von ideologischen Rechtfertigungsversuchen freizuhalten.*

Politische Ökonomie und rationale Politik

Vom wohlfahrtsökonomischen Formalismus zur politischen Soziologie

1. Tatsachen und Werte: zur Kritik des natürlichen Wertplatonismus

Für die alltägliche Weltorientierung und das politische Leben gehören Sachanalyse und wertende Betrachtung so eng zusammen, daß es sogar im Zusammenhang einer wissenschaftlichen Behandlung sozialer und politischer Probleme noch üblich ist, die Unmöglichkeit einer im Sinne Max Webers wertfreien Untersuchung zu behaupten. Man kann die Werturteilsdebatte in den Sozialwissenschaften als Symptom einer Entwicklungskrise ansehen, die in diesen Wissenschaften den Übergang zum naturwissenschaftlichen Denkstil einleitet, einen Übergang, der naturgemäß von verschiedenen Gesichtspunkten her in unterschiedlicher Weise kommentiert werden kann. Es ist nicht überraschend, daß eine solche Abwendung vom Alltagsdenken von philosophischen Auffassungen her nicht akzeptabel erscheint, die dazu tendieren, die sogenannten Gegebenheiten des Alltags für sakrosankt zu erklären, statt sie kritisch in Frage zu stellen. Das Mißverständnis des Funktionierens der natürlichen Sprache, das in der Hypostasierung von mehr oder weniger stabilen Einstellungen und Stellungnahmen zur Umwelt zu Werten als quasi-faktischen Bestandteilen dieser Umwelt zum Ausdruck kommt, ist ein soziologisch bedeutsamer Tatbestand, der aus der Verschmelzung von Sprache und sozialer Lebensform erklärt werden kann, wie sie für die natürliche Existenz menschlicher Lebewesen charakteristisch ist.[1] Der *Wertplatonismus* ist gerade deshalb eine sehr natürliche Philosophie, weil er in dieser Hinsicht das alltägliche Denken nicht kritisch durchleuchtet, sondern in seinen Illusionen stützt und dogmatisch überhöht: ein philosophischer Irrtum, dessen historischer Erfolg soziologischer Erklärung zugänglich ist[2], vor allem aber auch:

[1] Vgl. dazu: Ernst Topitsch, Sozialphilosophie zwischen Ideologie und Wissenschaft, Neuwied 1961, S. 34, 69, 139 und passim; sowie Ernest Gellner, Thought and Change, Chicago/London 1964, S. 84 ff. und passim.

[2] Vgl. dazu das o.a. Buch von Gellner, in dem dieser Tatbestand mit der ein wenig paradox klingenden Formulierung umschrieben wird, daß der

eine Auffassung, die aus leicht ersichtlichen Gründen meist offizieller Anerkennung sicher sein kann.[3]

Eine Kritik des Wertplatonismus muß natürlich keineswegs dazu führen, daß man die sogenannten Wertprobleme dem rationalen Denken entzieht und sich in dieser Hinsicht dem Irrationalismus ausliefert, wie das heute vielfach angenommen wird. Schon Max Weber hat seinerzeit zu zeigen versucht, welchen Beitrag eine Wissenschaft, die sich an das methodische Prinzip der Wertfreiheit hält, zu Wertdiskussionen leisten kann.[4] Ohne dieses Prinzip aufzugeben, wird man heute die bei ihm zumindest andeutungsweise zu findende Vorstellung einer Schranke der rationalen Diskussion, die sich für ihn offenbar aus der Idee der Kritikimmunität letzter Voraussetzungen ergab, zusammen mit dieser Idee aufgeben können.[5] In diesem Zusammenhang scheint mir der Umstand einige Bedeutung zu haben, daß relevante Stellungnahmen, Bewertungen und Entscheidungen nicht nur in einen sachlichen Kontext eingebettet zu sein, sondern daß sie darüber hinaus auch unmittelbar auf irgendwelche sachlichen Beschaffenheiten der betreffenden Situation bezogen zu sein pflegen.[6] Gerade die oben erwähnte Verschmelzung von Wertung und Tatsache im Alltagsdenken weist ja schon darauf hin, daß es im allgemeinen so etwas wie ein »Sachgerüst« der Wertung gibt, einen Komplex von relevanten sachlichen Zusammenhängen, der sich analytisch herauspräparieren und wissenschaftlich diskutieren läßt. Natürlich ist dabei stets zweierlei problematisch: erstens das tatsächliche Vorliegen der in Betracht kommenden sachlichen Zusammenhänge und zweitens die spezifische Assoziation mit den

Platonismus gleichzeitig eine ausgezeichnete Soziologie und eine wertlose Philosophie und daß seine soziologische Relevanz ein Index für seine philosophische Unbrauchbarkeit ist (a.a.O., S. 84 ff.).

3 In dieser Beziehung braucht nur auf die historische Bedeutung des Naturrechts und auf seine heutige Rolle in der Rechtspraxis hingewiesen zu werden.

4 Vgl. dazu: Max Weber, Der Sinn der »Wertfreiheit« der soziologischen und ökonomischen Wissenschaften. In: Max Weber, Gesammelte Aufsätze zur Wissenschaftslehre, 2. Aufl., Tübingen 1951, S. 496 ff.; zur Kritik neuerer Einwände gegen die Max Webersche Auffassung vgl.: R. König, Einige Überlegungen zur Frage der »Werturteilsfreiheit« bei Max Weber, Kölner Zeitschrift für Soziologie und Sozialpsychologie 16 (1964), S. 1 ff.; außerdem Wilhelm E. Mühlmann, Max Weber und die rationale Soziologie, Tübingen 1966, S. 42 ff.; sowie Hans Albert, Theorie und Praxis. Max Weber und das Problem der Wertfreiheit und der Rationalität. In: Konstruktion und Kritik, a.a.O.

5 Vgl. dazu den letzten Teil meines o.a. Aufsatzes.

6 Vgl. dazu vor allem die Untersuchungen von Viktor Kraft, Die Grundlagen einer wissenschaftlichen Wertlehre, 2. Aufl., Wien 1951.

betreffenden Wertungen. Eine kritische Diskussion normativer Auffassungen kann unter Umständen darin bestehen, daß die für das Wertverhalten relevanten sachlichen Annahmen, z.B. bestimmte allgemeine Annahmen, die die Existenz von Wesenheiten, Eigenschaften oder Beziehungen irgendwelcher Art involvieren, als unzutreffend herausgestellt werden oder daß schon die Klassifikation von Tatbeständen, an die die Wertung anknüpft, als fragwürdig, oberflächlich oder gar illusorisch erwiesen wird. Soweit Philosophie und Wissenschaft das alltägliche Denken einer Kritik unterwerfen, stellen sie damit gleichzeitig fast immer auch die Wertungen in Frage, die in diesem Denken eine Rolle spielen, nicht etwa, weil sie imstande wären, richtige Wertungen zu begründen, sondern vielmehr, weil sie in der Lage sind, den sachlichen Hintergrund und das Sachgerüst von Wertungen einer Kritik zu unterziehen und auf diese Weise eine Umorientierung erforderlich machen. Damit soll keineswegs ausgeschlossen werden, daß derartige Revisionen im Bereich der Wertungen auch auf andere Weise zustande kommen können. Es soll vielmehr nur ein Zusammenhang zwischen sachlichen und normativen Überzeugungen akzentuiert werden, der angesichts der Möglichkeit einer Unterscheidung von Sachaussage und Werturteil mitunter übersehen wird. Theorien pflegen ja die Phänomene des von ihnen analysierten Bereichs in bestimmter Weise zu klassifizieren und damit einer Einteilung zu unterwerfen, die nicht nur für die durch sie ermöglichte Erklärung sachlicher Zusammenhänge maßgebend ist, an die man vielmehr auch für Bewertungen und Entscheidungen anknüpfen kann. Bewertungen und Entscheidungen fußen auf relevanten Unterschieden und Zusammenhängen. Was aber relevant ist, hängt zumindest teilweise von der Beschaffenheit der Realität ab, über die wir uns mit Hilfe der Wissenschaft orientieren. Es hängt andererseits natürlich auch von unseren Wertgesichtspunkten und unseren Zielsetzungen ab, die aber wieder an von Erkenntnissen her zu beurteilenden Möglichkeiten orientiert sind.[7]

7 Wer Wissenschaft und Ethik voneinander unterscheidet, ist also keineswegs daran zu hindern, einen Zusammenhang zwischen ihnen herzustellen. Ein solcher Zusammenhang kann z.B. über den bekannten Satz: »Sollen impliziert Können« hergestellt werden und darüber hinaus über ein meines Erachtens noch allgemeineres Kongruenzpostulat, das darauf abzielt, sachliche und normative Überzeugungen in Übereinstimmung zu bringen, so daß z.B. in der Ethik keine Faktoren und Zusammenhänge postuliert werden, die für die Erkenntnis nicht in Betracht kommen. Es handelt sich dabei natürlich nicht um so etwas wie eine »Forderung der Wissenschaft«, wohl aber um eine Konsequenz der kritisch-rationalen Einstellung, die auch hinter dem wissenschaftlichen Denken steht.

Unsere Kritik am Wertplatonismus führt nicht zu der Konsequenz, daß man gezwungen ist, im alltäglichen Leben jene »natürliche« Einstellung aufzugeben, die bei falscher Deutung zur Hypostasierung von Wertungen und damit zum Wertplatonismus verleitet, jene Einstellung nämlich, die eine Fusion von Analyse und Wertung in der konkreten Situationsbewältigung involviert. Wertungen »entspringen« zwar nicht irgendwie »der Natur der Sache«, aber sie sind normalerweise mit unserer Auffassung der natürlichen Sachen »verwachsen«, und es wäre unsinnig, sie davon loszulösen, wo ein solches Verfahren, wie sehr oft im alltäglichen Leben, die Entscheidung nur erschweren würde, ohne zusätzliche Vorteile zu bringen. Inwieweit man sich veranlaßt sieht, die »natürliche« Verbindung von Wertung und Tatsache im kritischen Denken zu suspendieren, dürfte von der jeweiligen Problemstellung abhängig sein. Das methodische Prinzip der Wertfreiheit des wissenschaftlichen Denkens stellt keine puristischen Anforderungen an das Alltagsdenken.

Die Bedeutung des sachlichen Hintergrundes und des Sachgerüstes von Wertungen wird interessanterweise gerade oft von denjenigen übersehen, die von einer mehr oder weniger platonistischen Auffassung her die Möglichkeiten wertfreier Wissenschaft zu unterschätzen und für ihre Werturteile die Natur der Sache zu bemühen pflegen. Man hat mitunter den Eindruck, daß sich Verfechter einer wertenden Wissenschaft nur allzu gerne von den Eigenschaften der Alltagssprache ihre Problemstellungen und Ausdrucksweisen diktieren lassen, daß sie bereitwillig auf die ihnen zur Verfügung stehenden Möglichkeiten der Abstraktion verzichten und eine gewisse Freude daran haben, zu behaupten, man sei aus irgendwelchen Gründen gezwungen zu werten, wo de facto ein solcher Zwang nur für denjenigen besteht, der ihn herbeisehnt. Es liegt ein merkwürdiger Triumph in solchen selbstverordneten Beschränkungen, die die Lösung sachlicher Probleme keineswegs erleichtern, sondern viel eher das wissenschaftliche Denken den Illusionen und Konfusionen des alltäglichen Denkens ausliefern. Für eine solche Kapitulation vor der Alltagssprache dürfte es kaum ein einigermaßen überzeugendes Argument geben. Die wohlfahrtsökonomische Diskussion, auf die wir später einzugehen haben werden, hat meines Erachtens deutlich gezeigt, daß sich in der wissenschaftlichen Analyse sog. Wertprobleme weitgehend in Sachprobleme verwandeln lassen und die vorschnelle Einführung normativer Aussagen oft nur eine Schranke für brauchbare Problemlösungen bildet.[8]

8 Vgl. dazu die Kritik Archibalds an Jan M. D. Little: G. C. Archibald, Welfare Economics, Ethics and Essentialism, Economica 26 (1959), S. 26;

2. Rekurs auf individuelle Bedürfnisse: die Tradition des Utilitarismus

Es dürfte kaum eine philosophische Tradition von größerer Bedeutung für die moderne Sozialwissenschaft geben als den *Utilitarismus*, der einerseits das ökonomische Erkenntnisprogramm geprägt hat, andererseits aber auch hinter vielen sozialen Reformen steht, die die Entwicklung der industriellen Gesellschaft westlichen Typs bestimmt haben. Trotz der erheblichen Kritik, auf die diese Tradition seit längerer Zeit gestoßen ist – in zunehmendem Maße auch innerhalb des ökonomischen Denkens[9] –, läßt sich kaum leugnen, daß sie im Gegensatz etwa zu älteren* sozialphilosophischen Ansätzen heute noch eine gewisse Attraktivität besitzt, und zwar nicht nur für den engeren Bereich der Wohlfahrtsökonomik.[10] Das hängt vermutlich nicht zuletzt damit zusammen, daß sich diese Philosophie, was die Behandlung ethischer und politischer Probleme angeht, besser als manche andere – vor allem solche platonistischen Charakters wie z.B. dogmatische Naturrechtslehren – mit den Ergebnissen und Methoden der modernen Wissenschaft vereinbaren läßt. Sie verbindet wie diese Rationalität und empirischen Bezug miteinander, nimmt prinzipiell Rücksicht auf wissenschaftliche Erkenntnisse, auf Änderungen in Tatsachen und in Theorien, und verzichtet darauf, auf Instanzen zu rekurrieren, die mit dem wissenschaftlichen Weltbild nichts zu tun haben. Sie kennt keine falsche Gewißheit und keine feste, unrevidierbare Apriorität und ermöglicht mit ihrem Rekurs auf die individuellen Bedürfnisse der Menschen eine wirksame Kritik an bestehenden Institutionen, an geltenden Normen und Idealen und an politischen Maßnahmen aller Art.[11] Das sind Eigenschaften, die für den politisch-moralischen Bereich eine kritisch-rationale Methode – ähnlich der der Wissenschaft für den Erkenntnisbereich – möglich zu machen scheinen, eine

meinen in diesem Band abgedruckten Aufsatz: Wertfreiheit als methodisches Prinzip; Kurt Klappholz, Value Judgements and Economics, British Journal for the Philosophy of Science XV 58 (1964).

9 Man denke z.B. an: Gunnar Myrdal, Das politische Element in der nationalökonomischen Doktrinbildung (Berlin 1932), 2. Aufl., Hannover 1963.

10 Vgl. dazu: Alfred Bohnen, Die utilitaristische Ethik als Grundlage der modernen Wohlfahrtsökonomie, Göttingen 1964.

11 Zur Attraktivität des Utilitarismus vgl.: Ernest Gellner, a.a.O., S. 95 ff.; sowie David Braybrooke/Charles E. Lindblohm, A Strategy of Decision. Policy Evaluation as a Social Process, London 1963, wo der Versuch einer Rehabilitierung dieser Lehre unternommen wird.

Methode, die es darüber hinaus erlaubt, eine enge Verbindung zwischen Ethik und Wissenschaft herzustellen. Es ist daher durchaus verständlich, daß man in der Philosophie und in den Sozialwissenschaften zunehmend auf Versuche stößt, die utilitaristische Tradition wiederzubeleben und ihre theoretischen und normativen Gesichtspunkte unter Berücksichtigung relevanter Kritik neu zu formulieren.

Zu den Schwächen des utilitaristischen Denkens, die sich vor allem auch in der Entwicklung der neoklassischen Ökonomie gezeigt haben, gehört ohne Zweifel die Tatsache, daß die Berücksichtigung der menschlichen Bedürfnisbefriedigung, wie sie im Benthamschen Programm vorgesehen war, mangels einer Verbindung mit der psychologischen Forschung bisher im wesentlichen skizzenhaft und formal geblieben ist und daß der Variabilität und sozialen Formbarkeit der individuellen Bedürfnisse nicht genügend Rechnung getragen wurde.[12] Damit ist gerade der für die Durchführung dieses Programms und damit für den Aufbau einer theoretischen Soziologie im Rahmen dieser Tradition entscheidende Bezugspunkt weitgehend eine metaphysische oder, wenn man so will, eine mathematische Instanz geblieben, was sich natürlich auch auf die damit verbundenen normativen Auffassungen auswirkt.[13] Es empfiehlt sich aber, darauf hinzuweisen, daß diese Schwäche durchaus reparabel zu sein scheint. Die spezielle Entwicklung, die der Utilitarismus im ökonomischen Denken genommen hat, mag teilweise in eine Sackgasse geführt haben. Diese Fehlentwicklung ist aber kein ausreichender Grund, das Benthamsche Programm zu desavouieren. Bei Berücksichtigung der relevanten Ergebnisse der sozialpsychologischen Forschung scheint mir dieses Programm vielmehr so reformulierbar zu sein, daß es über den sogenannten wirtschaftlichen Bereich hinaus für die gesamte theoretische Soziologie Bedeutung gewinnt: als Alternative zu den anderen Ansätzen, die heute dort eine Rolle spielen, etwa dem Funktionalismus oder dem Marxismus, zwei Traditionen des soziologischen Denkens, die bekanntlich keineswegs frei von bedeutenden Schwächen inhaltlichen und methodischen Charakters sind. Was die moralphilosophische Bedeutung des Utilitarismus angeht, so dürfte sich der vielfach mit Recht kritisierte, mitunter aber auch nur aufgrund von Mißverständnissen unterstellte

12 Vgl. dazu meinen Aufsatz: Zur Theorie der Konsumnachfrage, Jahrbuch für Sozialwissenschaft 16 (1965), S. 139 ff., wo auf die Bedeutung der Gruppendynamik für eine adäquate Reformulierung des Benthamschen Programms hingewiesen wird.
13 Zur Kritik der Nutzenmetaphysik des neoklassischen Denkens vgl.: Gunnar Myrdal, a.a.O.; neuerdings Joan Robinson, Economic Philosophy, London 1962, S. 47 ff.

naturalistische Fehlschluß durchaus vermeiden, der Rekurs auf die individuelle Bedürfnisbefriedigung als kritische Instanz für soziale Regelungen aller Art und ihre auf überindividuelle oder gar übernatürliche Autoritäten gestützte ideologische Verklärung aber sich wirksamer gestalten lassen, wenn man dabei in der Lage ist, auf die Resultate der Forschung zurückzugreifen.

Aus dem methodologischen Individualismus und der Bedürfnisorientierung der utilitaristischen Tradition ergibt sich von ihr her die Möglichkeit einer Kritik an Auffassungen, die – sei es in kognitiver oder in normativer Hinsicht – die natürliche Verwurzelung des Wertverhaltens nicht genügend in Rechnung stellen oder vernachlässigen. Das scheint mir z.b. für bestimmte Varianten des schon erwähnten Funktionalismus zu gelten, der im soziologischen Denken heute eine erhebliche Rolle spielt. Dieser theoretische Ansatz, der die Deutung sozialer Gebilde aus ihren Funktionen anstrebt, ist in seinen extremen Formen meist mit einer Überakzentuierung des Integrationsaspektes sozialer Gesamtheiten verbunden und führt im Zusammenhang damit zu Erklärungsversuchen, die auch aus methodischen Gründen sehr problematisch sind.[14]

Was die damit verbundene Betonung der großen Bedeutung des Konsensus über letzte Werte für den Bestand sozialer Gebilde und der Gesellschaft als Ganzes angeht, so soll hier keineswegs geleugnet werden, daß gewisse Arten von Konsens für bestimmte Aspekte des sozialen Lebens charakteristisch und in bestimmter Weise wirksam sind. Was problematisch ist, ist aber der Anspruch mancher Systeme des soziologischen Denkens, mit dem Hinweis auf einen solchen – eigentlich ja der Analyse bedürftigen – Konsens eine Erklärung sozialer Tatbestände liefern zu können, ohne daß eine empirisch nachprüfbare Theorie über die in Frage kommenden Mechanismen die Relevanz

14 Für eine kritische Analyse vgl.: Carl G. Hempel, The Logic of Functional Analysis. In: Symposium on Sociological Theory, Llewellyn Gross (ed.), Evanston/New York 1959, S. 271 ff.; Ernest Nagel, Problems of Concept and Theory Formation in the Social Sciences; und Ralf Dahrendorf, Pfade aus Utopia. Beides abgedruckt in: Theorie und Realität, Hans Albert (Hrsg.), Tübingen 1964; Gösta Carlsson, Betrachtungen zum Funktionalismus. In: Logik der Sozialwissenschaften, Ernst Topitsch (Hrsg.), Köln/Berlin 1965, S. 236 ff. Auf funktionalistische Züge im ökonomischen Denken hatte seinerzeit schon Myrdal hingewiesen (a.a.O.). Die von ihm kritisierte »kommunistische Fiktion« eines einheitlichen Zurechnungssubjekts volkswirtschaftlicher Werte gehört in diesen Zusammenhang. Solche Züge sind da zu finden, wo der methodologische Individualismus des Benthamschen Programms nicht durchgehalten wird, wie auch in manchen wohlfahrtsökonomischen Gedankengängen, mit denen wir uns noch zu beschäftigen haben.

solcher Behauptungen zu erhärten in der Lage wäre.

Im übrigen ist es keineswegs selbstverständlich, daß ein praktisch wirksamer Konsensus bei allen daran Beteiligten die gleiche Grundlage – etwa den Glauben an die gleichen »letzten Werte« oder »obersten Ziele«, was immer man darunter verstehen mag – haben muß. Ein solcher Konsens kann vielmehr sehr verschiedenen sachlichen und normativen Auffassungen der daran beteiligten Individuen entspringen, aus denen sich dennoch eine Übereinstimmung hinsichtlich der Adäquatheit bestimmter Maßnahmen, Spielregeln oder Entscheidungen ergibt.[15] Es ist mit Recht darauf hingewiesen worden, daß nicht nur »Übereinstimmung in bezug auf unmittelbare Werte weder eine notwendige noch eine hinreichende Bedingung für das Zustandekommen eines praktischen oder brauchbaren Konsensus innerhalb einer Gruppe« ist, weil z.B. alle Beteiligten die betreffende Sache oder den sozialen Zustand als Mittel für verschiedene Zwecke ansehen können, sondern daß darüber hinaus eine Übereinstimmung sehr indirekter und komplexer Natur möglich ist, »so daß der Wert einer Sache darauf beruht, daß sie ihrerseits ein gemeinsames Mittel zur Verfolgung einer Vielzahl unterschiedlicher Zwecke ist oder daß mittelbare und unmittelbare Wertorientierungen in die gleiche Richtung tendieren und sich gegenseitig verstärken«, und schließlich darauf, daß »Dinge, die zunächst als Mittel angesehen wurden, den Charakter von Selbstzwecken annehmen und umgekehrt«.[16] Angesichts der Vielfalt möglicher Interessenkonstellationen dürfte die Bedeutung eines Konsensus über sogenannte letzte Werte problematischer sein, als unter funktionalistischen Gesichtspunkten vielfach angenommen zu werden pflegt.[17] Von

15 Vgl. dazu die eingehende Untersuchung über Grundtypen der Übereinstimmung in der Einstellung von Charles L. Stevenson, Ethics and Language, New Haven 1944, S. 188 ff., auf die Gösta Carlsson (a.a.O.) hinweist; vgl. auch: Richard Robinson, An Atheist's Values, Oxford 1964, S. 30. Ein triviales Beispiel aus dem ökonomischen Bereich ist der Tausch, bei dem gerade die unterschiedlichen Wertungen der Partner ein gemeinsames Interesse bedingen.

16 Alle Zitate aus dem erwähnten Aufsatz von Gösta Carlsson, a.a.O., S. 247 ff. Stevenson, auf den sich Carlsson stützt, nimmt u.a. Bezug auf Allports »Prinzip der funktionellen Autonomie der Motive« und auf Wundts »Heterogonie der Zwecke«.

17 Neuerdings tauchen derartige Konsensus-Thesen unter Berufung auf den funktionalistischen Ansatz – z.B. auf Parsons – auch in der wohlfahrtstheoretischen Diskussion auf; vgl. Jérome Rothenberg, The Measurement of Social Welfare, Englewood Cliffs 1961, S. 309 ff., wo nach einer eingehenden kritischen Untersuchung der Problematik der sozialen Wohlfahrtsfunktionen ein positiver Vorschlag auf dieser Basis skizziert wird.

einer konsequenten Durchführung des Benthamschen Programms wäre zu erwarten, daß diesbezügliche Thesen nicht einfach zur Grundlage soziologischer – und damit auch wohlfahrtstheoretischer – Spekulation gemacht werden, ohne daß sich zeigen läßt, auf welche Weise ein Zusammenhang mit der jeweiligen sozialen Verflechtung individueller Interessen, mit den Motiven und mit den Bedürfnissen der Mitglieder der betreffenden sozialen Gesamtheiten hergestellt werden kann. Für den reduktionistischen Ansatz dieser Tradition sind soziale Tatbestände wie die relative Stabilität von normativen Regulierungen und ein mehr oder weniger starker Konsensus irgendwelcher Art selbst erklärungsbedürftig.[18]

3. Vom maximalen Sozialprodukt zur sozialen Wohlfahrtsfunktion: die Wohlfahrtsökonomik

Der Rekurs auf die Bedürfnisbefriedigung der Mitglieder einer Gesellschaft ist ein im Sinne der utilitaristischen Tradition konsequentes Verfahren, das Problem der politischen Wertung und ihrer rationalen Begründung in Angriff zu nehmen. Es ist schwer zu erkennen, wie ein solcher Rekurs unter den im neoklassischen Denken vorherrschenden Gesichtspunkten vermieden werden könnte, wenn eine Grundlage rationaler Politik gefunden werden soll. Es ist andererseits aber auch nicht recht zu sehen, wie sich die aus einem solchen Ansatz ergebenden Probleme lösen lassen sollen, d.h. also: die *Probleme der Wohlfahrtsökonomik.*

Die Schwierigkeiten beginnen schon mit dem Begriff des Sozialprodukts, der von der ökonomischen Perspektive her meist als natürlicher Ansatzpunkt für politisch relevante Werturteile angesehen zu werden pflegt. Diesem Begriff schien zunächst im neoklassischen Denken insofern theoretische Bedeutung zuzukommen, als das Maximum-Theorem der Konkurrenztheorie eine Beziehung zwischen der Bedürfnisbefriedigung der Mitglieder der Gesellschaft und dem Ergebnis der

---

18 Hierher gehört z.B. auch die Idee Schellings, die Stabilität von Institutionen und Traditionen spieltheoretisch – mit Hilfe von Koordinationsspielen – zu erklären; vgl. dazu: Thomas C. Schelling, The Strategy of Conflict, New York 1963, S. 91 ff., oder die ausdrücklich als Alternative zum funktionalistischen Ansatz deklarierte spieltheoretische Erklärungsskizze für das Problem des sozialen Status von John C. Harsanyi, Individualistic and Funktionalistic Explanations in the Light of Game Theory: The Example of Social Status. In: Problems in the Philosophy of Science, Imre Lakatos/Alan Musgrave (eds.), Amsterdam 1968.

gesellschaftlichen Produktionstätigkeit konstatierte: die *Maximierung* des im Sinne der individuellen Bedürfnisse bewerteten Resultats, des *Sozialprodukts*, unter den Bedingungen der vollständigen Konkurrenz. Unter der gleichsam selbstverständlichen Annahme, daß maximale Bedürfnisbefriedigung der Gesamtheit ein erstrebenswertes Ziel der Politik sei, schien damit der natürliche Übergang von der wissenschaftlichen Betrachtung zur politischen Bewertung gefunden zu sein: nämlich zu einer positiven Auszeichnung derjenigen institutionellen Vorkehrungen und politischen Maßnahmen, welche die in dieser Weise funktionierende vollständige Konkurrenz herzustellen in der Lage waren.

Die Problematik dieser Auffassung ergab sich vor allem aus einer genaueren Analyse des kollektiven Sozialproduktbegriffs und seiner Beziehung zur jeweils individuellen Bedürfnisbefriedigung. Zunächst könnte man versucht sein, mit dem Ausdruck »Sozialprodukt« oder äquivalenten Termen die Idee einer *naturalen Gütermenge* zu verbinden, die unter die Mitglieder einer Gesellschaft zu verteilen sei, eine Vorstellung, die sich von der ökonomischen Perspektive her unmittelbar anzubieten scheint. Unter dem gleichen Gesichtspunkt ergibt sich daraus – gestützt durch den Bedeutungszusammenhang der Wörter »Gut« und »gut« – sehr natürlich der weitere Gedanke, eine Vermehrung des Sozialprodukts in diesem naturalen Sinne – was immer man darunter verstehen mag – sei als gut, seine Verminderung als schlecht zu beurteilen, gleichgültig, welche Veränderungen sonst noch damit verbunden seien.[19] Wir wissen heute, daß Begriffe wie »Größe«, »Vermehrung« und »Verminderung« des Sozialprodukts sich auf naturaler Basis ohne weiteres gar nicht sinnvoll bestimmen lassen, und zwar auch dann nicht, wenn man die in Betracht kommenden naturalen Kategorien und ihre Besetzung, das Mengengerüst des Sozialprodukts, einmal als gegeben und unproblematisch hinnehmen würde.[20] Es gibt da aber noch eine tieferliegende Schwierigkeit, die die Grundlage einer solchen Rechnung betrifft. Man kann nämlich für die Beurteilung irgendwelcher Objekte – im weitesten Sinne, z. B. auch von Dienstleistungen – unter ökonomischen Gesichtspunkten nicht ausschließen,

19 Es braucht wohl kaum besonders betont zu werden, daß die Substitution dieses letzten Passus durch eine Ceteris-paribus-Klausel dazu beitragen könnte, diesen Gedanken uninteressant zu machen.

20 Wir hätten es hier bei n Güterkategorien mit einem n-dimensionalen Vektorraum zu tun, in bezug auf den zunächst nur eine reflexive, transitive und antisymmetrische Ordnungs-Relation, also eine Halbordnung, bestimmbar wäre, die prinzipiell Unvergleichbarkeit zwischen Elementen und die Existenz einer Vielzahl maximaler Elemente erlaubt.

daß es dabei auf besondere Umstände irgendwelcher Art ankommen kann, z.B. Umstände ihrer Verteilung, Verwendung und Dosierung, deren Einfluß nicht einfach in einer höheren Bewertung einer größeren naturalen Menge der betreffenden Objekte zum Ausdruck kommt. Die Einteilung von Objekten in Güter, indifferente Dinge und Übel – oder: positive, indifferente und negative »Güter« – und ihre Bewertung hängt ja nicht allein von den Merkmalen dieser Objekte selbst ab, sondern auch vom *Kontext ihres Vorkommens*, darunter auch ihrem sozialen Kontext.[21]

Die Nationalökonomie nimmt nun in der Tat bis zu einem gewissen Grade auf diesen Kontext Rücksicht, insofern nämlich, als sie den Gutscharakter von Objekten und die Höhe ihres Wertes grundsätzlich von den Bedürfnissen der Individuen abhängig zu machen sucht. Bei ökonomischer Betrachtung pflegt man bekanntlich nicht ohne weiteres irgendwelche Dinge als Güter zu klassifizieren, sondern nur dann, wenn individuelle Bedürfnisse angenommen werden können, die eine solche Klassifikation – direkt oder indirekt – sinnvoll erscheinen lassen, Bedürfnisse, deren Stärke außerdem für die Bewertung maßgebend sein soll. Es hat demnach ökonomisch keinen Sinn, naturale Mengen von Objekten zu addieren, ganz abgesehen von der Frage ihrer Homogenisierung, solange ihre Beziehung zu den Bedürfnissen der in Betracht kommenden Individuen nicht geklärt ist. Eigentlich müßte die Bewertung dieser Objekte, die für die Bildung der gesuchten kollektiven Wertgröße notwendig ist, aufgrund der Bedürfnisse der relevanten Individuen erfolgen, aber die Frage, wer dabei relevant ist und in welcher Weise sich das auf die Gesamtgröße auswirken soll, ist keineswegs leicht zu beantworten, zumal mit einander widerstreitenden Wertungen hinsichtlich derselben Objekte gerechnet werden muß.

Die naheliegende Aushilfe, nur die Bedeutung der Güter für die Bedürfnisbefriedigung derjenigen Leute zu berücksichtigen, die im eigenen Interesse über sie verfügen, stößt auf Schwierigkeiten, ganz abgesehen davon, daß sie eine Vielzahl von individuellen Interessen willkürlich für die Bewertung ausschaltet und daher mit dem Sinn des ganzen Verfahrens nicht zu vereinbaren ist. Würde man sich dennoch darauf einlassen, so hätte man nun soviel Wertskalen wie Individuen, wobei nach jeder dieser Skalen ein Teil des Mengengerüsts zu bewerten wäre, das der Berechnung zugrunde liegt. Schon das würde zumindest

---

21 Die Existenz negativer Güter und das Problem ihrer Berücksichtigung bei der Sozialproduktberechnung ist ein altes Thema des ökonomischen Denkens, dessen Bedeutung in der politischen Diskussion im allgemeinen übergangen wird.

zu einem bisher ungelösten Problem führen: dem der Homogenisierung individueller Wertskalen – vorausgesetzt einmal, daß diese feststellbar sind –, mit anderen Worten: zur Frage des *interpersonellen Nutzenvergleichs*. Viel wichtiger ist hier aber wohl die schon erwähnte Tatsache, daß die Idee einer in dieser Weise kompositiven Bewertung des Sozialprodukts gegen den im ökonomischen Denken dominierenden Gesichtspunkt der bestmöglichen Befriedigung aller individuellen Bedürfnisse verstößt. Bei strenger Beachtung dieses Gesichtspunktes muß nämlich in Rechnung gestellt werden, daß die individuelle Bedürfnisbefriedigung und Bewertung von Objekten nicht an Eigentum und individuelle Verfügungsmacht gebunden sind, da die Verfügung über Güter in einer Gesellschaft sich offensichtlich fast immer auch positiv oder negativ auf die Bedürfnisbefriedigung anderer Individuen auswirken kann. D.h. unter anderem: Die Güter des einen können ohne weiteres gleichzeitig mehr oder weniger große Übel für den anderen sein. Um ein schon oft verwendetes, aber darum nicht weniger gutes Beispiel zu gebrauchen: Die Autos der anderen verstopfen bekanntlich die Straßen, gefährden den Verkehr, verpesten die Luft und beeinträchtigen das Landschaftsbild. Entsprechende Werte müßten also bei der Berechnung des Sozialprodukts negativ ins Gewicht fallen. Das Problem gehört in den Bereich der schon von Pigou analysierten sogenannten externen Wirkungen, auf den wir noch zurückkommen werden.

Auf die Frage, wie das ökonomische Denken der Neoklassik oder das von ihr beeinflußte wirtschaftliche Alltagsdenken mit dieser Problematik fertig geworden ist, kann man mit einigem Recht antworten: überhaupt nicht, oder anders ausgedrückt: mit Hilfe einiger Fiktionen, die im einzelnen manchmal schwer zu durchschauen sind, aber in der unmittelbaren Fachdiskussion längst erledigt wurden, ohne daß man daraus immer die richtigen Konsequenzen gezogen hätte.[22] Zunächst hat man *Marktwerte* an die Stelle der *eigentlichen* Werte, nämlich der Bedeutungsgrößen für die individuelle Befriedigung, treten lassen, ein ungemein praktisches Verfahren, weil man dann nicht mehr diese

22 Allerdings hat diese Fachdiskussion sich vielfach so auf Nebenfragen und technische Details konzentriert, daß die fundamentalen Schwierigkeiten nicht ins rechte Licht gerückt wurden. Man hat z.B. von der Existenz externer Effekte »abstrahiert«, um sich dem Problem widmen zu können, wie sich die Möglichkeit auswirken würde, daß bestimmte Kurven nicht konvex sind. Für eine Kritik an der Verwendung konventionalistischer Strategien im wohlfahrtsökonomischen Denken vgl. meinen in Anm. 5, S. 37 oben, erwähnten Beitrag; vgl. auch zum Begriff des Volkseinkommens: Joan Robinson, a.a.O., S. 130 ff.

schwer greifbaren individuellen Bedeutungsgrößen, sondern nur noch monetär erfaßbare Größen zu addieren hat, um das Sozialprodukt zu berechnen.[23] Allerdings wäre auch das eine – ökonomisch gesehen – nutzlose Operation, wenn es nicht gelingen würde, eventuelle Geldwertschwankungen rechnerisch auszuschalten, was wiederum eine Lösung des Indexproblems erforderlich macht. Für unsere Argumentation kann ruhig vorausgesetzt werden, daß Probleme dieser Art ohne weiteres lösbar sind. Auch nach der Durchführung der dazu notwendigen Operationen bleibt jedenfalls immer noch die Frage bestehen, inwieweit die so bereinigten Werte die individuellen Bedeutungsgrößen repräsentieren, auf die es eigentlich ankommt.

An diesem Punkt läßt es sich offenbar kaum vermeiden, theoretische Überlegungen anzustellen, die den nutzentheoretischen Unterbau der neoklassischen Theorie ins Spiel bringen. De facto wird aber damit der Rückgriff auf die monetäre Bewertung des Mengengerüsts und darüber hinaus die Idee einer additiven Totalbewertung überflüssig, weil man gezwungen ist, auf Gleichgewichtsbetrachtungen und damit zusammenhängende marginale Bewertungen zu rekurrieren. An die Stelle einer berechenbaren Sozialproduktgröße tritt die Gleichheit von Preisen und Grenzraten der Substitution und Transformation im Konkurrenzgleichgewicht, die zur Auszeichnung eines bestimmten Mengengerüsts als der idealen Produktion zu führen scheint. Will man diese These der idealen Produktion beurteilen, dann ist es meines Erachtens zweckmäßig, die relativ einfachen, aber ökonomisch wesentlichen Fragen aufzuwerfen, die hier sofort auftauchen müssen, z.B. das *Problem der Einkommensverteilung.* In der These der idealen Produktion wird davon abstrahiert, daß die Preise unter anderem von dieser Verteilung abhängen, eine andere Verteilung also eine andere Bewertung ergeben könnte und natürlich auch mit einer Befriedigung anderer individueller Bedürfnisse verbunden wäre. Dieser alte Einwand gegen den Versuch einer Trennung der Produktions- und der Verteilungsprobleme ist niemals ausgeräumt worden und dürfte auch kaum auszuräumen sein. Man müßte also eigentlich in verschiedener Weise verteilte Sozialprodukte miteinander vergleichen können, was aber wieder auf das schon oben erwähnte Problem der interpersonellen Vergleichbarkeit individueller Bedeutungsgrößen zurückführt.[24]

23 Auch da gibt es natürlich Schwierigkeiten, aber sie scheinen technischer Natur und daher prinzipiell überwindbar zu sein.

24 Man sieht hier übrigens, wie die an sich durchaus metaphysische Idee einer maximalen Bedürfnisbefriedigung aller Mitglieder einer Gesellschaft für eine Kritik an der Verwertung von sehr handfesten, statistisch durchführbaren

Das ist aber noch nicht alles. Der Rekurs auf die im Marktgleichgewicht zustandegekommenen Bewertungen ist schon aus dem einfachen Grunde unter ökonomischen Gesichtspunkten unmaßgeblich, weil dabei die bereits erwähnten *externen Wirkungen* nicht berücksichtigt sind, die den ganzen Kalkül illusorisch machen. Auch das ist eine schon lange bekannte Tatsache, die aber sehr oft bagatellisiert zu werden pflegt, wenn man erkannt hat, welche Schwierigkeiten ihre volle Anerkennung zur Folge haben würde.[25] Die Existenz positiver und negativer externer Effekte – sozialer Kosten und sozialer Vorteile – ist durchaus unbestritten.[26] Die Tatsache, daß man sie heute vielfach zu berücksichtigen sucht[27], scheint prima facie einen Fortschritt zu bedeuten. Um zu beurteilen, ob dieser Eindruck einer kritischen Nachprüfung standhält, muß man allerdings das Problem ins Auge fassen, um dessen Lösung es hier geht. Die Abstraktion von externen Effekten in der neueren Wohlfahrtsökonomik war ja nicht etwa ein leicht vermeidbarer Trick, sondern sie hängt damit zusammen, daß es bisher keine Basis gab, um externe Effekte ökonomisch sinnvoll zu berechnen, d.h. ihnen einen Wert im Sinne der individuellen Bedürfnisbefriedigung zuzuschreiben. In dieser Hinsicht scheint man heute die Situation oft allzu einfach zu sehen. Will man im Rahmen der durch die ökonomische Theorie fundierten Problemstellung bleiben, dann ist es

und immer wieder durchgeführten Berechnungen für bestimmte Zwecke verwendet werden kann: nämlich an ihrer Inanspruchnahme für die Begründung einer rationalen Politik. Eine im ökonomischen Alltagsdenken immer noch virulente Ideologie des Sozialprodukts kann gewissermaßen metaphysisch unterminiert werden, nämlich von ihrer eigenen vermeintlichen Grundlage her.

25 Sobald man solche Wirkungen einbezieht, ist nicht einmal mehr gesichert, daß das sog. Sozialprodukt, das man aufgrund der Marktpreise zu berechnen pflegt, überhaupt aus eindeutigen »Gütern« (positiv bewertbaren Objekten) besteht.

26 Die deutsche Diskussion über diese Problematik wurde offensichtlich erst durch das Buch von K. William Kapp, The Social Costs of Private Enterprise, Cambridge 1950, angeregt, das sich vor allem mit den sozialen Kosten im Rahmen einer marktwirtschaftlichen Ordnung befaßt; zur Korrektur des dadurch suggerierten etwas einseitigen Bildes vgl.: James M. Buchanan/Gordon Tullock, The Calculus of Consent. Logical Foundations of Constitutional Democracy, Ann Arbor 1962, S. 43 ff. und passim.

27 Vgl. dazu die Berichte und Diskussionssbeiträge von K. William Kapp, Bruno Fritsch, H. Jürgensen, Elisabeth Lauschmann, J. Willeke. In: Probleme der normativen Ökonomik und der wirtschaftspolitischen Beratung, Schriften des Vereins für Socialpolitik, NF, 29 (Berlin 1963), Teil III; sowie Knut Borchardt, Volkswirtschaftliche Kostenrechnung und Eigentumsverteilung, Jahrbücher für Nationalökonomie und Statistik 178 (1965), S. 70 ff.

offensichtlich nicht ohne weiteres möglich, für die Berechnung externer Effekte im Konsumbereich Marktwerte zu verwenden, weil aus den obengenannten Gründen kein irgendwie nachprüfbarer Zusammenhang zwischen ihnen und den ökonomisch relevanten individuellen Bedeutungsgrößen existiert. Man kann ja nicht einfach die gleichen Werte, deren Unbrauchbarkeit für eine ökonomisch sinnvolle Berechnung des Sozialprodukts zugestanden ist, ohne weitere Argumentation für die Berechnung externer Effekte in Ansatz zu bringen, ganz abgesehen von der Frage, inwieweit diese Effekte mengenmäßig erfaßbar sind. Angesichts dieser Schwierigkeit ist das übliche Hantieren mit sozialen Kosten theoretisch bedeutungslos und praktisch unter Umständen irreführend, dann nämlich, wenn man dabei unterstellt, daß sich daraus ökonomisch begründete politische Entscheidungen oder Empfehlungen ergeben.[28] Es handelt sich um für gewisse Zwecke interessante Ad-hoc-Berechnungen, die keinen erkennbaren Zusammenhang mit den durch die Wohlfahrtsökonomik aufgeworfenen theoretischen Problemen haben – Problemen, die weder eine Bagatellisierung noch eine Scheinlösung vertragen, denn beides würde nur dazu beitragen, darüber hinwegzutäuschen, daß diese Disziplin mit all ihren mehr oder weniger komplizierten Formulierungen im Grunde genommen mit einigen relativ einfachen, aber wesentlichen Tatbeständen nicht fertig geworden ist.[29] Zu diesen Tatbeständen gehört die Existenz externer Wirkungen, die durch die ältere, pigovianische Wohlfahrtsökonomie zum Problem erhoben worden war.

Die neuere Wohlfahrtsökonomie hat mit ihrem Rückgriff auf das *Pareto-Kriterium* die alten Schwierigkeiten keineswegs beseitigt, sie hat vielmehr eher das gemacht, was man einen erfolglosen Umgehungsversuch nennen könnte. Das Pareto-Kriterium, das es erlaubt, soziale Zustände (Zustandsänderungen) irgendwelcher Art im Hinblick auf die Frage paarweise zu vergleichen, inwieweit der eine Zustand (die eine Zustandsänderung) für alle Mitglieder der Gesellschaft zumindest ebenso vorteilhaft wie der andere und für zumindest ein Mitglied vorteilhafter als der andere (die andere) ist, scheint zunächst durchaus

---

28 Natürlich können solche Berechnungen insofern praktisch-politisch von Interesse sein, als damit Fragen des für bestimmte Zwecke notwendigen finanziellen Aufwandes zu lösen sind und damit Fragen, die z.B. für die eventuelle Inanspruchnahme öffentlicher Haushalte relevant sind.

29 Die Gründe dieses Mißerfolges sind meines Erachtens schon vor Jahrzehnten in Myrdals oben erwähntem Buch analysiert worden, einem Buch, das darauf verzichtet, elementare Tatbestände durch Formelwolken zu verdecken und dadurch »positive« Lösungen vorzuspiegeln, wo de facto keine zu finden sind.

plausibel zu sein, aber es definiert bekanntlich nur eine Halb-Ordnung[30], ist also zu schwach, um einen bestimmten Zustand oder eine Zustandsänderung eindeutig auszuzeichnen. Was die Charakterisierung des nach neoklassischer Auffassung idealen ökonomischen Zustandes, des Gleichgewichtes bei vollkommener Konkurrenz, als pareto-optimal angeht, so wird dabei die Abwesenheit externer Effekte vorausgesetzt, was allein schon genügt, diese Kennzeichnung irrelevant zu machen. Im übrigen ist dieser Zustand selbst in hohem Grade fiktiv und dürfte kaum ohne weiteres mit realen ökonomischen Tatbeständen in Zusammenhang zu bringen sein. Da nun dieser fiktive Zustand bislang das einzige Bindeglied zwischen Sachanalyse und ökonomischer Bewertung darstellt, ist die Brauchbarkeit des Pareto-Kriteriums in diesem Kontext – abgesehen von der Frage der Existenz externer Effekte – davon abhängig, inwieweit man wenigstens bei der Bewertung realer Zustände die Abweichungen von diesem Idealzustand in Rechnung stellen kann, eine Frage, über deren Beantwortbarkeit man sich wohl kaum Illusionen hingeben wird.[31]

Ganz abgesehen von den Einschränkungen, unter denen das Pareto-Kriterium meist als Teillösung des ökonomischen Optimalproblems präsentiert wird, ist seine Prima-facie-Plausibilität keineswegs ein genügender Anhaltspunkt dafür, daß man es unter dem Gesichtspunkt der Vermeidung interpersoneller Nutzenvergleiche akzeptieren kann. Jedenfalls schwindet dieser Anschein sofort, wenn man bedenkt, daß die stillschweigende Voraussetzung durchaus unannehmbar ist, die mit der Anwendung dieses Kriteriums verbunden zu sein pflegt: die Voraussetzung nämlich, daß die anderen Mitglieder der Gesellschaft gegen Änderungen in der Position eines Mitgliedes jeweils indifferent sind.[32] Diese Voraussetzung entspringt der für die ökonomische Tradition charakteristischen Orientierung am Robinson-Paradigma[33], die sich angesichts der Ergebnisse der soziologischen und sozialpsycho-

---

30 Vgl. dazu Anm. 20. Zur Logik der Ordnungs-Relationen vgl. z.B.: Patrick Suppes, Introduction to Logic, London/New York 1957, S. 220 ff.

31 Kurz gesagt: Erstens läßt sich dieser fiktive Zustand für eine konkrete Datenkonstellation auch nicht idealiter rekonstruieren, und zweitens läßt sich daher auch die Abweichung weder aufweisen noch bewerten. Die Theorie gibt für solche Operationen keinen Anhaltspunkt.

32 Darauf hat neuerdings Morgenstern aufmerksam gemacht; vgl.: Oskar Morgenstern, Pareto Optimum and Economic Organization. In: Systeme und Methoden in den Wirtschafts- und Sozialwissenschaften, Festschrift für Erwin v. Beckerath, Norbert Kloten/Wilhelm Krelle/Heinz Müller/Fritz Neumark (Hrsg.), Tübingen 1964, S. 573 ff.

33 Zur Kritik vgl. meinen Aufsatz: Zur Theorie der Konsumnachfrage, a.a.O.

logischen Forschung heute nicht mehr aufrechterhalten läßt. Es empfiehlt sich vielmehr, auch hier das *Prinzip der sozialen Relativität* zur Geltung zu bringen, das die Berücksichtigung des jeweils relevanten sozialen Kontextes und damit in diesem Falle die Beachtung *relativer* Positionsänderungen verlangt[34], mit denen unter anderem ja auch soziale Machtverschiebungen verbunden sein können. Das ohnehin sehr schwache Pareto-Kriterium der neueren Wohlfahrtsökonomik hilft also kaum weiter, ganz abgesehen von seiner Entleerung durch die oben erwähnten üblichen Einschränkungen seines Anwendungsbereichs, vor allem durch die Abstraktion von externen Effekten.

Es ist daher verständlich, daß man sich in letzter Zeit mehr und mehr einer anderen Konzeption zuwendet, die geeignet erscheint, die durch die paretianische Wohlfahrtsökonomie nicht gelösten Probleme zu lösen: der Idee einer *sozialen Wohlfahrtsfunktion,* wie sie von Bergson konzipiert und von Arrow verallgemeinert wurde. Vor allem in der von Arrow formulierten Variante[35] hat sich diese Konzeption weitgehend von gewissen für das ökonomische Denken charakteristischen Merkmalen gelöst – von der Bindung an Marktgegebenheiten, an Gütermengen im üblichen Sinne usw. –, um zu einer möglichst allgemeinen Problemlösung zu gelangen.[36] Es muß zunächst betont werden, daß das von Arrow in Angriff genommene Problem rein formalen Charakter hat. Man könnte seine Untersuchung etwa im Sinne Carnaps als den Versuch einer Explikation eines relationalen Begriffs der sozialen Wohlfahrt auffassen, der bestimmten von ihm formulierten Adäquatheitsbedingungen genügen soll, Bedingungen, wie sie aus ökonomischer Perspektive akzeptabel erscheinen, da sie die kollektive Wahl in bestimmter Weise von den individuellen Präferenzen der Mitglieder einer Gesellschaft abhängig machen.[37] Das Explikat, die gesuchte

34 Im soziologischen Denken ist diese Problematik als die der *relativen Deprivation* im Rahmen der Theorie der Bezugs-Gruppen bekannt.

35 Vgl. dazu: Kenneth J. Arrow, Social Choice and Individual Values, 2. Aufl., New York/London/Sidney 1963; vgl. auch die in Anm. 10 erwähnte Schrift von Bohnen.

36 Man wird daher Rothenberg zustimmen können, wenn er darauf hinweist, daß derartige Analysen eine bedeutend weitere Relevanz haben, als durch den Ausdruck »Wohlfahrtsökonomik« angedeutet wird. Es handelt sich um ein allgemein sozialwissenschaftliches Problem, das in dieser Form aus der ökonomischen Tradition hervorgegangen ist; vgl.: Jérome Rothenberg, a.a.O. In diesem Buch wird vor allem die Konzeption Arrows im einzelnen diskutiert.

37 Arrow weist in seiner Auseinandersetzung mit Little selbst darauf hin, daß er einen sozialen Entscheidungsprozeß, wie er durch seine Funktion charakterisiert wird, als brauchbare Explikation der intuitiven Idee der sozialen

soziale Wohlfahrtsfunktion, ist nach seiner bekannten Definition als ein Prozeß oder eine Regel aufzufassen, die für jede Menge individueller Ordnungen $(R_1, ..., R_n)$ alternativer sozialer Zustände eine entsprechende soziale Ordnung (R) dieser alternativen Zustände festlegt.[38] Daß eine Funktion dieser Art konstruiert werden kann, ist natürlich trivial, wenn man von der Problematik der Form dieser Funktion absieht, bei der die eigentlichen Schwierigkeiten auftauchen. Die gesuchte Funktion soll nämlich so geartet sein, daß sie den fünf Arrowschen Bedingungen genügt. Es zeigt sich nun, daß eine soziale Wohlfahrtsfunktion der von Arrow geforderten Art nicht konstruierbar ist, weil die Adäquatheitsbedingungen nicht miteinander kompatibel sind.[39] Nur für den Fall der Existenz von nur zwei Alternativen erweist sich die Methode der Mehrheits-Entscheidung als eine im Sinne Arrows befriedigende soziale

Wohlfahrt betrachtet; vgl. dazu: Kenneth J. Arrow, a.a.O., S. 106. Dieser Hinweis in »materialer Sprechweise« läßt sich wohl in der erwähnten Weise deuten.

38 A.a.O., S. 23. Es handelt sich also um eine Funktion $R = f(R_1, R_2, ..., R_n)$, wobei jeweils jedem Mitglied der betreffenden Gesellschaft genau eine der Argumentvariablen $R_1, R_2, ..., R_n$ zuzuordnen ist. Alle Variablen haben den gleichen Wertbereich: Die Menge aller möglichen transitiven und vergleichbaren (streng konnexen) 2-stelligen Relationen über der Menge aller möglichen sozialen Zustände. Jedes Element des Wertbereichs stellt also eine schwache Ordnung in der Menge aller (logisch) möglichen sozialen Zustände her. Da als Argumentwerte jeweils alle möglichen n-tupel aus der oben charakterisierten Menge dieser Ordnungs-Relationen in Betracht kommen, haben wir mit dieser Funktion eine Abbildung des n-fachen kartesischen Produkts dieser Menge in die Menge selbst vor uns, d.h.,: der Menge aller n-tupel aus allen möglichen schwachen Ordnungen aller möglichen sozialen Zustände in die Menge aller möglichen schwachen Ordnungen aller möglichen sozialen Zustände. Für die Anwendung müßte jeweils aus der Menge aller möglichen die Teilmenge aller realisierbaren sozialen Zustände ausgesondert und das in Frage kommende n-tupel von individuellen Ordnungen festgestellt bzw. für den betreffenden sozialen Prozeß wirksam gemacht werden. Daraus müßte sich dann die betreffende soziale Ordnung und die hinsichtlich dieser Ordnung maximale Alternative (oder Menge von Alternativen) ergeben. Für die Definition einer entsprechenden Auswahlfunktion vgl. a.a.O., S. 15.

39 Für die fünf Arrowschen Bedingungen vgl. a.a.O., S. 24-31; für den Beweis des allgemeinen Möglichkeitstheorems, das die Unvereinbarkeit der Bedingungen für zumindest drei Alternativen konstatiert, vgl. a.a.O., S. 51-59. Blau hat inzwischen gezeigt, daß das Arrowsche Theorem unrichtig formuliert, aber so modifizierbar ist, daß das Ergebnis im wesentlichen aufrechterhalten werden kann; Julian H. Blau, The Existence of Social Welfare Functions, Econometrica 25 (1957), S. 302 ff.; bei Kenneth J. Arrow (a.a.O., S. 96 ff.) ist ein neuer Beweis bei modifizierten Bedingungen zu finden.

Wohlfahrtsfunktion.[40]

Über den Arrowschen Ansatz, die von ihm formulierten Bedingungen und seinen Unvereinbarkeits-Beweis gibt es inzwischen eine ausgedehnte Diskussion. Als ein wesentliches Problem wird dabei meist die Frage angesehen, ob und in welcher Weise sich diese Bedingungen modifizieren lassen, so daß sich schließlich doch noch eine brauchbare soziale Wohlfahrtsfunktion konstruieren läßt. Auch zusätzliche Einschränkungen für die zu berücksichtigenden individuellen Ordnungen werden in Betracht gezogen.[41] Mitunter scheint dabei die Auffassung vorzuherrschen, durch den Arrowschen Nachweis sei die Rationalität bestimmter institutioneller Vorkehrungen – etwa des Marktes oder der politischen Wahl – in Frage gestellt.[42]

Diese Interpretation des Resultats der Untersuchungen Arrows gibt meines Erachtens Anlaß zu der grundsätzlichen Frage, welche Bedeutung überhaupt einem solchen formalen Nachweis der Nicht-Konstruierbarkeit einer sozialen Wohlfahrtsfunktion des Arrowschen oder eines ähnlichen Typs für die Beurteilung tatsächlicher oder möglicher institutioneller Arrangements oder sozialer Mechanismen zukommen kann. Was wäre erreicht, wenn sich de facto eine in diesem Sinne befriedigende Funktion konstruieren ließe? Hätten wir dann wirklich eine ideale Regel, deren institutionelle Realisierung unbedingt anzustreben wäre oder die jedenfalls als Kriterium für die Beurteilung tatsächlicher sozialer Prozesse, Mechanismen oder Strukturen dienen könnte? Eine solche Behauptung scheint mir eigentlich nur aus einer beachtlichen Überschätzung *rein entscheidungslogischer Formalismen* und einem allzu großen Vertrauen in plausibel erscheinende abstrakte Anforderungen an solche Formalismen erklärbar zu sein, wie es allerdings ganz in der Linie der neoklassischen Entwicklung des ökonomischen Denkens liegt.[43] Diese Entwicklung hat von der

40 Vgl.: Kenneth J. Arrow, a.a.O., S. 46-68.

41 Vgl. dazu vor allem: Jérome Rothenberg, a.a.O., S. 44 ff. und passim.

42 Dieser Auffassung scheint auch Arrow selbst zuzuneigen; vgl. z.B. seine Bemerkung, sein Theorem über die Mehrheits-Entscheidung bei zwei Alternativen stelle gewissermaßen die logische Grundlage des anglo-amerikanischen 2-Parteiensystems dar (a.a.O., S. 48), und seinen Schlußabschnitt über »kollektive Rationalität« in der 2. Auflage seines Buches, S. 118 ff. Buchanan hat dagegen eingewendet, daß von individualistischen Voraussetzungen her ein derartiges Problem der kollektiven Rationalität gar nicht auftreten könne; vgl. James M. Buchanan, Social Choice, Democracy and Free Markets (1954). Abgedruckt in seinem Aufsatzband: Fiscal Theory and Political Economy, Chapel Hill 1960; sowie James M. Buchanan/Gordon Tullock, a.a.O., S. 30 ff.

43 Man muß hier wohl Theodor Wessels zustimmen, wenn er feststellt, daß mit

Problematik der Sozialproduktmaximierung – einem anscheinend rein ökonomischen Fragenkomplex – zum Problem der Bestimmung eines im Sinne individueller Präferenzen vorgezogenen sozialen Zustandes und damit schließlich zu der Frage geführt, ob und wie man einen Formalismus kontruieren könne, der in der Lage wäre, solche Probleme für beliebige Situationen generell zu lösen, einen Formalismus also, der grundsätzlich in eine Maschine übersetzbar sein müßte, die bei Fütterung mit geeigneten Informationen jeweils eine wertmaximale Alternative (oder Menge von Alternativen) auszeichnen würde. Nun brauchte man die Vorstellung eines solchen idealen Entscheidungsmechanismus keineswegs an sich zurückzuweisen. Es drängt sich nur die Frage auf, ob sich in der sozialen Realität eigentlich die *Bedingungen* finden oder realisieren lassen, die für seine Installierung vorausgesetzt werden müßten, ob es also sinnvoll ist, in der durch die neue Phase des wohlfahrtsökonomischen Denkens angezeigten Richtung weiter zu suchen. Das scheint mir jedenfalls keineswegs von vornherein sicher zu sein.

4. Vom ökonomischen Formalismus zur politischen Soziologie: das Problem der Konstitution

Es gehört zu den Merkwürdigkeiten des ökonomischen Denkens in seiner neoklassischen Phase, daß in ihm die politische Problematik, wo sie explizit in Erscheinung trat wie vor allem in der Wohlfahrtsökonomik, meist in einer Weise behandelt wurde, die mit dem methodologischen Individualismus und mit den grundlegenden Verhaltensannahmen dieses Denkens nicht kompatibel sein dürfte. Schon vor der Entstehung der neueren Wohlfahrtsökonomik hatte Myrdal in seiner kritischen Untersuchung des ökonomischen Denkstils darauf hingewiesen, daß hinter den normativen Konsequenzen, die man in diesem Bereich zu ziehen gewohnt sei, die kommunistische Fiktion einer einheitlichen gesellschaftlichen Wirtschaftsführung und einer gemeinsamen sozialen Wertskala zu finden sei.[44] Nur auf der Grundlage einer

dieser Entwicklung die Formalisierung der Wohlfahrtstheorie einen Höhepunkt erreicht hat und daß man kaum erwarten kann, die dabei zustandegekommenen Leerformeln ließen sich nach unserem Stand des Wissens ohne weiteres jeweils mit Inhalt füllen; vgl.: Theodor Wessels, Zur jüngeren Entwicklung der Wohlfahrtsökonomik, Festgabe für F. K. Mann, Finanzarchiv 23 (1963), S. 8 ff.

44 Vgl. Gunnar Myrdal, a.a.O., S. 133 ff. und passim.

solchen mit den übrigen Annahmen der Neoklassik kaum zu vereinbarenden Fiktion dürfte es möglich sein, Probleme der gesellschaftlichen Ordnung ohne weiteres als ökonomische Effizienzprobleme sozialer Gesamtheiten zu behandeln, wie das im wohlfahrtsökonomischen Denken bisher üblich war.[45] In dieser Beziehung scheint die allgemeine Formulierung des wohlfahrtsökonomischen Problems durch Arrow allerdings einen gewissen Fortschritt gebracht zu haben, denn die Schwierigkeiten, die in diesem Zusammenhang aufgetaucht sind, haben die Notwendigkeit gezeigt, den ganzen Ansatz neu zu überdenken. Dabei hat sich erwiesen, daß an die Stelle des ökonomischen Effizienzproblems das *Problem der politischen Konstitution* einer Gesellschaft treten muß, wenn man in diesen Fragen überhaupt weiterkommen will.[46] Faßt man dieses Problem im Sinne einer Wahl der fundamentalen Regeln auf, die für wesentliche Entscheidungen in der betreffenden Gesellschaft anzuerkennen sind, dann fallen darunter natürlich vor allem solche Entscheidungen, die wiederum Entscheidungsregeln niederen Niveaus betreffen.[47] Anstatt mit den relativ einfach aussehenden Effizienzproblemen der Neoklassik – vor allem dem Problem der idealen Allokation – hat man es nun mit der komplexen Problematik geschichteter Regelsysteme zu tun, die unter den individualistischen Annahmen der utilitaristischen Tradition nach ihren Konsequenzen für

45 Darauf hat nach Myrdal vor allem Vining hingewiesen, auf dessen offenbar wenig bekannte Arbeit hier nachdrücklich hingewiesen sei, zumal sie einen Ausgangspunkt für neuere Bestrebungen bildet, die von der Wohlfahrtsökonomie in die politische Soziologie hinüberführen; vgl.: Rutledge Vining, Economics in the United States of America, Unesco, Paris 1956, S. 14 ff., 34 ff., wo die wohlfahrtsökonomische Behandlung der Gesamtgesellschaft als einer aufgabenorientierten Gruppe einer Kritik unterworfen wird.

46 Dieser Übergang wird in dem schon erwähnten Buch von Buchanan und Tullock vollzogen, allerdings mit einer mehr sozialphilosophischen Fragestellung unter radikal individualistischen Voraussetzungen, nämlich mit der Frage nach einer Verfassung, der vernünftige und freie Individuen von ihrem Eigeninteresse her ihre Zustimmung geben können. Über den Zusammenhang dieser Fragestellung mit der vertragstheoretischen Tradition der Sozialphilosopie vgl. Buchanans Appendix 1 zu diesem Buch: Marginal Notes on Reading Political Philosophy, S. 307 ff. Arrow hat in der 2. Auflage seines Buches den Ausdruck »Konstitution« für seine soziale Wohlfahrtsfunktion akzeptiert (a.a.O., S. 105 ff.), was aber zunächst nur ein terminologisches Zugeständnis bedeutet. Seine Diskussion der Buchanan-Tullockschen Auffassung ruft den wohl nicht ganz gerechtfertigten Eindruck hervor, es handele sich in beiden Fällen um die gleiche Fragestellung.

47 Buchanan und Tullock unterscheiden daher zwischen Entscheidungsregeln auf konstitutioneller Ebene und solchen auf operationaler Ebene (vgl.:

die Bedürfnisbefriedigung der Mitglieder der Gesellschaft zu beurteilen wären.

Hier drängt sich aber gleich eine weitere Frage auf. Es ist mit Recht darauf aufmerksam gemacht worden[48], daß die im traditionellen ökonomischen Denken vorherrschende Auffassung von den Möglichkeiten und der Funktion des Staates Verhaltensannahmen involviert, die mit den für die Erklärung der Marktprozesse explizit eingeführten Verhaltensannahmen kaum vereinbar sind. Statt die Regierung als ein in den gesellschaftlichen Zusammenhang eingebettetes Gebilde – gewissermaßen eine Instanz der gesellschaftlichen Arbeitsteilung – aufzufassen, deren Funktionieren in eben derselben Weise erklärungsbedürftig ist wie das Funktionieren anderer sozialer Gebilde – z.B. der Unternehmungen, der Gewerkschaften und der Parteien –, hat man sie im politischen Teil der Ökonomik, also vor allem auch im wohlfahrtsökonomischen Denken – meist unter normativen Gesichtspunkten – als eine Instanz behandelt, die, über dem sozialen Kräftefeld und seinen Interessenverflechtungen und Machtverhältnissen schwebend, als Adressat für ideale Anforderungen aller Art in Betracht kommt, wie sie sich aus allgemeinen Überlegungen über die soziale Wohlfahrt zu ergeben scheinen. Solange man voraussetzen zu können glaubte, daß es ein von individuellen Bedürfnissen und Interessen unabhängiges und kognitiv erfaßbares abstraktes Gemeinwohl gebe, das nicht nur den Inhabern staatlicher Machtpositionen unmittelbar zugänglich sei, sondern das diese überdies durch ihre Maßnahmen realisieren könnten und auch zu realisieren suchten, schien diese Auffassung auf keine Schwierigkeiten zu stoßen. Angesichts der heute vorliegenden Kritik am Wertplatonismus läßt sie sich aber nicht mehr aufrechterhalten[49], und zwar weder den darin involvierten kognitiven Ansprüchen noch

a.a.O., S. 92 ff.) und weisen sowohl auf den Zusammenhang zwischen den Regeln verschiedenen Niveaus im Kalkül rationaler Individuen als auch darauf hin, daß die für diese Regeln verwendeten Kriterien durchaus unterschiedlich sein können.

48 Vgl. dazu: Anthony Downs, An Economic Theory of Democracy, New York 1957, S. 279 ff.

49 Zwischen dem Gemeinwohl-Platonismus idealistischer Philosophen, der sich in entsprechender terminologischer Einkleidung sehr attraktiv gestalten läßt, obwohl er eher mit autoritären als mit liberalen Formen der sozialen Ordnung harmonisieren dürfte, und der Manifestationstheorie der Wahrheit, die, wie Popper gezeigt hat, der klassischen Erkenntnistheorie zugrunde liegt – vgl. dazu: Karl R. Popper, On the Sources of Knowledge and Ignorance. In seinem Aufsatzband: Conjectures and Refutations, a.a.O. –, besteht eine Verwandtschaft nicht rein zufälliger Art, die einen interessanten Zusammenhang zwischen Erkenntnistheorie und Sozialphilosophie andeu-

den motivationalen Voraussetzungen nach, die dabei gemacht werden müssen. Es gibt weder einen ökonomischen oder sozialen Idealzustand, der sich kognitiv ermitteln ließe, noch eine den impliziten Voraussetzungen des neoklassischen Wohlfahrtsdenkens entsprechende ideale Regierung, die sich veranlaßt fühlen könnte oder auch nur die Möglichkeit hätte, einen solchen Zustand zu verwirklichen.[50] Auch für normative Überlegungen empfiehlt es sich mithin, keine fiktiven Wesenheiten dieser Art einzuführen, sondern von Voraussetzungen auszugehen, die dem tatsächlichen Funktionieren der Regierungsmaschinerie Rechnung tragen. Auch von dieser Seite her wird daher das Problem der Konstitution wichtig, soweit es die Beschaffenheit der tatsächlichen institutionellen Struktur der Regierung[51] betrifft.

Von der oben skizzierten Entwicklung des wohlfahrtsökonomischen Denkens her liegt es nun an sich nahe, das Problem der *sozialen Wohlfahrtsfunktion* mit dem der *Konstitution* zu identifizieren, denn diese Funktion soll ja ohne Zweifel das leisten, was man von einer Verfassung oft erwartet und unter individualistischen Voraussetzungen auch sinnvollerweise erwarten kann: die Transformation individueller Präferenzen in soziale Entscheidungen und entsprechende politische Maßnahmen.[52] Es dürfte kaum schwierig sein, sich den Formalismus einer solchen Funktion in einer solchen Weise institutionell realisiert zu denken, daß die nach den betreffenden Regeln funktionierende Gesellschaft in den in Betracht kommenden Situationen entsprechende Entscheidungen und politische Maßnahmen produziert. Diese Vorstellung bringt uns zu dem Problem zurück, das wir im Zusammenhang mit der Erörterung der sozialen Wohlfahrtsfunktion schon gestreift haben: zu der Frage, inwieweit überhaupt die Analyse und Konstruktion solcher entscheidungslogischer Formalismen als relevant für die Lösung der hier behandelten Probleme anzusehen ist.

tet; vgl. dazu auch: John W. N. Watkins, Erkenntnistheorie und Politik. In: Theorie und Realität, 2. Aufl., a.a.O.; sowie, an beide Arbeiten anknüpfend: Ralf Dahrendorf, Ungewißheit, Wissenschaft und Demokratie. In: Argumentationen, Festschrift für J. König, H. Delius/G. Patzig (Hrsg.), Göttingen 1964, S. 43 ff.

50 Vgl. dazu die Kritik in meinem Buch: Ökonomische Ideologie und politische Theorie, Göttingen 1954, S. 113 ff.

51 Vgl.: Anthony Downs, a.a.O., S. 290. Downs legt Wert darauf, daß die Regierung als Instanz der gesellschaftlichen Arbeitsteilung aufgefaßt und unter Verwendung angemessener Verhaltensannahmen erklärt wird, die das Selbst-Interesse der Regierenden berücksichtigen.

52 Vgl. die schon erwähnten Stellen bei Kenneth J. Arrow, a.a.O., S. 105 ff.; sowie bei Anthony Downs, a.a.O., S. 290

Man kann dazu sicher zunächst einmal feststellen, daß zur Lösung realistischer Probleme der politischen Soziologie – und dazu gehört ja das hier behandelte Verfassungsproblem – die in der neueren Wohlfahrtsökonomik dominierende logisch-formale Analyse keineswegs ausreichen kann. Die logische Konstruierbarkeit eines Formalismus Bergsonschen oder Arrowschen Typs bedeutet an sich überhaupt nichts für die reale Verfassungsproblematik. Derartige Formalismen könnten ja nur dann in diesem Zusammenhang brauchbar sein, wenn sie sich institutionell realisieren ließen, d.h. wenn sich de facto Institutionen und damit soziale Mechanismen herstellen ließen, die im Sinne der betreffenden Regeln arbeiteten. Das ist keineswegs eine triviale Feststellung. Wenn man sich nämlich einmal darüber klar ist, daß es primär um Fragen institutioneller Realisierbarkeit und damit um das tatsächliche Funktionieren alternativ realisierbarer institutioneller Vorkehrungen und Mechanismen geht, erscheint es zweifelhaft, ob es zweckmäßig ist, in der Weise an diese Fragen heranzugehen, wie das in der nachparetianischen Wohlfahrtsökonomik geschieht.[53] Das hieße jedenfalls einer Gefahr erliegen, der das neoklassische Denken in methodologischer Hinsicht auch sonst immer wieder erlegen ist: der Gefahr, die logische Konstruierbarkeit eines Modells mit seiner sozialen Realistik oder Realisierbarkeit zu verwechseln.[54] Die soziale Realisierbarkeit ist unter anderem eine Frage *sozialer Gesetzmäßigkeiten* und daher ohne Heranziehung inhaltlicher Erkenntnisse nicht zu beurteilen. Sie ist natürlich außerdem ein Problem der *historischen Anfangsbedingungen* und damit auch der jeweiligen sozialen Interessen- und Machtkonstellationen. Unter diesen Umständen dürfte es fragwürdig sein, Probleme dieser Art in einem sozialen Vakuum anzusiedeln. Selbst unter der Annahme, daß sich den konstruierten Wohlfahrtsfunktionen entsprechende soziale Regeln realisieren lassen, ist das tatsächliche Funktionieren der betreffenden sozialen Mechanismen in jeder anderen Hinsicht noch eine Frage sozialer Wirkungszusammenhänge, für die das tatsächliche Verhalten der betreffenden Individuen – d.h. der Mitglieder der auf diese Weise geordneten Gesellschaft – entscheidende Bedeutung hat. Durch eine abstrakte Analyse der angegebenen Art läßt sich aber keineswegs ausschließen, daß diese Zusammenhänge auch

53 Das betrifft natürlich nicht die Gültigkeit der Arrowschen Beweise, sondern nur den Versuch, die Ergebnisse seiner Analyse unmittelbar mit soziologischen und sozialphilosophischen Problemen in Zusammenhang zu bringen, ihnen also ohne weiteres eine realistische Deutung zu geben.

54 Es geht also wieder einmal um den Modell-Platonismus, hier für den Bereich der »politischen Ökonomie«.

Wirkungen involvieren, die unter irgendwelchen Wertgesichtspunkten relevant erscheinen. Es ist wohl kaum zu vermuten, daß der Konstrukteur einer sozialen Wohlfahrtsfunktion den Anspruch erheben will, allen in Betracht kommenden Wertgesichtspunkten in seinem Formalismus Rechnung getragen zu haben.

Das führt zu einer weiteren Überlegung. Es gehört ja zu den unbestreitbaren Vorzügen der utilitaristischen Tradition, daß sie im Gegensatz zu anderen sozialphilosophischen Traditionen ein Denken in Alternativen gefördert hat, das den komparativen Charakter vieler Wertprobleme sichtbar werden ließ. Es hat sich sehr oft als zweckmäßig erwiesen, soziale Institutionen und politische Maßnahmen auf dem Hintergrund möglicher Alternativen zu beurteilen. Die Entwicklung des ökonomischen Denkens in der neoklassischen Phase hat es aber mit sich gebracht, daß man oft nicht genügend zwischen abstrakt konstruierbaren – also: bloß denkbaren – und sozial realisierbaren Alternativen unterschieden hat.[55] Im ordnungspolitischen Denken führte das z.B. zu jenem Alternativ-Radikalismus, der das Problem der Wirtschaftsordnung als eine Frage der Wahl zwischen zwei im sozialen Vakuum konstruierten Extremtypen auffassen zu können glaubte[56], deren Realisierung überdies rein logisch feststellbare Wirkungen haben würde. Die Wahl zwischen sozialen Wohlfahrtsfunktionen scheint im allgemeinen ebenfalls als ein solches Vakuum-Problem aufgefaßt zu werden[57], als eine Frage reiner Entscheidungslogik, bei deren Beant-

---

55 So konnte manchen Theoretikern die Wahl zwischen unendlich vielen Alternativen mitunter als ein Problem von großer praktischer (!) Bedeutung erscheinen. Die in der neoklassischen Konsum- und Produktionstheorie verkörperte Entscheidungslogik mag solche Vorstellungen suggerieren. Zur Kritik vgl. z. B. Herbert A. Simon, A Behavioral Model of Rational Choice; derselbe, Rational Choice and the Structure of the Environment. Beides in seinem Buch: Models of Man – Social and Rational, New York/London 1957; sowie G. P. E. Clarkson, The Theory of Consumer Demand. A Critical Appraisal, Englewood Cliffs 1963.

56 Vgl. dazu mein o.a. Buch: Ökonomische Ideologie und politische Theorie, a.a.O.; sowie den in diesem Band abgedruckten Aufsatz: Rationalität und Wirtschaftsordnung.

57 Nur Jérome Rothenberg (a.a.O., S. 309 ff.) nähert sich unter soziologischen Gesichtspunkten einer Auffassung, die das Realisierbarkeitsproblem akzentuiert, stützt sich dabei allerdings auf den oben kritisierten Funktionalismus. Sein Versuch leidet darunter, daß er die in Betracht kommende soziale Wohlfahrtsfunktion einerseits als empirische Generalisierung auffaßt, andererseits aber offenbar normative Probleme damit lösen will, was zu einer äußerst unklaren Problemstellung führt und überdies zu einer konservativen Vorbelastung, da Rothenberg offenbar die jeweils vorherrschenden Werte als sakrosankt behandeln will.

wortung zunächst auf empirische Informationen völlig verzichtet werden kann. Nun sind aber realiter Entscheidungen im sozialen Raum als soziale Prozesse aufzufassen, und zwar nicht nur, wenn sie innerhalb bestimmter Ordnungen – bestimmter Systeme institutioneller Regulierung – vor sich gehen, sondern auch, wenn sie die Wahl derartiger Ordnungen oder ihre Modifikation betreffen.[58] Der wohlfahrtsökonomische Ansatz ist nicht vor allem deshalb problematisch, weil er mit bestimmten technischen und formalen Problemen nicht fertig wird, sondern weil in seinem Rahmen die Problematik einer rationalen Politik primär von der *logisch-formalen* Seite her in Angriff genommen wird. Formale Fragen, die im Rahmen des Problems der Beschaffenheit und des Funktionierens realisierbarer sozialer Ordnungen durchaus eine Rolle spielen können, verselbständigen sich dabei zu einer politischen Algebra, die die Tendenz hat, die politische Soziologie zu ersetzen.

Diese Transformation realsoziologischer in formale Probleme entscheidungslogischen Charakters ist aber nicht nur da zu finden, wo die Wahl zwischen sozialen Wohlfahrtsfunktionen als Wahl zwischen in vacuo konstruierbaren abstrakten Alternativen aufgefaßt wird. Man findet sie darüber hinaus auch innerhalb dieser Konstruktionen selbst, die als entscheidungslogische Formalismen utopische Anforderungen an das Entscheidungsvermögen der in Betracht kommenden Individuen zu stellen pflegen[59], und zwar hinsichtlich der Informationsvoraussetzungen, der Bewertungsverfahren, des Zeit- und Kostenaspekts von Entscheidungen und anderer relevanter Aspekte. De facto sind alle Beteiligten gezwungen, sich auf wenige Alternativen und wenige

58 Auch das vor allem sozialphilosophisch interessante Buch von Buchanan und Tullock verlegt die fundamentale Wahl einer adäquaten Konstitution in eine Situation, die einem sozialen Vakuum gleichkommt, um den als erforderlich angesehenen vollkommenen Konsens (Einmütigkeitsregel) auf der Basis der Chancengleichheit für rationale Individuen erreichbar zu machen; vgl. dazu: James M. Buchanan/Gordon Tullock, a.a.O., S. 254 f., 272 ff. und passim. Ein solcher fiktiver Nullpunkt dürfte wenig Ähnlichkeit mit historischen Situationen haben, die zur Einführung bestimmter Verfassungen oder zur Verfassungsänderung geführt haben. In ihnen haben meist Konstellationen ungleicher Macht eine erhebliche Rolle gespielt. Überhaupt scheint die Untersuchung von Buchanan und Tullock etwas unter einer Bagatellisierung des Machtproblems zu leiden; nicht dagegen Buchanans neues Buch: The Limits of Liberty. Between Anarchy and Leviathan, Chicago 1975.

59 Für eine kritische Analyse in dieser Hinsicht vgl. das Buch von David Braybrooke/Charles E. Lindblom (a.a.O.), in dem außer der Idee einer sozialen Wohlfahrtsfunktion auch die ältere Idee eines rationaldeduktiven normativen Systems – einer Ethik more geometrico –, und zwar aus ähnlichen

Konsequenzen zu konzentrieren, ihre Bewertungs- und Entscheidungsverfahren der unvollständigen Information anzupassen, die sie besitzen, die Möglichkeit späterer Revisionen ins Auge zu fassen und die soziale Fragmentierung von Entscheidungsprozessen in Rechnung zu stellen, die sich aus der gesellschaftlichen Rollenverteilung ergibt.[60] Auch wer sich für die Probleme der individuellen und der kollektiven Bewertung und Entscheidung mehr unter normativen als unter realwissenschaftlichen Gesichtspunkten interessiert, dürfte gut daran tun, dabei keine Voraussetzungen zu machen, die den wissenschaftlich analysierbaren menschlichen Möglichkeiten nicht entsprechen. Auch unter solchen Gesichtspunkten sind fiktive Erörterungen unter Vakuum-Annahmen kein Ersatz für realistische Analyse. Weder die marktsoziologischen Probleme der ökonomischen Tradition noch die Probleme politischer Soziologie, die sich letzten Endes aus der wohlfahrtsökonomischen Fragestellung ergeben haben, lassen sich mit rein entscheidungslogischen Mitteln lösen. In beiden Fällen hat sich der methodische Stil des neoklassischen Denkens keineswegs bewährt, was nicht ausschließt, daß eine Reformulierung des utilitaristischen Programms unter Berücksichtigung bisheriger Forschungsergebnisse zu interessanten Lösungen führen kann.

5. Sozialphilosophie, Sozialwissenschaft und Politik

Auch wer die Relevanz von Wertgesichtspunkten für die Formulierung und die Lösung politischer Probleme nicht leugnet, wird zugestehen

Gründen, der Kritik unterworfen wird. Hinter beiden Ansätzen steht nach Braybrooke und Lindblom das gleiche synoptische Ideal für Problemlösungen, für das eine Konfundierung von Denkbarkeit und Praktikabilität charakteristisch ist (a.a.O., S. 41 ff.) Die Kritik ist teilweise an den Resultaten der denkpsychologischen Untersuchungen von Bruner, Goodnow und Austin über Problemlösungsverhalten orientiert.

60 Für eine detaillierte Analyse solcher Probleme vgl.: David Braybrooke/ Charles E. Lindblom, a.a.O.; sowie Eugen Pusić, The Political Community and the Future of Welfare. 50th Anniversary Lecture Series, University of Toronto, School of Social Work, 1965. Gérard Gäfgen, der in seinem interessanten Buch: Theorie der wirtschaftlichen Entscheidung. Untersuchungen zur Logik und ökonomischen Bedeutung des rationalen Handelns, Tübingen 1963, an sich den formalen Ansatz bevorzugt, widmet solchen Problemen sein 8. und 9. Kapitel. Er sieht vielfach durchaus die Schwächen des formalen Ansatzes, scheint aber an die Möglichkeit zu denken, sich gewissermaßen »von oben her« – d. h. von einer abstrakten Betrachtung formaler Möglichkeiten her – einer realistischen Analyse zu nähern.

können, daß sich solche Probleme im Rahmen der Sozialwissenschaften zunächst als *sozialtechnologische* Probleme interpretieren lassen. In diesem Sinne ist die Frage nach der Möglichkeit einer politischen Wissenschaft, einer Wissenschaft, die z.B. die Problematik der Verfassung und der sozialen Ordnung zu behandeln und damit auch die Problemstellung der politischen Ökonomie aufzugreifen hätte, sicherlich positiv zu beantworten, nämlich mit dem Hinweis auf eine mögliche technologische Disziplin der Soziologie[61], die insofern durchaus mit Wertgesichtspunkten verbunden sein kann, als sie durch die Idee einer Verbesserung sozialer Ordnungen und Mechanismen in bestimmter Hinsicht inspiriert sein mag.[62] Eine sozialtechnologische Disziplin dieser Art kann die Analyse der Realisierungsbedingungen und des Funktionierens alternativer institutioneller Regelsysteme in Angriff nehmen, um einen Vergleich dieser Systeme unter den jeweils interessanten Gesichtspunkten zu ermöglichen. Eine solche Analyse setzt natürlich voraus, daß man über die in dieser Hinsicht relevanten Hypothesen über das Verhalten der Mitglieder in der Gesellschaft verfügt, in bezug auf die diese Regelsysteme zu analysieren sind, Hypothesen, die sich schließlich auf allgemeine Verhaltenshypothesen reduzieren lassen werden. Nur unter dieser Voraussetzung werden sich Fragen der Realisierbarkeit lösen und Konsequenzen hinsichtlich derjenigen Leistungsmerkmale solcher Systeme ziehen lassen, die aufgrund der jeweiligen Fragestellung relevant erscheinen. Es handelt sich dabei natürlich nicht einfach um logische Konsequenzen der Regeln selbst, sondern um Konsequenzen, die die Wirkungen ihrer

Braybrooke und Lindblom sind in dieser Hinsicht weniger optimistisch.

61 Eine solche Disziplin wird mitunter als »normativ« von der »positiven« Wissenschaft unterschieden; vgl. z.B. Buchanans Appendix 1 zu James M. Buchanan/Gordon Tullock, a.a.O., S. 308; hier wird einer normativen Theorie der Politik die Aufgabe zugeschrieben, alternative Mengen von Regeln nach ihrer vorausgesagten Effizienz in der Erfüllung explizit angegebener Zwecke zu ordnen, eine Aufgabe, die offenbar mit Hilfe rein informativer Aussagen erfüllt werden kann.

62 Die deutsche politische Wissenschaft scheint sich mit derartigen Fragestellungen kaum anfreunden zu können, weil sie einerseits dazu neigt, Wert- und Sachaussagen unterschiedslos zu vermengen, andererseits aber auch theoretische Fragen positiven Charakters prinzipiell zugunsten historischer und juristischer Probleme vernachlässigt. Eine Ausnahme bildet in dieser Hinsicht vor allem Hermens, dessen Betonung des Problems der politischen »Form« eine Verwandtschaft mit den Ansätzen von Downs, Buchanan und Tullock anzeigt; sowie, aus seiner Schule hervorgegangen: Wildenmann und Unkelbach; vgl. dazu: H. Unkelbach/R. Wildenmann, Grundfragen des Wählers, Frankfurt a.M./Bonn 1961.

Realisierung in dem in Frage kommenden Sozialmilieu betreffen. Eine Analyse der akkumulativen, allokativen und distributiven Wirkungen eines unter bestimmten Regeln – z. B. in einer bestimmten Rechtsordnung – funktionierenden Preismechanismus, wie sie der zentralen ökonomischen Fragestellung entspricht, gehört also durchaus in den Bereich der hier skizzierten Problematik.[63] Soweit für eine solche Untersuchung Modelle zu konstruieren sind, wird man darauf zu achten haben, daß sich unter den grundlegenden Annahmen dieser Modelle die schon erwähnten Verhaltenshypothesen befinden, ohne die sich keine echte Wirkungsanalyse ergeben kann.[64] Modelle der hier in Betracht kommenden Art gehören dann in den Bereich der Anwendung der betreffenden Verhaltenshypothesen. Sie enthalten überdies Annahmen über historisch variable institutionelle Tatbestände, die bestimmten historischen Verhältnissen mehr oder weniger angenähert sein mögen, aber natürlich auch soziale Erfindungen repräsentieren können. Es besteht ja – vor allem von technologischen oder sozialphilosophischen Gesichtspunkten her – kein Grund, Gedankenexperimente unter realistischen Annahmen auszuschließen.

Natürlich kann sich die Lösung politischer Probleme nicht darin erschöpfen, daß man komparative sozialtechnologische Untersuchungen der oben skizzierten Art durchführt, ganz abgesehen davon, daß solche Untersuchungen vor allem auf dem Hintergrund bestimmter Wertgesichtspunkte und damit auch im Rahmen sozialphilosophischer Überlegungen interessant erscheinen mögen. Die Lösung politischer

---

63 Rutledge Vining (a.a.O., S. 14 f.) hat gezeigt, daß sich die Problemstellung der klassischen politischen Ökonomie als die einer Alternativanalyse solcher Systeme in bezug auf Leistungscharakteristiken verstehen läßt, wobei aber die Leistungskriterien bis heute vieldeutig und kontrovers geblieben sind.

64 Wie vor allem das schon erwähnte Buch von Downs zeigt, sind in derartigen Modellen Annahmen ganz verschiedenen Charakters enthalten, die man unter wissenschaftstheoretischem Gesichtspunkt keineswegs auf die gleiche Stufe stellen kann. Theoretische Hypothesen allgemeiner Natur sind wohl nur seine Annahmen über das Verhalten von Individuen. Außerdem spielen spezifische Annahmen über institutionelle Strukturen eine wesentliche Rolle, Annahmen also, die eigentlich besondere Anwendungsbedingungen der Theorie formulieren. Die Modellkonstruktion gehört also hier wie auch oft in anderen Zusammenhängen in den Bereich einer Anwendung der Theorie auf besondere Verhältnisse. Da Downs den Unterschied zwischen Theorie und Anwendung nicht macht, kommt er folgerichtig zu dem Schluß, daß man für jede Verfassung eine eigene Theorie braucht, daß aber alle Theorien einen identischen Kern von Axiomen haben müssen, wobei er an Verhaltenshypothesen denkt; vgl.: Anthony Downs, a.a.O., S. 279 ff., 290. Vgl. zu diesem Problem auch: Macht und ökonomisches Gesetz, unten.

Probleme involviert Bewertungen und Entscheidungen, die die positive Sozialwissenschaft nicht liefern kann. Damit ist allerdings nicht gesagt, daß zwischen den Analysen der positiven Wissenschaft und diesen normativen Elementen politischer Überlegungen keine Zusammenhänge bestehen können oder daß man gar genötigt wäre, hier eine Grenze der Rationalität zu konstatieren, jenseits derer man dem Irrationalismus und der reinen Dezision anheimfallen müßte.[65] Wer nicht in der Lage ist, den Formalismus des rein entscheidungslogischen Ansatzes für die Lösung politischer Probleme zu akzeptieren, der braucht keineswegs einem Dezisionismus zu verfallen, für den die normativen Elemente des politischen Denkens sich in punktuelle Entscheidungen zufallsartigen Charakters verflüchtigen.

Damit kommen wir auf die anfangs schon berührten Probleme zurück. Es hat, wie wir gesehen haben, keinen Sinn, politische Probleme so zu behandeln, als ob sie in einem *sozialen Vakuum* zu lösen seien. Sie pflegen jeweils in einem sozialen und historischen Kontext aufzutauchen, der Ansatzpunkte für Lösungsmöglichkeiten bietet. Es handelt sich im allgemeinen nicht darum, in vacuo konstruierte abstrakte Ideale zu realisieren, sondern konkrete historische Problemsituationen zu bewältigen, die daraus entstehen, daß bestimmte soziale Gruppen oder Schichten in eine Lage geraten sind, die mit ihren Bedürfnissen und Interessen nicht vereinbar erscheint.[66] In solchen Fällen werden traditionelle Regelungen und Vorkehrungen problematisch, die bis dahin im Rahmen der gegebenen Möglichkeiten einigermaßen zufriedenstellende Ergebnisse geliefert hatten, und die mit ihnen bisher verbundenen Wertungen verlieren ihre soziale Anerkennung. In diesem Zusammenhang kann die *positive Sozialwissenschaft* dazu beitragen, konkrete Alternativen aufzuzeigen und zu analysieren, indem sie ihre theoretischen Einsichten unter technologischen Gesichtspunkten reformuliert und auf die historische Problemsituation anwendet. Dabei wird man der sozialphilosophischen Konzeption des *Utilitarismus* insofern Rechnung tragen können, als man bei dieser Analyse die Konsequenzen für die Bedürfnisbefriedigung der beteiligten Individuen in den Vordergrund stellt und mögliche soziale und insbesondere institutionelle Änderungen im Hinblick auf solche Wirkungen prüft. Insofern kann die in der wissenschaftlichen *Methode* verkörperte Idee der kritischen

---

65 Solche Vorwürfe werden ja mitunter gegen die philosophische Auffassung erhoben, die meiner Darstellung der Probleme zugrunde liegt.

66 Natürlich können bestimmte Ideale bei der Formung der Bedürfnisse, der Kanalisierung der Interessen und der Suche nach Problemlösungen eine Rolle spielen.

Prüfung aufgrund empirischer Konsequenzen auf die Lösung praktisch-politischer Probleme übertragen werden[67], wobei außerdem die *Resultate* der Wissenschaft in die Problemlösungen selbst eingehen. In dieser Hinsicht bedeutet es einen Vorteil des für die utilitaristische Tradition charakteristischen individualistischen Ansatzes im sozialtheoretischen Denken, daß in ihm der Versuch gemacht wird, für die *Erklärung* sozialer Phänomene auf das individuelle Verhalten im sozialen Kontext und damit auch auf individuelle Bedürfnisse zu rekurrieren. Das erleichtert eine sozialtechnologische Alternativanalyse der oben angedeuteten Art.

Sowohl unter methodischen als auch unter inhaltlichen Gesichtspunkten kann die *Sozialphilosophie* des kritischen Rationalismus einen für die Fundierung einer rationalen Politik relevanten Zusammenhang von Wissenschaft und sozialer Praxis herstellen, und zwar nicht dadurch, daß sie wie der Wertplatonismus eine intuitive Einsicht in ein unabhängig von individuellen Interessen existierendes Gemeinwohl postuliert und daraus deduktiv politische Konsequenzen ableitet oder daß sie unter Verwendung einer kommunistischen Fiktion aus einem Bestand in ihrer sachlichen Orientierung als gegeben vorausgesetzter individueller Bedürfnisse eine kollektive Bewertung für politische Zwecke zu induzieren sucht, sondern durch die *Verbindung* einer realistischen und an der individuellen Bedürfnisbefriedigung orientierten *Sozialkritik* mit einer sozialtechnologisch reformulierbaren *positiven Sozialwissenschaft,* deren Alternativanalysen Grundlage politischer Programme und einer politischen Diskussion realisierbarer Alternativen sein können. An die Stelle der deduktiven oder induktiven Rechtfertigung bestimmter politischer Maßnahmen, institutioneller Arrangements oder der gesamten sozialen Ordnung, wie sie älteren sozialphilosophischen Vorstellungen gemäß auch heute noch oft für notwendig gehalten wird, tritt die kritische Prüfung der bestehenden Verhältnisse und die kritische Diskussion von Alternativen im Lichte unseres Wissens und unserer Bedürfnisse. Eine solche Diskussion setzt keineswegs voraus, daß sich etwa mit den Mitteln der Wissenschaft Übereinstimmung über die zu wählende Alternative erzielen läßt, aber

67 Vgl. dazu die von Karl R. Popper entwickelte sozialphilosophische Auffassung, die im Gegensatz zu utopischer Sozialtechnologie und Sozialtechnik die Eliminierung konkreter Übel aufgrund kontrollierbarer schrittweiser Maßnahmen befürwortet; vgl.: Karl R. Popper, Das Elend des Historizismus, Tübingen 1965; sowie, an Karl R. Popper orientiert, David Braybrooke/Charles E. Lindblom (a.a.O.), wo eine detaillierte Analyse eines solchen Problemlösungsverhaltens zu finden sind.

sie gibt allen Beteiligten die Möglichkeit, ihre eigenen Auffassungen aufgrund von Argumenten zu prüfen und zu revidieren, die von anderen Standpunkten her leichter zu formulieren sind.[68] Die durch den Sozialprozeß erreichbaren Entscheidungen sind weder Offenbarungen eines Gemeinwillens oder einer anderen platonischen Instanz noch Resultate einer mathematischen Transformation von vornherein feststehender und unverbundener Einzelinteressen, sondern in der Diskussion zwischen in ihren Informationen und Interessen nicht übereinstimmenden Individuen ausgehandelte und jederzeit revidierbare Kompromisse, die keine höhere Wahrheit für sich in Anspruch nehmen können. Nur indem sie ihre Ergebnisse und Methoden in diesen Prozeß der sozialen Willensbildung einbringt, kann die Wissenschaft zur rationalen Gestaltung der Politik beitragen.

68 Es ist interessant, daß die kritische Diskussion in den meisten formalen Analysen des Entscheidungsproblems kaum eine Rolle spielt; vgl. aber: David Braybrooke/Charles E. Lindblom, a.a.O., S. 230 ff. und passim. Für die Auffassung, daß die Demokratie nicht etwa Einmütigkeit, sondern gerade Nicht-Übereinstimmung voraussetzt, vgl.: John W. N. Watkins, a.a.O.

Macht und ökonomisches Gesetz

Der Gesetzesbegriff im ökonomischen Denken und die Machtproblematik

Die Machtkontroverse, die zu Beginn dieses Jahrhunderts in der deutschsprachigen Nationalökonomie stattgefunden hat, gehört zu den wissenschaftlichen Diskussionen, bei denen inhaltliche und methodische Gesichtspunkte so eng miteinander verwoben sind, daß es dem späteren Betrachter schwerfällt, sie auseinanderzuhalten, wenn er sich ein Urteil über die Adäquatheit der Argumente beider Parteien bilden möchte. Schon der Titel des berühmten Aufsatzes von Böhm-Bawerk »Macht oder ökonomisches Gesetz?«[1] deutet auf diese Tatsache hin, was man sich leicht klarmachen kann, indem man etwa versucht, einen Parellelfall für diese merkwürdige Alternative im Rahmen einer naturwissenschaftlichen Disziplin zu bilden.[2] Was die Antwort angeht, die Böhm-Bawerk auf die unter diesem Titel formulierten Fragen damals gegeben hat, so möchte ich zunächst einmal feststellen, daß – ganz abgesehen davon, ob die speziellen inhaltlichen Lösungen, die er für die verschiedenen von ihm angeschnittenen Probleme angeboten hat, im einzelnen annehmbar, verbesserungsbedürftig oder gar völlig unhaltbar sind[3] – gegen den prinzipiellen methodischen Ansatz, der darin zum Ausdruck kommt, kaum etwas einzuwenden ist. Seine Diskussionsgegner mögen noch so viele plausible Argumente formuliert haben – daß die *bloße Berufung* auf soziale Macht oder auf die Machtverhältnisse noch *keine Erklärung* ist und daß es grundsätzlich notwendig ist, die Machtproblematik *im Rahmen der in Betracht*

---

1 Eugen von Böhm-Bawerk, Macht oder ökonomisches Gesetz?, Zeitschrift für Volkswirtschaft, Sozialpolitik und Verwaltung, Band XXIII (1914) S. 205–271.

2 Etwa: »Kraft oder physikalisches Gesetz?« eine Formulierung, die sofort Kopfschütteln hervorrufen wird.

3 Vgl. dazu z.B. die Kritik Erich Preisers in seinem Beitrag: Besitz und Macht in der Distributionstheorie. In: Synopsis. Festgabe für Alfred Weber, Edgar Salin (Hrsg.), Heidelberg 1948, S. 331 ff.

kommenden Gesetzmäßigkeiten – und das hieß für ihn: im Rahmen der ökonomischen Preisgesetze – zu bewältigen, kann schlechterdings kaum bestritten werden, es sei denn, man vertrete eine höchst problematische wissenschaftstheoretische Auffassung. Mit dem Hinweis auf ad hoc eingeführte Faktoren, die in keiner theoretischen Aussage wesentlich vorkommen, ist in keiner Wissenschaft etwas gewonnen.

Damit soll nicht gesagt werden, daß die Gegner der »reinen Ökonomie« in der Machtkontroverse nicht trotzdem etwas Richtiges gesehen haben. Es muß natürlich zugegeben werden, daß sich unter Umständen ernstzunehmende Einwände gegen den theoretischen Ansatz selbst formulieren lassen, von dem Böhm-Bawerk bei seiner Analyse der Machtproblematik ausgegangen ist[4] – Einwände etwa gegen die Erklärungskraft dieses Ansatzes, gegen seine Realistik, seine Prüfbarkeit oder seine Fruchtbarkeit –, aber solche Einwände sind gewöhnlich erst wirksam, wenn es gelungen ist, eine theoretische Alternative zu formulieren, die offensichtlich mehr leistet als die kritisierte Konzeption, und das ist wohl damals keinem seiner Gegner gelungen. Die Heterodoxie mag wichtige Probleme gehabt haben, aber sie hatte keine Lösungen, wichtiger noch: Es fehlte der theoretische Rahmen für solche Lösungen.

Noch weiter würde der Versuch gehen, die hinter dem rein ökonomischen Ansatz stehende wissenschaftstheoretische Auffassung in Frage zu stellen, aber das ist ein Unternehmen, bei dem man sich ebenfalls nicht mit dem Hinweis auf bestimmte Faktoren wie die »Macht«, die »sozialen Regelungen« oder gar die »soziale Kategorie« zufriedengeben darf. Man muß dann Argumente bringen, die grundsätzlichen Charakter haben[5], und am besten gleich eine alternative wissenschaftstheoretische Konzeption entwickeln, aus der sich etwa Konsequenzen für den Charakter oder die Rolle von Gesetzmäßigkeiten im sozialen Leben ergeben, die mit den betreffenden Auffassungen Böhm-Bawerks und

---

4 Vgl. dazu: Wolfgang Stützel, Preis, Wert und Macht. Analytische Theorie des Verhältnisses der Wirtschaft zum Staat (1952), Aalen 1972; meinen Aufsatz: Macht und Zurechnung, Schmollers Jahrbuch, 75. Jg. 1955. Abgedruckt in meinem Aufsatzband: Marktsoziologie und Entscheidungslogik, Neuwied/Berlin 1967; vgl. auch: Hans A. Esser, Macht oder ökonomisches Gesetz. Zur wert- und verteilungstheoretischen Kontroverse zwischen Rudolf Stolzmann und Eugen von Böhm-Bawerk, Köln 1971, wo Böhm-Bawerk unter anderem ein Mißverständnis des Stolzmannschen Machtbegriffs angelastet wird.

5 Die Analyse Essers im oben erwähnten Buch zeigt meines Erachtens deutlich die Unzulänglichkeit der Stolzmannschen Argumentation in dieser Hinsicht.

anderer Vertreter der »reinen Ökonomie« unvereinbar sind. Damit sind wir bei unserem Hauptthema angelangt: dem Gesetzesbegriff im ökonomischen Denken.

1. Die Idee der Gesetzmäßigkeit in der ökonomischen Analyse

Es gibt eine ganze Reihe von Aussagen in der Ökonomik, die ausdrücklich mit dem Namen »Gesetz« belegt wurden, zum Beispiel Greshams Gesetz, Engels Gesetz, Schwabes Gesetz, das eherne Lohngesetz, Marshalls Nachfragegesetz, das Gesetz der Mehrergiebigkeit von Produktionsumwegen und das Gesetz des abnehmenden Grenzertrags. Dieser Titel scheint einigermaßen willkürlich verliehen worden zu sein. Es handelt sich dabei teilweise um isolierte Einzelaussagen vom Charakter empirischer Generalisierungen, andererseits wieder um Aussagen, die einem umfassenden Systemzusammenhang angehören, also einer mehr oder weniger ausgearbeiteten ökonomischen Theorie. Im letzten Falle kann es durchaus sein, daß andere Bestandteile derselben Theorie, die im Grunde genommen den gleichen Charakter haben, dieses Ehrentitels nicht teilhaftig geworden sind oder auch einen anderen erhalten haben, z.B. den eines »Prinzips«. Ich gehe daher nicht von der Benennung aus, sondern von der Gesetzesidee, die wir im wissenschaftlichen Denken finden, um zu sehen, inwieweit sie für den Bereich der theoretischen Ökonomie Bedeutung gewonnen hat.

In dieser Hinsicht ist zu bemerken, daß die Nationalökonomie schon in einem frühen Stadium ihrer Entwicklung, ohne Zweifel unter dem Eindruck des Erfolges der klassischen theoretischen Physik, also des Newtonschen Systems, die in dieser Wissenschaft vorherrschende Idee des Naturgesetzes übernommen hat.[6] Es besteht sogar, wie Taylor feststellt, »eine unverkennbare Analogie« zwischen Newtons Mechanik des Sonnensystems und Smiths Theorie der »quasi-gravitationalen

---

6 Vgl. dazu: Overton H. Taylor, A History of Economic Thought. Social Ideals and Economic Theories from Quesnay to Keynes, New York/Toronto/London 1960, S. 11 f. Adam Smith hat übrigens eine sehr modern anmutende Wissenschaftslehre entworfen – illustriert anhand der Geschichte der Astronomie –, in der das Newtonsche System als die größte Entdeckung der Menschheit gefeiert wird; vgl. dazu: The Works of Adam Smith, with an Account of his Life und Works by Dugald Stewart in five volumes, Vol. V, Reprint of the Edition 1811–1812, Aalen 1963, S. 55 f.: The Principles which lead and direct Philosophical Enquiries illustrated by the History of Astronomy.

Mechanik eines ökonomischen Konkurrenzsystems«.[7] Auch das Benthamsche Erkenntnisprogramm, das sich mit einiger Verzögerung im
neoklassischen Denken auswirkte, war offenbar durch Newtonsche
Ideen beeinflußt.[8] Natürlich kann man fragen, ob solche Ideen, vor
allem die des Naturgesetzes selbst, von den Nationalökonomen nicht
unzulässigerweise auf den sozialen Raum übertragen wurden, etwa weil
es im Gegenstandsbereich der ökonomischen Erkenntnis so etwas wie
»Gesetze« im Sinne der Naturwissenschaften nicht geben könne. Der
methodologische Historismus hat später – gegen Ende des 19. Jahrhunderts – solche Fragen gestellt, und es gibt heute noch Ausläufer dieses
Denkens in den verschiedenen Geisteswissenschaften. Auch könnte ein
Selbstmißverständnis darin liegen, daß man die eigenen Ergebnisse – die
Aussagen der ökonomischen Theorie – im Sinne der naturwissenschaftlichen Gesetzesidee deuten zu müssen meint. Sie könnten gerade
deshalb interessant sein, weil sie *nicht* in diesem Sinne aufzufassen sind,
sondern zum Beispiel im Sinne normativer Urteile, in denen etwa
Kriterien für ein optimales Funktionieren bestimmter sozialer Mechanismen – z.B. des sogenannten Preismechanismus – zum Ausdruck
kämen.[9] Wir hätten dann also nicht »Gesetze des Wirtschaftslebens«
vor uns, sondern »Gesetze der Wirtschaftlichkeit«, an denen die
Realität des Wirtschaftslebens zu messen wäre.

Es kann keinem Zweifel unterliegen, daß eine solche Deutung vieler
ökonomischer Aussagen nicht ausgeschlossen ist. Sie wird sogar durch

---

7 Vgl.: Taylor, a.a.O., S. 56, Übers. v. mir, d. V. Ich kann hier nicht auf die
  große Bedeutung der Schule schottischer Moralphilosophen, der Adam
  Smith zuzurechnen ist, für die Entwicklung der Sozialwissenschaften
  eingehen; vgl. dazu vor allem die Hinweise Hayeks, zum Beispiel: Die
  Rechts- und Staatsphilosophie David Humes, in seinem Aufsatzband:
  Freiburger Studien, Tübingen 1969, der auch sonst zahlreiche einschlägige
  Passagen enthält; weiter: The Scottish Moralists on Human Nature and
  Society, ed. and with an Introduction by Louis Schneider, Chicago/London
  1967. Die naturalistische Einstellung dieser Denker führte sie dazu, die
  sozialen Phänomene in einer Weise zu analysieren, wie sie für die
  Naturwissenschaften charakteristisch zu sein schien.
8 Vgl. dazu: Elie Halévy, The Growth of Philosophical Radicalism, London
  1928, S. 3 und S. 5 ff.
9 Einer solchen Deutung habe ich selbst einmal zugeneigt; vgl. meine Schrift:
  Ökonomische Ideologie und politische Theorie, Göttingen 1954, 2. erweiterte Auflage 1972, in der der Erklärungsanspruch der reinen Ökonomie als
  vordergründig behandelt und ihrer ideologischen Funktion untergeordnet
  wird, auf deren Kritik die ganze Untersuchung abzielt. Daß auf diese Weise
  die Tradition der theoretischen Ökonomie in ihren grundlegenden Ideen
  kritisierbar ist, scheint mir heute sehr zweifelhaft zu sein.

manche Formulierungen vieler Vertreter dieser Wissenschaft durchaus nahegelegt.[10] Viele Nationalökonomen haben zweifellos gleichzeitig ein Ideal der sozialen Ordnung vertreten und eine Theorie angeboten, um das Funktionieren bestimmter sozialer Mechanismen in dieser Ordnung zu erklären, und sie haben mitunter beides in einer Weise konfundiert, die es nicht gerade erleichtert, diesen Unterschied zu sehen oder gar den Punkt zu identifizieren, in dem der Übergang von der einen zur anderen Verfahrensweise stattfindet. Aber *wir* können jedenfalls, wenn wir wollen[11], beides auseinanderhalten und können uns auf die theoretische Analyse der betreffenden Ökonomen konzentrieren, zumal es immer möglich ist, von den Wertakzenten, mit denen bestimmte soziale Ordnungen, Zustände oder Vorgänge versehen wurden, zu abstrahieren. Die Erklärung bestimmter Zusammenhänge im Rahmen normativ ausgezeichneter Bedingungen oder Ordnungen unterscheidet sich in keiner Weise von anderen Erklärungen, auch dann nicht, wenn diese Bedingungen nur approximativ realisierbar sind.[12] Idealisierungen im *theoretischen* Sinne gibt es bekanntlich gerade auch in den exakten Naturwissenschaften.[13] Es gibt an sich keinen Grund, die in den Sozialwissenschaften – besonders in der theoretisch am weitesten entwickelten dieser Wissenschaften: der Nationalökonomie – auftre-

10 Vgl. dazu vor allem: Gunnar Myrdal, Das politische Element in der nationalökonomischen Doktrinbildung (1932), 2. Auflage, Hannover 1963, wo die normativ-deskriptive Doppelbedeutung des ökonomischen Begriffsapparates analysiert und der krypto-normative Charakter vieler Aussagen herausgearbeitet wird.

11 Sogar ohne das Webersche Wertfreiheitsprinzip zu akzeptieren, das ich allerdings heute noch für akzeptabel halte, vgl. dazu meine Aufsätze: Theorie und Praxis. In: Konstruktion und Kritik, Hamburg 1972; und: Wissenschaft und Verantwortung. In: Plädoyer für kritischen Rationalismus, München 1971.

12 Nach Taylor (a.a.O., S. 78) ist zwar bei Adam Smith eine duale Struktur des Denkens festzustellen, insofern als die ideale Ordnung als voll realisierter Rahmen angenommen wird, der es ermöglicht, daß die ökonomischen Prozesse in bestmöglicher Weise für die ökonomische Wohlfahrt der Gesellschaft oder aller ihrer Mitglieder funktionieren, und die erklärende Theorie ist, unter diesen Annahmen, eine Demonstration dieser wohltätigen Resultate, aber die explizite Struktur des Denkens ist im wesentlichen deskriptiv, erklärend und völlig »realistisch«, wenn auch mit moralischer und ökonomischer Kritik durchsetzt. Er nahm offenbar an, daß die ideale Ordnung nicht erreichbar, aber durch kleine Schritte approximierbar sei, a.a.O., S. 79.

13 Man denke z.B. an das ideale Gas, das mathematische Pendel, die kräftefreie Bewegung; vgl. dazu: Mario Bunge, Scientific Research I. The Search for System, New York 1967, S. 348 ff. und passim.

tenden Idealisierungen[14] nicht prinzipiell in genau derselben Weise aufzufassen, wie es dort geschieht.[15] Erschwert wird diese Auffassung nur dadurch, daß diese Idealisierungen hier vielfach *gleichzeitig* eine normative Bedeutung zu haben scheinen, daß sie also offenbar gleichzeitig in der Sozialphilosophie der betreffenden Denker die Rolle von Idealen im normativen Sinne spielen. Aber das braucht niemanden zu stören, der es völlig durchschaut hat. Wenn man sie nicht in der von mir vorgeschlagenen Weise auffaßt, kommt man übrigens in größte Schwierigkeiten bei dem Versuch, die theoretischen Erklärungen zu verstehen, die für die Nationalökonomie charakteristisch sind. Es empfiehlt sich also, für gewisse Zwecke von der normativen Rolle solcher Idealisierungen zu abstrahieren, auch wenn diese Askese lästig ist, weil sie die ideologiekritische Betätigung hemmt.

2. Ökonomische Theorie als System nomologischer Aussagen

Es ist für die theoretischen Realwissenschaften charakteristisch, daß sie sich nicht darauf beschränken, nach isolierten Gesetzmäßigkeiten zu suchen – etwa nach induktiven Verallgemeinerungen beobachteter Tatsachen, wie vielfach angenommen wird –, sondern daß sie mehr oder weniger umfassende Systeme nomologischer Aussagen zu konstruieren versuchen, um möglichst tief in die Struktur des sie jeweils interessierenden Realitätsausschnitts hineinleuchten zu können.[16] Das gilt auch für die theoretische Nationalökonomie. Wer ihre Entwicklung seit dem 18. Jahrhundert überschaut und sie mit anderen Versuchen der Theoriebildung in den Sozialwissenschaften vergleicht, kommt kaum daran vorbei zuzugestehen, daß es sich hier um einen Ausnahmefall

14 Z.B. die Idee des vollkommenen Marktes, die der vollständigen Information, die der unendlichen Anpassungsgeschwindigkeit der Faktoren, die einer geschlossenen Wirtschaft ohne staatliche Aktivität.

15 Meines Erachtens sind die »Idealtypen« Max Webers zumindest teilweise so gemeint, was an manchen Stellen der Weberschen Wissenschaftslehre deutlich wird.

16 Zwar gibt es auch in der Geschichte des ökonomischen Denkens Versuche der Formulierung isolierter Gesetzesaussagen auf der Basis statistischer Auswertung von Beobachtungen, aber sie hatten kaum einen Zusammenhang mit der theoretischen Arbeit und haben den theoretischen Fortschritt nicht wesentlich gefördert; man denke etwa an das schon erwähnte Engelsche und das Schwabesche Gesetz; vgl. dazu die Analyse George J. Stiglers: The Early History of Empirical Studies of Consumer Behavior. In seinem Aufsatzband: Essays in the History of Economics, Chicago/London 1965.

handelt, um den einzigen Fall eines theoretischen Gebäudes in diesem Bereich nämlich, der sich mit den Paradebeispielen der Theoriebildung in den exakten Naturwissenschaften vergleichen läßt.[17] Es gibt wohl kein anderes theoretisches System in den Sozialwissenschaften, an dessen Ausbau und Entwicklung Generationen von Forschern der verschiedensten Nationalität in dieser Weise mitgewirkt hätten und das dadurch zu einem so differenzierten Aussagengebäude ausgestaltet worden wäre. Außerhalb der theoretischen Ökonomie gibt es in den Sozialwissenschaften nur Programme und – mitunter ganz interessante – Ansätze der Theoriebildung, und auch da sind vielfach die interessantesten durch ökonomische Ideen inspiriert. Über diese Tatsache sollte man sich zunächst einmal klar sein, ehe man von den Mängeln und Schwächen spricht, die in dieser – wie übrigens auch in jeder anderen – wissenschaftlichen Disziplin zu finden sind.

Was sind nun die Kennzeichen eines solchen theoretischen Gebäudes? Zunächst hat es mehr oder weniger *systematischen* Charakter, besteht also aus miteinander verknüpften Aussagen, die mit Hilfe eines relativ *einheitlichen Begriffsapparates* formuliert sind, zu dessen Aufbau meist auch bestimmte Teile der *Mathematik* herangezogen wurden. Die Aussagen, die den Kern dieses Systems bilden, können als *nomologische* Aussagen aufgefaßt werden, als Hypothesen über allgemeine Invarianzen des realen Geschehens[18], und zwar in der Weise, daß sie durch Einschränkung logischer Möglichkeiten einen *Spielraum realer Möglichkeiten* für dieses Geschehen festlegen.[19] Damit haben sie gleichzeitig *Realitätsbezug;* sie beziehen sich auf einen bestimmten Ausschnitt der

---

17 Man könnte hier von einem »Paradigma« im Kuhnschen Sinne sprechen, wenn man einmal die Bedenken gegen die damit verbundene Konzeption zurückzustellen bereit ist, vgl. dazu: Thomas S. Kuhn, Die Struktur wissenschaftlicher Revolutionen, Frankfurt 1967; sowie die Diskussion über diese Konzeption. In: Criticism and the Growth of Knowledge, Imre Lakatos/Alan Musgrave (eds.), Cambridge 1970; vgl. auch: Joseph A. Schumpeter, Geschichte der ökonomischen Analyse, Göttingen 1965; eine Darstellung, in der die Kontinuität und die Autonomie des ökonomischen Denkens sehr eindrucksvoll herausgearbeitet werden. In ihr sind problemgeschichtliche und wissenschaftstheoretische Analyse in aufschlußreicher Weise miteinander verbunden, so daß man sich gedrängt fühlt, von »angewandter Wissenschaftstheorie« zu sprechen.

18 Vgl. dazu etwa: Mario Bunge, Scientific Research I, a.a.O., S. 310: »The chief trait of every law, namely, that of being a *constant relation* among two or more variables referring in turn (at least partly and indirectly) to *properties of real objects*«.

19 Vgl. dazu schon: Karl R. Popper, Logik der Forschung (1934), 4. Auflage, Tübingen 1971, S. 76 ff. und passim; sowie Mario Bunge, a.a.O., S. 311.

Wirklichkeit, dessen *strukturelle* Eigenschaften sie zu erfassen suchen.[20] Mit dieser Eigenschaft hängt auch ihr *Erklärungsanspruch* für die Vorgänge in diesem Bereich zusammen. Inwieweit dieser Anspruch gerechtfertigt ist, das System also *Erklärungskraft* besitzt, ist natürlich davon abhängig, in welchem Maße es sich der *Wahrheit* nähert, inwieweit in ihm also die Beschaffenheit dieses Realitätsausschnitts adäquat erfaßt ist.[21] Die Frage der Feststellbarkeit dieser Eigenschaft gehört in die *Prüfungs- und Bewährungsproblematik.*

Dieser Problemkreis hat sich als komplizierter erwiesen, als man früher vielfach anzunehmen geneigt war. Es hat sich herausgestellt, daß an eine unmittelbare empirische Prüfung von Theorien durch Beobachtung kaum zu denken ist, schon weil die Wahrnehmungen der in Frage kommenden Beobachter stets durch Faktoren mitbeeinflußt zu sein pflegen, die durch die betreffende Theorie nicht erfaßt werden[22], so daß es nicht nur sehr schwierig sein kann, eine geeignete Prüfsituation herzustellen, sondern darüber hinaus auch für die adäquate Interpretation einer solchen Situation theoretische Aussagen anderer Disziplinen herangezogen werden müssen. Bei der Prüfung jeder Theorie spielt also ein theoretischer Hintergrund eine Rolle, der die mehr oder minder ausgearbeiteten Theorien anderer Disziplinen umfaßt und die Herstellung einer Verbindung zwischen den zu prüfenden Aussagen und der Situation des Prüfers ermöglicht.[23] Damit hängt die Tatsache zusammen, daß es im allgemeinen sehr schwierig ist festzustellen, ob ein *Phänomen,* das mit einer Theorie prima facie nicht zu vereinbaren ist, de facto einen *konträren* Fall darstellt, von dem her die Adäquatheit dieser Theorie in Frage gestellt werden kann.[24] Das erleichtert die in allen

20 Vgl. dazu: Karl R. Popper, Die Zielsetzung der Erfahrungswissenschaft. In: Theorie und Realität, 2. veränderte Auflage, Tübingen 1972.

21 Die Aussagen dieses Abschnitts involvieren, wie man leicht erkennt, einen erkenntnistheoretischen Realismus, also eine philosophische Position, aus der sich bestimmte methodologische Konsequenzen ergeben. Löst man die Methodologie von Überlegungen dieser Art, dann bleibt eine Menge von Regeln übrig, deren Sinn verborgen ist.

22 Vgl. dazu: Paul K. Feyerabend, Über die Interpretation wissenschaftlicher Theorien. In: Theorie und Realität, 2. Auflage, a.a.O.; vgl. auch: Alfred Bohnen, Zur Kritik des modernen Empirismus, im gleichen Band.

23 Zur Problematik des Hintergrundes vgl.: Karl R. Popper, Conjectures and Refutations, London 1963, S. 238 ff. und passim; sowie Mario Bunge, Scientific Research I und II, a.a.O., passim; dazu Joseph Agassi, Changing our Backround-Knowledge. Review Essay, Synthese 19 (1968/69), S. 453 ff.

24 Vgl. dazu: R. G. Swinburne, Falsifiability of Scientific Theories, Mind, 291 (1964), S. 434 ff., wo gezeigt wird, daß manche »Anomalien« sich als nur scheinbar herausgestellt haben; vgl. dazu auch das oben erwähnte Buch von Thomas S. Kuhn.

Wissenschaften nicht eben seltenen Versuche, konträre Fälle durch Formulierung geeigneter Hilfsannahmen – Ad-hoc-Hypothesen – gewissermaßen »wegzuerklären« und damit unschädlich zu machen.[25]

Die Behauptung, daß das Gebäude der theoretischen Ökonomie als ein derartiges System nomologischer Hypothesen aufgefaßt werden kann, ist sicher keineswegs unproblematisch. Sie ist vielmehr selbst eine Deutungshypothese, die der Kritik unterliegt. Auch wenn man darüber Einigkeit erzielen kann, welche Aussagen denn zu diesem System gerechnet werden dürfen – wenn also das Identifikationsproblem gelöst ist –, führt das Interpretationsproblem zu einer Rekonstruktionsaufgabe, deren Lösung keineswegs trivial ist. Im allgemeinen pflegen nämlich die Aussagen der theoretischen Realwissenschaften nicht in einer Form dargestellt zu werden, die nur eine Deutung zuläßt oder nahelegt. Es sind daher nicht selten verschiedene Deutungen im Umlauf, über deren Brauchbarkeit diskutiert wird. Zudem werden nomologische Hypothesen fast immer unvollständig formuliert, so daß man genötigt ist, ihre vollständige Formulierung unter Heranziehung des Kontextes erst mühsam herzustellen, wenn man sie braucht. Für diese Formulierung bietet sich die Form einer allgemeinen Konditionalaussage an, da eine nomologische Hypothese den Anspruch enthält, daß unter bestimmten allgemein charakterisierten Bedingungen immer und überall bestimmte allgemein charakterisierte Konsequenzen auftreten[26], wobei sowohl die Wenn-Komponente als auch die Dann-Komponente von erheblicher Komplexität sein kann. Eine adäquate Formulierung muß erkennen lassen, auf welche Arten von Objekten sich die betreffende Aussage bezieht, und welche Behauptung über sie gemacht wird. Dabei wird der Gehalt der Hypothese durch eine logisch schwächere Wenn-Komponente und eine logisch stärkere Dann-Komponente vergrößert, was unter anderem bedeutet, daß eine Konditionalisierung einer solchen Aussage – also ihre Einschränkung auf spezifische Situationen – ihren Gehalt vermindert. Ein gutes Beispiel dafür bieten die verschiedenen Deutungen der Ceteris-paribus-Klausel des Marshallschen Nachfragegesetzes, die bekanntlich unter Umständen sogar zu seiner Tautologisierung führen.[27] Die Rekonstruktion dieses Gesetzes im oben angedeu-

25 Wenn solche Annahmen nur für diesen Fall zurechtgeschneidert und im übrigen nicht prüfbar sind, läuft ihre Benutzung nur auf eine Verschleierung theoretischer Mängel hinaus.
26 Man hat Gesetzesaussagen daher auch mitunter »Immer-und-Überall-Wenn-Dann-Aussagen« genannt.
27 Vgl. dazu meinen Aufsatz: Zur Theorie der Konsumnachfrage, Jahrbuch für Sozialwissenschaft, Band 16 (1965), S. 139 ff.

teten Sinne führt zu einer Aussage, in der die Existenz einer monoton abnehmenden Funktion unter bestimmten Bedingungen behauptet wird, so daß die übliche Weise, sich auf die Angabe dieser Funktion oder nur eines Schemas der Funktion zu beschränken, zu Mißdeutungen Anlaß geben kann. Immerhin läßt sich zeigen, daß eine Rekonstruktion solcher Aussagen ihre nomologische Deutung möglich erscheinen läßt, so daß auch ihr Allgemeinheitsanspruch plausibel ist.

3. Der erste Methodenstreit und die ökonomische Gesetzesproblematik

Gerade die Allgemeinheit ökonomischer Gesetze ist nun der Punkt, der unter dem Einfluß des Historismus im Laufe des 19. Jahrhunderts strittig geworden ist, und die Kontroverse, die um diese Frage damals zustande kam – die Debatte über das Verhältnis von *Theorie und Geschichte*, von der der sogenannte erste Methodenstreit zwischen Carl Menger und Gustav Schmoller nur ein kleiner Ausschnitt war –, hängt mit der *Machtkontroverse* offenbar eng zusammen. Die *reine Theorie*, die in beiden Fällen unter Beschuß geriet, schien nicht nur den *Machtphänomenen* im sozialen Leben *zu wenig Rechnung zu tragen*, sie schien im Zusammenhang damit auch die *Allgemeinheit* der von ihr postulierten *Gesetzmäßigkeiten zu überschätzen* und die *historische Wandelbarkeit* aller sozialen Erscheinungen *zu übersehen*. Demgegenüber sieht es so aus, als wenn die in stärkerem Maße historistisch argumentierenden Vertreter der Ökonomie im allgemeinen auch mehr die Machtproblematik akzentuiert hätten.

Was den erwähnten ersten Methodenstreit angeht, so ist zunächst festzustellen, daß der extreme Historismus, wie er etwa in Droysens »Historik« zum Ausdruck kommt[28], in ihm nicht vertreten wurde, auch nicht etwa von Gustav Schmoller, dem Haupt der jüngeren historischen Schule.[29] Schmoller gestand durchaus zu, daß man »als Ideal des

---

28 Vgl. dazu: Johann Gustav Droysen, Historik. Vorlesungen über Enzyklopädie und Methodologie der Geschichte, 4. Auflage, München 1960, wo unter anderem die These aufgestellt wird, daß in der Geschichte an die Stelle der Naturgesetze die sittlichen Mächte treten, an denen der Mensch teilhat. Sie verkörpern angeblich in diesem Bereich das »Allgemeine«.

29 Zur Position Schmollers vgl. neuerdings: Reginald Hansen, Der Methodenstreit in den Sozialwissenschaften zwischen Gustav Schmoller und Karl Menger. Seine wissenschaftstheoretische und wissenschaftshistorische Bedeutung. In: Beiträge zur Entwicklung der Wissenschaftstheorie im 19. Jahrhundert, Alwin Diemer (Hrsg.), Meisenheim am Glan 1968, S. 137 ff. Man

Erkennens die Erklärung aus Ursachen« ansehen könne[30], und war sich darüber klar, daß man dazu der Gesetze bedürfe. Er hatte ein durchaus gesundes Mißtrauen gegen voreilige Gesetzesbehauptungen[31] im Bereich sozialer Phänomene und war sich des fragmentarischen Charakters der bisherigen sozialwissenschaftlichen Erkenntnis in starkem Maße bewußt. Aber seine Akzentuierung von Beobachtung und Beschreibung als primärer Operationen, seine Behandlung des Induktionsproblems und seine Stellungnahmen zu den Ergebnissen der theoretischen Arbeit in der Nationalökonomie legen den Schluß nahe, daß er kaum Verständnis für die Bedeutung abstrakter, isolierender und mit Idealisierungen arbeitender Theorien in den Sozialwissenschaften aufbringen konnte. Die Rolle des »historischen Erfahrungsmaterials«, das sich in den Geschichtswissenschaften angesammelt hatte, sah er unter anderem darin, daß es »wie jede gute Beobachtung und Beschreibung« dazu diene, »theoretische Sätze zu illustrieren und zu verifizieren, die Grenzen nachzuweisen, innerhalb deren bestimmte Wahrheiten gültig sind, noch mehr aber neue Wahrheiten induktiv zu gewinnen«[32], eine Auffassung, der man bei geeigneter Interpretation noch einen wahren Kern zugestehen mag[33]; aber seine anschließende

findet dort eine interessante Attacke gegen die bisher übliche Darstellung dieser Kontroverse, in der die gängige Deutung fast ins Gegenteil gewendet wird. Schmoller erscheint hier als Verfechter der Nationalökonomie als einer nomologischen Disziplin, der den Versuch machte, die offensichtlich erfolgreiche Methodenhaltung der modernen Naturwissenschaften auf die Sozialwissenschaften zu übertragen, a.a.O., S. 157. Daraus habe sich gerade »Schmollers Ablehnung der nachklassischen Nationalökonomie« ergeben, »deren Thesen er beherrschte und bisweilen undogmatisch umgedeutet zu verwenden wußte«. Schmoller wird als moderner Kantianer, der sich in philosophischen Fragen weit besser auskennt als sein Gegner, dem an Aristoteles, am Historismus und an der Romantik orientierten Menger gegenübergestellt. Trotz aller notwendigen Korrekturen im einzelnen kann man sich aber meines Erachtens, wenn man die einschlägigen Abhandlungen der beiden Gegner liest, des Eindrucks nicht erwehren, daß im ganzen doch die Darstellung Erich Schneiders nicht von der Hand zu weisen ist – vgl. dazu: Schneider, Einführung in die Wirtschaftstheorie, IV. Teil, Tübingen 1962, S. 295 ff. –, der darauf insistiert, daß Schmoller den Charakter des theoretischen Denkens nicht verstanden habe.

30 Gustav Schmoller, Volkswirtschaft, Volkswirtschaftslehre und Methode. In: Handwörterbuch der Staatswissenschaften, Conrad/Lexis u.a. (Hrsg.), Band 8, 3. Auflage, Jena 1911, S. 469.

31 Schmoller, a.a.O., S. 487 ff.

32 Schmoller, a.a.O., S. 463.

33 D. h.: wenn man sich über die Schwierigkeiten klar ist, die es bereitet, eine adäquate Verbindung zwischen den komplexen Beobachtungstatsachen des

Äußerung, »in den komplizierten Gebieten der Volkswirtschaftslehre« sei »nur auf dem Boden historischer Forschung voranzukommen«, und seine Absage an »jedes bloß abstrakte Argumentieren« lassen doch den Verdacht aufkommen, daß er sich über die Bedeutung abstrakter Theorien in diesem Bereich keineswegs klar war.[34]

Demgegenüber vertrat Carl Menger von Anfang an den Primat des theoretischen Denkens, wobei er allerdings zwischen einer »empirisch-realistischen« Forschungsrichtung unterschied, die auf die Formulierung empirischer Gesetze, und einer »exakten« Forschungsrichtung, die auf die Aufstellung exakter Gesetze abzielt[35] – eine Unterscheidung, die sicherlich einem nicht selten zu beobachtenden Unterschied der Interessenrichtung in der Forschung Rechnung trägt[36], ihn aber unnötigerweise zu einer prinzipiellen Abgrenzung von Erkenntniszielen verwertet, wobei der mögliche Zusammenhang zwischen beiden Arten von Forschungsresultaten verlorengeht. Seine These, daß die exakte theoretische Forschung *die einfachsten Elemente* alles Realen zu ergründen« suche, und zwar »ohne Rücksicht darauf, ob dieselben in der Wirklichkeit als *selbständige* Erscheinungen vorhanden, ja selbst ohne Rücksicht darauf, ob sie in ihrer vollen Reinheit überhaupt selbständig darstellbar sind«, so daß ihre Ergebnisse »nicht an der vollen empirischen Wirklichkeit geprüft werden dürfen«[37], und seine sonstigen Erläuterungen zu diesem Punkt deuten darauf hin, daß er sich über die Rolle von Idealisierungen in den theoretischen Realwissenschaften und über die im allgemeinen nur sehr indirekten Möglichkeiten

alltäglichen Lebens und den abstrakten Systemen der theoretischen Realwissenschaften herzustellen.

34 Schmoller zitiert (a.a.O., S. 479) seinen Schüler Hasbach – Hasbach, Zur Geschichte des Methodenstreits, Jahrb. f. Ges. 1895 – mit folgendem Passus: »Ich habe mich bemüht zu zeigen, daß die Deduktion aus dem Prinzip des Selbstinteresses absolut unfruchtbar gewesen ist, daß gewöhnlich empirische Regelmäßigkeiten den Anfang der Erkenntnis gebildet haben, welche in einzelnen Fällen zu allgemeinen empirischen Gesetzen verbunden werden, und daß die kausale Erklärung aus psychologischen Prinzipien den Erkenntnisprozeß abschloß« – eine ziemlich groteske Verkennung der heuristischen Bedeutung des erwähnten Prinzips für die theoretische Entwicklung der Sozialwissenschaften, der Schmoller uneingeschränkt zustimmt.

35 Vgl.: Carl Menger, Untersuchungen über die Methode der Sozialwissenschaften und der politischen Ökonomie insbesondere (1883), 2. Auflage, Tübingen 1969, S. 31 ff.

36 Man vergleiche etwa die Arbeiten von Engel und Schwabe mit denen Mengers, Jevons' und Edgeworths.

37 Menger, a.a.O., S. 41.

empirischer Prüfung von Theorien dieser Art im klaren war.[38] Allerdings erwecken einige seiner Formulierungen zu dieser Problematik den Eindruck, als ob an eine Prüfung unter Verwertung beobachtbarer Tatsachen überhaupt nicht gedacht werden könne[39]; man findet bei ihm also eine aprioristische Tendenz, wie sie dann später in der wissenschaftstheoretischen Auffassung Ludwig von Mises' zum Durchbruch kommen sollte.[40] Außerdem scheint er *ganz bestimmte* Idealisierungen, wie sie dem damaligen ökonomischen Denken vertraut waren, für unerläßliche Voraussetzungen »einer strengen Gesetzmäßigkeit der wirtschaftlichen Erscheinungen« gehalten zu haben.[41] Aber seine Auffassungen werden doch im Ganzen dem Charakter der theoretischen Realwissenschaften eher gerecht als die schon erwähnten Ausführungen Schmollers.[42]

38 Vgl. dazu: Menger, a.a.O., S. 43: »Das Wesen dieser, der exacten Richtung der theoretischen Forschung auf dem Gebiet der ethischen Erscheinungen besteht darin, daß wir die Menschheitsphänomene auf ihre ursprünglichsten und einfachsten constitutiven Factoren zurückführen, an diese letzteren das ihrer Natur entsprechende Maß anlegen und endlich die Gesetze zu erforschen suchen, nach welchen sich aus jenen einfachsten Elementen, in ihrer Isolierung gedacht, complicirtere Menschheitsphänomene gestalten«, siehe dazu unten.

39 Vgl.: Menger, a.a.O., S. 56 f.

40 Vgl. dazu dessen im übrigen sehr instruktives Buch: Grundprobleme der Nationalökonomie. Untersuchungen über Verfahren, Aufgaben und Inhalt der Wirtschafts- und Gesellschaftslehre, Jena 1933, S. 12 ff. Bei Menger ist dann auch der problematische Passus zu lesen, daß die »exacte Nationalökonomie, ihrer Natur nach, uns die Gesetze der Wirtschaftlichkeit, die empirisch realisierte Volkswirtschaftslehre dagegen die Regelmäßigkeiten in der Aufeinanderfolge und Coexistenz der realen Erscheinungen der menschlichen Wirtschaft . . . zum Bewußtsein zu bringen« habe (a.a.O., S. 59) problematisch deshalb, weil er den Übergang zu einer normativen Deutung dieser Disziplin erleichtert, der ohnehin schon naheliegend ist.

41 Vgl.: Menger, a.a.O., S. 74 f.; überdies scheint er mitunter einer essentialistischen Tendenz zu erliegen, die auf seine Orientierung an der aristotelischen Tradition zurückgeht, wie schon Emil Kauder festgestellt hat, vgl. dazu: Kauder, The Intellectual and Political Roots of the Older Austrian School, Zeitschrift für Nationalökonomie (1958); vgl. dazu auch: Hansen, a.a.O., S. 162 ff.

42 Das bezieht sich auch auf seine Einwände gegen den Schmollerschen Deskriptivismus und Induktivismus, vgl. dazu: Menger, Die Irrtümer des Historismus in der deutschen Nationalökonomie (1884). In: Carl Menger, Gesammelte Werke, Friedrich August von Hayek (Hrsg.), Band III, 2. Auflage, Tübingen 1970.

4. Der Marxismus und das Problem der Geschichtlichkeit ökonomischer Gesetze

In der Diskussion zwischen Menger und Schmoller spielte die Frage der Historizität sozialer Gesetze noch keine Rolle. Es scheint vor allem der Einfluß des Marxismus auf die wissenschaftstheoretische Diskussion in den Sozialwissenschaften gewesen zu sein, der diese bis zum heutigen Tag nicht verschwundene Problematik ins Blickfeld gerückt hat. Marx selbst spricht bekanntlich von den »Naturgesetzen der kapitalistischen Produktion«, er sieht den Endzweck seines Werkes darin, »*das ökonomische Bewegungsgesetz der modernen Gesellschaft zu enthüllen*«, das er, wie der Anfang des betreffenden Satzes zeigt, als Naturgesetz betrachten möchte, er macht den Anspruch, »die *Entwicklung der ökonomischen Gesellschaftsformation* als einen *naturgeschichtlichen Prozeß*« aufzufassen[43], und er stimmt einem Rezensenten zu[44], der ihm die Auffassung zuschreibt, daß »jede historische Periode ihre eigenen Gesetze« hat[45] und daß es keine »allgemeinen Gesetze des ökonomischen Lebens« gibt.[46] Mit der Zustimmung zu dieser Charakterisierung seines Vorgehens verbindet er die Bemerkung, der betreffende Rezensent habe damit nichts anderes geschildert »als die dialektische Methode«, die im übrigen bei ihm »der Grundlage nach von der Hegelschen nicht nur verschieden, sondern ihr direktes Gegenteil« sei.[47]

43 Vgl.: Karl Marx, Das Kapital. Kritik der politischen Ökonomie, Band I (1867), Berlin 1955, Vorwort zur ersten Auflage, S. 6 ff.

44 Marx, a.a.O., Nachwort zur zweiten Auflage, S. 16 f.

45 »Sobald das Leben eine gegebene Entwicklungsperiode überlebt hat, aus einem gegebenen Stadium in ein anderes übertritt, beginnt es auch, durch andere Gesetze gelenkt zu werden«; a.a.O., S. 17.

46 »Die alten Ökonomen verkannten die Natur ökonomischer Gesetze, als sie dieselben mit den Gesetzen der Physik und Chemie verglichen ... Eine tiefere Analyse der Erscheinungen bewies, daß soziale Organismen sich voneinander ebenso gründlich unterscheiden als Pflanzen- und Tierorganismen ... Ja, eine und dieselbe Erscheinung unterliegt ganz und gar verschiedenen Gesetzen infolge des verschiedenen Gesamtbaus jener Organismen, der Abweichung ihrer einzelnen Organe, des Unterschieds der Bedingungen, worin sie funktionieren usw. Karl Marx leugnet z.B., daß das Bevölkerungsgesetz dasselbe ist zu allen Zeiten und an allen Orten. Er versichert im Gegenteil, daß jede Entwicklungsstufe ihr eigenes Bevölkerungsgesetz hat« ... Der wissenschaftliche Wert einer Forschung, wie er sie betreibe, liege »in der Aufklärung der besonderen Gesetze, welche Entstehung, Existenz, Entwicklung, Tod eines gegebenen gesellschaftlichen Organismus und seinen Ersatz durch einen anderen, höheren regeln«; a.a.O., S. 17.

47 A.a.O., S. 17 f. Zu dieser Behauptung vgl. allerdings: Werner Becker, Kritik der Marxschen Wertlehre, Hamburg 1972.

Anknüpfend an die oben erwähnte Rezension behauptet Nicolai Bucharin, Marx hebe hier strikt den historischen Charakter seiner Wirtschaftstheorie und die Relativität ihrer Gesetze hervor.[48] Daraus folge allerdings keineswegs, daß er »die Existenz von jeglichen allgemeinen Gesetzen in Abrede stelle«, die den Gang des gesellschaftlichen Lebens auf seinen verschiedenen Entwicklungsstufen lenken. »Die materialistische Geschichtstheorie stellt z.b.«, so fährt er fort, »Gesetze auf, die sich zur Erklärung der gesellschaftlichen Entwicklung schlechthin eignen. Doch schließt dies nicht die besonderen geschichtlichen Gesetze der politischen Ökonomie aus, die, im Gegensatz zu den soziologischen Gesetzen, das Wesen einer bestimmten gesellschaftlichen Struktur, nämlich die der kapitalistischen Gesellschaft, ausdrükken.«[49] Aber die folgenden Passagen zeigen dann, daß Bucharin den *allgemeinen* Charakter solcher Gesetze im oben erläuterten Sinne ganz klar gesehen hat.[50] »*Historisch*« sind die von ihm erwähnten Gesetze der politischen Ökonomie insofern, als die in ihnen formulierten Bedingungen nur auf einer bestimmten Entwicklungsstufe des sozialen Lebens realisiert sind. Diese Kennzeichnung trifft also eigentlich nicht die Eigenart der betreffenden Gesetze selbst, sondern nur das Auftreten ihrer Anwendungsbedingungen. Sie gilt z.B. auch für die Gesetze der

48 Vgl.: Nicolai Bucharin, Die politische Ökonomie des Rentners. Die Wert- und Profittheorie der österreichischen Schule (1919), 2. durchgesehene Auflage, Wien/Berlin 1926, S. 49.

49 Bucharin, a.a.O., S. 50.

50 Nach seiner Auffassung ».. . läßt sich ein theoretisches Gesetz der politischen Ökonomie in die Kausalitätsformel bringen: ist A, B, C vorhanden, so muß auch D eintreten; mit anderen Worten: das Vorhandensein von bestimmten Bedingungen, ›Ursachen‹, zieht den Eintritt von bestimmten Folgen nach sich. Es ist klar, daß diese ›Bedingungen‹ auch historischen Charakter besitzen können, d. h., daß sie in Wirklichkeit nur zu bestimmter Zeit eintreten. Vom rein logischen Gesichtspunkt aus ist es völlig belanglos, wo und wann diese Bedingungen in Wirklichkeit vorkommen, noch mehr, ob sie überhaupt eintreten – in diesem Sinne haben wir es mit ›ewigen Gesetzen‹ zu tun; andererseits sind sie, sofern sie real vorkommen, ›historische Gesetze‹, denn sie hängen mit den ›Bedingungen‹ zusammen, die lediglich auf einer bestimmten historischen Entwicklungsstufe vorkommen. Doch sind nun einmal diese Bedingungen vorhanden, so sind damit auch ihre Folgen gegeben. Eben dieser Charakter der theoretischen ökonomischen Gesetze macht deren Anwendung auf Länder und Epochen, in denen die soziale Entwicklung bereits eine entsprechende Höhe erreichte, möglich; deshalb konnten z.B. die russischen Marxisten richtig das ›Schicksal des Kapitalismus in Rußland‹ voraussagen, obwohl die Marxsche Analyse sich auf ein konkretes empirisches Material stützte, das sich auf England bezog«; Bucharin, a.a.O., S. 50 f. Daß der letzte Satz eine besondere Problematik enthält, bedarf wohl keiner Erläuterung.

Genetik und aller anderen Bestandteile der theoretischen Biologie. Problematisch ist nur die damit verbundene Behauptung, daß die »politische Ökonomie als Wissenschaft ... zu ihrem Gegenstand nur die Waren-, resp. die kapitalistische Warengesellschaft haben« könne, da in keiner anders organisierten Gesellschaft auch nur ein einziges Problem zu finden sei, »dessen Lösung in das Aufgabengebiet der theoretischen politischen Ökonomie« falle.[51] Offenbar stand für ihn a priori fest, daß es nicht möglich sei, ökonomische Gesetzmäßigkeiten zu finden, die gleichzeitig auch für andere Gesellschaftsformationen gültig sind. Daß die wissenschaftliche Forschung zu tieferliegenden Gesetzmäßigkeiten vorstoßen könne, aus denen sich etwa eine Erklärung der Gesetze verschiedener Gesellschaftsformationen ergeben könnte, scheint er von vornherein für unmöglich gehalten zu haben.[52]

51 Bucharin, a.a.O., S. 51; vgl. dazu das Referat von Alec Nove, Knappheit, Allokation und Macht. In: Schriften des Vereins für Sozialpolitik, N. F., Band 74/I, Berlin 1973.

52 Man betrachte folgenden Passus seiner Argumentation: ». . . die Erforschung des Kapitalismus ist eben die Erforschung dessen, was den Kapitalismus von jeder anderen gesellschaftlichen Struktur unterscheidet. Sobald wir von für den Kapitalismus typische Besonderheiten abstrahieren, kommen wir zu allgemeinen Kategorien, die auf alle möglichen gesellschaftlichen Produktionsverhältnisse angewandt werden können und demgemäß den historisch bestimmten, ganz eigentümlichen Entwicklungsprozeß des ›modernen Kapitalismus‹ nicht zu erklären vermögen«; a.a.O., S. 53. In ganz analoger Weise könnte man die Möglichkeit einer allgemeinen Genetik mit dem Hinweis auf die strukturellen Besonderheiten der Organismenarten leugnen. Um die Einzigartigkeit des Kapitalismus zu akzentuieren, wird hier – unter Nichtberücksichtigung gerade der einschlägigen Resultate der Wissenschaftsgeschichte – ein völlig überflüssiger Historismus praktiziert und zum Dogma erhoben. Wie auch sonst nicht selten in der marxistischen Literatur, trägt die Bezugnahme auf »Kategorien« statt auf Aussagen erheblich dazu bei, daß die betreffende Problematik nicht genügend analysiert wird. »In einer sozialistischen Gesellschaft«, so stellt Bucharin fest, »wird die politische Ökonomie ihre Daseinsberechtigung verlieren: es wird nur eine ›Wirtschaftsgeographie‹ übrig bleiben – eine Wissenschaft vom idiographischen Typus, und eine ›ökonomische Politik‹, eine normative Wissenschaft; denn die Beziehungen zwischen den Menschen werden einfach und klar sein, die fetischisierte dingliche Formulierung dieser Beziehungen wird wegfallen und an Stelle der Gesetzmäßigkeiten des elementarischen Lebens wird die Gesetzmäßigkeit der bewußten Handlungen der Gesellschaft treten.« Ähnliche Passagen findet man auch bei den heutigen Vertretern des Marxismus immer wieder. Eine theoretische Grundlage dafür ist weder hier noch anderswo zu entdecken. Daß auch in einer Gesellschaft mit zentraler Planung das Problem der unbeabsichtigten Konsequenzen von Handlungen auftreten könnte, es sei denn, die Planungsorgane wären allmächtig und allwissend, wird nicht einmal erörtert, was teilweise damit zusammenzuhängen scheint, daß man sich daran gewöhnt hat, von der Gesellschaft als einem

Auch Oskar Lange spricht davon, daß ökonomische Gesetze »Produkte der geschichtlichen Entwicklung der menschlichen Gesellschaft« seien und daß »ihr Wirkungsbereich ebenfalls geschichtlich determiniert« sei. Jedes Gesetz in Natur und Gesellschaft habe seinen raumzeitlichen Wirkungsbereich, denn es sei unter »streng definierten Bedingungen« wirksam und höre auf zu wirken, wenn diese Bedingungen sich änderten. Die Bedingungen der Wirksamkeit ökonomischer Gesetze änderten sich von einer historischen Epoche zur anderen: Diese selbst seien mithin nicht allgemein gültig, sie seien vielmehr historische Gesetze, die sich auf bestimmte Stufen der geschichtlichen Entwicklung bezögen.[53] Er unterscheidet aber dann Gesetzmäßigkeiten verschiedener Reichweite, die teilweise für mehrere oder gar alle Gesellschaftsformationen gelten, und zwar je nach der Dauer der Bedingungen, die für ihre Wirksamkeit maßgebend sind.[54] Im Gegensatz zu anderen marxistischen Theoretikern betont er, daß auch unter den Bedingungen des Sozialismus ökonomische Gesetze objektiv wirksam bleiben, das heißt: »unabhängig vom menschlichen Willen und Bewußtsein«. Nur gebe das gesellschaftliche Eigentum an den Produktionsmitteln diesen Gesetzen die Möglichkeit, zu »durch den Menschen beabsichtigten Resultaten« zu führen.[55] Wie immer man diesen Anspruch und die sich daran knüpfenden optimistischen Äußerungen über die Kontrolle der sozialen Entwicklung im Sozialismus beurteilen mag, zunächst ist wieder festzustellen, daß der »historische« Charakter von Gesetzen auch bei Lange mit dem Allgemeinheitsanspruch vollkommen vereinbar ist, der üblicherweise für Gesetzmäßigkeiten erhoben wird.

5. Die Problematik der Quasi-Gesetze und ihrer Relativierung

Von einer Geschichtlichkeit sozialer – oder spezieller: ökonomischer – Gesetzmäßigkeiten in einem für unsere Problematik wesentlichen Sinne könnte nur dann geredet werden, wenn die Geltung der betreffenden Aussagen auf bestimmte Raum-Zeit-Gebiete eingeschränkt würde, so

handelnden Kollektivsubjekt zu sprechen. Auch Rosa Luxemburg und Rudolf Hilferding neigten offenbar zu solchen Auffassungen; vgl. dazu die Kritik an Luxemburg, Hilferding und Bucharin durch Oskar Lange in seinem Buch: Political Economy, Vol. I, Oxford/London/New York/Paris/ Warschau 1963, S. 84 f.

53 Lange, a.a.O., S. 63, Übers. v. mir, d. V. Er bezieht sich dabei vor allem auf Äußerungen von Friedrich Engels zu dieser Problematik.

54 Lange, a.a.O., S. 63 ff.

55 Lange, a.a.O., S. 82.

daß die für Gesetze der bisher erwähnten Art charakteristische Allgemeinheit – im Sinne einer essentiellen Nicht-Bezogenheit auf individuell charakterisierte Raum-Zeit-Gebiete[56] – hinfällig würde. Manche Äußerungen von Theoretikern, die dem Historismus verpflichtet sind, klingen so, als ob sie derartige Gesetzmäßigkeiten, die man *Quasi-Gesetze* nennen könnte[57], als Bestandteile »geschichtlicher Theorien« zur Erklärung konkreter Ereignisse heranziehen wollten.[58]

56 Vgl. dazu: Karl R. Popper, Logik der Forschung, a.a.O., S. 34 ff.
57 Vgl. dazu meinen Aufsatz: Theorie und Prognose in den Sozialwissenschaften, Schweizerische Zeitschrift für Volkswirtschaft und Statistik, 93. Jg. (1957), S. 67 ff.; sowie mein Buch: Marktsoziologie und Entscheidungslogik, Neuwied/Berlin 1967, S. 309 ff., S. 483 ff.
58 Vgl. etwa den Aufsatz von: Arthur Spiethoff, Anschauliche und reine volkswirtschaftliche Theorie und ihr Verhältnis zueinander. In: Synopsis, Festgabe für Alfred Weber, Heidelberg 1948, in dem eine solche Auffassung zum Ausdruck zu kommen scheint; vgl. aber auch: Karl Mannheim, Mensch und Gesellschaft im Zeitalter des Umbaus, Leiden 1935, S. 130 f., der seine »principia media« anscheinend in diesem Sinne – d. h. als »Quasi-Gesetze« – verstanden wissen wollte; weiter: Adolf Löwe, Economics and Sociology, London 1935, besonders S. 101; sowie Gerhard Mackenroth, Bevölkerungslehre, Theorie, Soziologie und Statistik der Bevölkerung, Berlin/Göttingen/ Heidelberg 1953, S. 111 ff., wo er sich die Aufgabe stellt, »das historische Bevölkerungsgesetz unserer heutigen europäischen Konstellation herauszuarbeiten, seine räumliche und geschichtliche Reichweite abzustecken, es unter Umständen durch Gegenüberstellung mit anderen geschichtlichen und außereuropäischen Bevölkerungsweisen diesen gegenüber abzuheben und in seiner historischen Einmaligkeit und Einzigartigkeit deutlich werden zu lassen«. »Die historisch-soziologischen Bevölkerungsweisen«, so sagt er weiter, »sind Bevölkerungsgesetze, wenn man diesen Ausdruck überhaupt noch verwenden will, niemals im Sinne einer historischen Notwendigkeit, ein solches Notwendigkeitsdogma liegt gänzlich außerhalb der historisch-soziologischen Visierlinie und ist eine vom Kausaldenken der Naturwissenschaften abgezogene Kategorie. Die Gesetzmäßigkeit, mit der wir es zu tun haben, ist vielmehr eine innere Strukturgesetzmäßigkeit, die miteinander korreliert 1. alle Elemente einer Bevölkerungsweise und 2. diese Bevölkerungsweise als Ganzes mit der historisch-soziologischen Konstellation der Zeit in allen ihren Daten«; und vorher – a.a.O., S. 100: »Das geschichtliche Zusammenspiel generativer Verhaltensweisen einer Menschengruppe wollen wir ihre Bevölkerungsweise oder ihre generative Struktur nennen«; und – S. 111: »Das generative Verhalten jeder geschichtlichen Wirklichkeit ist immer in das Insgesamt eines Sozialprozesses eingebettet und stimmt sich über soziologische Zwischenglieder mit seinen anderen Elementen ab«; und – auf S. 326 – »Eine Bevölkerungsweise ist also ein Sinnzusammenhang, in dem alle Elemente eines generativen Verhaltens aufeinander in sinnvoller Weise abgestimmt sind: Familienverfassung, Heiratshäufigkeit, Fruchtbarkeit usw., alle diese einzelnen ›patterns of behavior‹ bilden zusammen in ihrer

Die Idee, die hinter solchen Erwägungen steckt, ist keineswegs unplausibel. Immer wieder lassen sich im Laufe der historischen Entwicklung Invarianzen feststellen, die in ganz bestimmten, wenn auch nicht immer scharf abgrenzbaren Raum-Zeit-Gebieten – Epochen und Kulturkreisen – auftreten; man denke zum Beispiel an die Konjunkturzyklen. Für die Kennzeichnung einer Gesamtheit derartiger Züge von »relativer Allgemeinheit« hat man teilweise den Stilbegriff aus der Kunstwissenschaft übernommen und von »Sozial«- oder auch »Wirtschaftsstilen« gesprochen.[59] Dabei wurde meist mehr oder weniger deutlich unterstellt, daß es sich hier um Tatbestände handelt, die für die »geschichtlich-gesellschaftliche Wirklichkeit« charakteristisch sind, so daß ihre Berücksichtigung zu Aussagen führen müsse, wie sie in den Naturwissenschaften nicht vorkämen. Dagegen ist mit Recht geltend gemacht worden, daß es zwischen den Eigenheiten eines physisch-geographischen und den Besonderheiten eines sozio-kulturellen Milieus in der hier in Betracht kommenden Hinsicht keinen prinzipiellen Unterschied gebe.[60] Es ist also durchaus möglich, Quasi-Gesetze der von mir genannten Art auch in den Naturwissenschaften zu formulieren und sie in Quasi-Theorien zu kodifizieren. So wäre es denkbar, daß jemand auf die Idee gekommen wäre, noch vor Entdeckung der Keplerschen Gesetze eine Aussage über die spezielle Beschaffenheit der Jupiterbahn zu formulieren und als Quasi-Gesetz über diese Planetenbewegung anzubieten. Ebenso kann man in den Sozialwissenschaften gewisse typische Muster des Funktionierens, die in speziellen Kultur- und Sozialmilieus zu beobachten sind, in quasi-nomologischen Aussagen festzuhalten suchen, von denen man von vornherein annimmt, daß ihre Geltung auf diese Umgebungen beschränkt sein wird. Natürlich kann eine solche Einsicht in die essentielle Raum-Zeit-Bezogenheit der betreffenden Aussagen auch Resultat einer späteren Entdeckung sein, so daß man zu Anfang glauben konnte, es mit einem allgemeinen Gesetz zu tun zu haben.

Abgestimmtheit aufeinander eine Struktur. Bevölkerungsweise und generative Struktur sind Synonyma«. Wenn man von der Verwendung des Sinn-Begriffs absieht, fühlt man sich an die oben angeführte Marxsche Konzeption erinnert; vgl. Anm. 46.

59 Auch die »gesellschaftlichen Figurationen«, von denen Norbert Elias spricht, scheinen mir in diese Kategorie zu gehören, vgl. dazu: Elias, Die höfische Gesellschaft. Untersuchungen zur Soziologie des Königstums und der höfischen Aristokratie, Neuwied/Berlin 1969.

60 Vgl. Karl R. Popper, Das Elend des Historizismus, 3. verbesserte Auflage, Tübingen 1971, S. 77 ff., 26. Sind Verallgemeinerungen auf Epochen beschränkt?

Die wissenschaftstheoretisch interessante Frage ist nun die, wie man sich zu Aussagen dieser Art sinnvollerweise zu verhalten hat. Das einfachste Verfahren besteht offenbar darin, sie *historisch zu relativieren*, sie also gewissermaßen mit einem Raum-Zeit-Index zu versehen und dadurch ausdrücklich auf das betreffende Raum-Zeit-Gebiet, ihren historischen Geltungsbereich, zu beziehen. Damit erreicht man allerdings nur, daß ihre historische Relativität deutlich hervorgehoben wird. Ein wesentlicher Erkenntnisfortschritt ist auf diese Weise also nicht erzielbar.

Statt dessen kann man selbstverständlich den Versuch machen, die Allgemeinheit dieser quasi-nomologischen Aussagen dadurch zu retten oder wiederherzustellen, daß man sie in einer Weise konditionalisiert, die zu ihrer Verwandlung in analytische Aussagen führt.[61] Eine solche *analytische Relativierung* reduziert zugleich auch den Informationsgehalt der betreffenden Aussage auf Null, was man ebenfalls kaum als theoretischen Fortschritt ansehen wird.

Ein drittes Verfahren könnte darin bestehen, daß man den Versuch unternimmt, Bedingungen zu eruieren, die dafür verantwortlich sind, daß die betreffenden Muster des Funktionierens gerade in dem betreffenden Raum-Zeit-Gebiet aufzutauchen pflegen, und sie auf diese relativ invarianten Bedingungen zu beziehen. Eine derartige *strukturelle Relativierung* führt zur Eliminierung des Raum-Zeit-Bezuges der in Frage kommenden Aussage, ohne daß ihr Informationsgehalt dadurch verschwinden muß[62]. Die von den Vertretern des Marxismus immer

61 Eine solche Konditionalisierung ist eine im allgemeinen gehaltsvermindernde Schlußweise nach dem Schema: Wenn *p*, dann: wenn *q* dann *p*. Man kann sich dieses Verfahren am Übergang von einer gehaltvollen Version der Quantitätstheorie des Geldes zur analytischen Verkehrsgleichung verdeutlichen, etwa so, daß aus einer Ausgangsformel: $P(x) = k \cdot G(x)$ auf diese Weise eine Formel:
$$\frac{U(x)}{H(x)} = k \supset P(x) = k \cdot G(x)$$ abgeleitet würde, die offenbar analytisch wäre, denn nach der Verkehrsgleichung müssen sich ja bei Konstanz der Umlaufgeschwindigkeit $(U(x))$ und des Handelsvolumens $(H(x))$ Preisniveau $(P(x))$ und Geldvolumen $(G(x))$ gleichsinnig bewegen.

62 Natürlich ist eine Reduzierung des Gehalts nicht vermeidbar. Zu dieser Verfahrensweise vgl. das Beispiel einer Aussagenanalyse, das Theodor Geiger in seinem Buch: Ideologie und Wahrheit. Eine soziologische Kritik des Denkens, Stuttgart/Wien 1953, S. 70 ff., in einem gänzlich anderen Zusammenhang – nämlich im Rahmen einer ideologiekritischen Untersuchung – bietet. Er empfiehlt dort unter anderem, den allgemeinen Satz »Der Unternehmergewinn ist der notwendige Antrieb wirtschaftlichen Fortschritts«, der de facto als quasi-nomologisch anzusehen ist, mit dem »Index

wieder angeführten Gesetzmäßigkeiten bestimmter Gesellschaftsformationen, die ja, wie wir gesehen haben, durchaus als allgemeine Gesetze üblicher Art aufgefaßt werden können, kann man wohl ohne weiteres zur Klasse derartiger strukturell relativierter Quasi-Gesetze rechnen. Sie haben durch Relativierung auf bestimmte strukturell bestimmbare Gesellschaftsformationen ihren quasi-nomologischen Charakter verloren.

Allerdings muß hier gleich darauf aufmerksam gemacht werden, daß eine Erklärung solcher Gesetzmäßigkeiten auf der Grundlage von Theorien höheren Niveaus keineswegs ausgeschlossen ist, von Theorien nämlich, aus denen sich für *verschiedene* relativ invariante Bedingungskonstellationen *verschiedene* Muster des Funktionierens ergeben. Während vom Resignationsstandpunkt des quasi-theoretisch orientierten Historismus schon die Möglichkeit einer strukturellen Relativierung ausgeschlossen werden muß, scheinen bestimmte Vertreter des Marxismus, die gegen ein solches Verfahren kaum etwas einzuwenden haben dürften, eine tiefergehende Erklärung durch allgemeinere Theorien, durch Theorien etwa, die auf beliebige Sozialsysteme anwendbar sind, für unmöglich zu halten, und zwar aus mir nicht erkennbaren Gründen.[63]

So gehört offenbar für Lange das Streben nach Profitmaximierung notwendig zum kapitalistischen Unternehmen[64], und die Aussage, in der dieser Tatbestand formuliert wird, bringt ein Gesetz zum Ausdruck, das für diese – die kapitalistische – Gesellschaftsformation spezifisch ist[65], eine Auffassung, die – wenn man einmal von gewissen durchaus ernstzunehmenden Einwendungen absieht, denen das Gewinnmaximierungsprinzip in letzter Zeit ausgesetzt war[66] – nicht unplausibel erscheint. Aber nach Langes oben erörterter wissenschaftstheoretischer Auffassung muß man eine solche Gesetzmäßigkeit offenbar als Letztgegebenheit hinnehmen. Es besteht also keine Aussicht, sie auf der Basis allgemeiner Theorien zu erklären. Nun sagt aber Lange selbst in seiner Erörterung dieser Gesetzmäßigkeit, daß die »Tendenz der Maximierung des Geldeinkommens die *unvermeidliche*

der Sozialstruktur« zu versehen, »innerhalb deren allein er sachlich zutrifft«, um ihn auf eine »echte, theoretisch verantwortbare Sachaussage« zu reduzieren.

63 Vgl. z.B. zu Oskar Lange Anm. 52 oben.
64 Vgl.: Lange, a.a.O., S. 164 ff.
65 Lange, a.a.O., S. 66.
66 Vgl. dazu: William J. Baumol, Business Behavior, Value and Growth, New York 1959.

Konsequenz der Aufspaltung der wirtschaftlichen Tätigkeit in gewinnbringende und in hauswirtschaftliche Tätigkeit« ist und daß diese Tendenz »sich *nicht* voll entwickeln *kann* unter *Bedingungen,* in denen es andere Möglichkeiten neben der gewinnbringenden Tätigkeit gibt, die Mittel zur Bedürfnisbefriedigung zu erhalten«.[67] Schon diese Formulierungen lassen erkennen, daß er die Möglichkeit nicht auszuschließen vermag, das Auftreten oder Nicht-Auftreten dieses Verhaltensstils unter diesen oder jenen Bedingungen durch den Rückgriff auf allgemeinere Theorien zu erklären, deren Anwendung nicht an eine bestimmte Gesellschaftsformation gebunden ist, obwohl seine deklarierte wissenschaftstheoretische Auffassung das eigentlich nicht zuläßt.[68] Gerade wenn man von der Wandelbarkeit der sozialen und natürlichen Bedingungen – und damit auch von der Geschichtlichkeit sozialer Strukturen – ausgeht, ist es meines Erachtens besonders naheliegend, nicht nur nach der Möglichkeit struktureller Relativierung von Quasi-Gesetzen, sondern darüber hinaus auch nach ihrer Erklärung durch Rekurs auf tiefere Theorien zu suchen.

Natürlich kann stets die Frage gestellt werden, ob die Gesetzmäßigkeiten, die man bisher gefunden hat, wirklich allgemeinen Charakter haben, ob man also nicht historisch beschränkten Regelmäßigkeiten – etwa bestimmten sozialen Mechanismen – den Charakter allgemeiner Gesetzmäßigkeiten zugeschrieben hat.[69] Das ist eine Frage, die in allen Wissenschaften auftauchen kann. Sie ist nicht damit zu beantworten, daß man einfach die Historizität bisher gefundener Gesetze behauptet. Es ist vielmehr notwendig, in jedem Fall zu zeigen, daß die vermutete Allgemeinheit nicht zutrifft. Dazu genügt nicht eine allgemeine Geschichtsphilosophie, welche die Geschichtlichkeit sozialer Tatbestände behauptet. Wenn Geschichtlichkeit Gesetzlosigkeit bedeutete – also Fehlen struktureller Tiefenkonstanzen –, dann würde man übrigens gerade in der Geschichtswissenschaft vor einem unüberwindlichen Dilemma stehen, denn es gäbe keine Möglichkeit, Ereignisabläufe

---

67 Lange, a.a.O., S. 166, Hervorhebungen von mir, d. V.

68 Überhaupt scheint mir die an der Idee der Einheit einer Gesellschaftsformation orientierte Art und Weise, die Reichweite bestimmter Gesetzmäßigkeiten ein für allemal festzulegen, ein ziemlich dogmatisches Verfahren zu sein, das nur geeignet ist, den Fortschritt der Wissenschaft zu inhibieren. Es ist meines Erachtens ziemlich aussichtslos, ein Apriori-Wissen über solche Abgrenzungen zu postulieren.

69 Man denke etwa an das »eherne Lohngesetz« und seine Rolle im sozialen Denken des vorigen Jahrhunderts.

früherer Zeiten zu rekonstruieren.[70] Heute sind daher auch die Historiker eher geneigt anzunehmen, daß es solche Gesetzmäßigkeiten gibt. Die Zeit des methodologischen Historismus scheint auch in der Geschichtswissenschaft selbst zu Ende zu sein.

6. Der methodologische Individualismus und das Verhältnis von Nationalökonomie und Psychologie

Daß der soziale Rahmen, innerhalb dessen die von der Nationalökonomie analysierten Prozesse ablaufen, historisch wandelbar ist, hat, soweit ich sehe, auch in der Periode der Klassik – also vor Marx – kaum jemand bezweifelt.[71] Gerade die Klassiker haben ja schon für einen bestimmten Wandel dieses Rahmens plädiert, weil sie als Resultat einer solchen Änderung eine bessere Versorgung der Bevölkerung mit Mitteln zur Befriedigung der Bedürfnisse erwarteten. Daß sozialstrukturelle Wandlungen mit der Existenz allgemeiner Gesetzmäßigkeiten vereinbar sind, haben wir gesehen. Wendet man derartige Gesetze auf unterschiedliche Bedingungskonstellationen an, dann können sich daraus bekanntlich durchaus unterschiedliche Konsequenzen – also etwa: unterschiedliche soziale Abläufe – ergeben. Es dürfte also eigentlich niemanden überraschen, daß bei geänderten sozialen Rahmenbedingungen – etwa auf Grund neuer normativer Regulierungen – aus den gleichen sozialen Gesetzen andere Prozesse und Zustände resultieren.

In der Entwicklung der Sozialwissenschaften ist nun schon relativ früh die Idee aufgetaucht, daß die grundlegenden nomologischen Aussagen, auf die man bei der Erklärung sozialer Phänomene – z.B. ökonomischer Prozesse und ihrer Resultate – zurückzugreifen habe, sich auf das Verhalten der beteiligten Individuen beziehen müßten. Dieser *methodologische Individualismus* ist schon bei den schottischen Moralphilosophen wirksam, deren Ideen die Entwicklung des ökonomischen Denkens stark beeinflußt haben.[72] Er kommt dann noch einmal deutlich

70 Vgl. dazu die beiden Arbeiten von Leon J. Goldstein sowie meine Einleitung in der zweiten Auflage von »Theorie und Realität«, Tübingen 1972.

71 Adam Smith z. B. geht ja ausdrücklich von diesem Tatbestand aus und vergleicht verschiedene Sozialsysteme.

72 Vgl. Anm. 7 oben. Für eine Würdigung der Bedeutung des holländischen Arztes Bernard Mandeville, dem wiederum diese Philosophen entscheidende Anregungen verdanken, vgl.: Friedrich August von Hayek, Dr. Bernard Mandeville. In seinem Aufsatzband: Freiburger Studien, a.a.O.; zum methodologischen Individualismus vgl. weiter: Karl R. Popper, Das Elend des Historizismus, a.a.O.; George C. Homans, The Nature of Social

im Benthamschen Erkenntnisprogramm zum Ausdruck[73], das sich vor allem im neoklassischen Denken ausgewirkt hat. Die grundlegenden Annahmen, mit denen die Vertreter der klassischen Ökonomie arbeiteten, bezogen sich im wesentlichen auf das typische Verhalten von Geschäftsleuten, die ihr Handeln an Gewinnerwartungen orientieren, so daß sie in der Lage waren, das von ihnen analysierte Marktsystem als einen finanziellen Sanktionsmechanismus aufzufassen, ein System, das durch monetär meßbare positive und negative Sanktionen gesteuert wurde. Allerdings wurden im ökonomischen Denken von vornherein stets auch andere Belohnungsarten als finanzielle Vorteile berücksichtigt, wenn es notwendig erschien, so z.B. wenn Adam Smith darauf hinwies, daß die Ehre in gewissen Fällen – nämlich bei den Professionen – einen wesentlichen Teil der Belohnung ausmacht, wodurch die niedrigen Einkommen, die in diesem Bereich damals offenbar erzielt wurden, kompensiert werden konnten.[74] Die allgemeine Verhaltensannahme für den kommerzialisierten Bereich einer Gesellschaft, das Prinzip der Gewinnmaximierung, hatte offenbar den Charakter einer mehr oder weniger bewußt als *Idealisierung* eingeführten Hypothese, für die man unter bestimmten Bedingungen – das heißt: in Systemen

Science, New York 1967, Viktor Vanberg, Der verhaltenstheoretische Ansatz in der Soziologie. Theoriegeschichtliche und wissenschaftstheoretische Fragen, Nachwort zu: George C. Homans, Grundfragen soziologischer Theorie, Opladen 1972; sowie die anderen Arbeiten dieses Bandes; schließlich: W. G. Runciman, Sociology in its Place. In seinem gleichnamigen Buch, Cambridge 1970.

73 Vgl. dazu meinen Aufsatz: Erwerbsprinzip und Sozialstruktur, Jahrbuch für Sozialwissenschaft, Band 19 (1968), S. 1 ff.

74 Adam Smith, An Inquiry into the Nature and Causes of the Wealth of Nations (1776), London 1910, Vol. I, S. 89 ff.; vgl. auch: John Stuart Mill, Principles of Political Economy with some of their Applications to Social Philosophy (1848), New York 1965, S. 390, wo ebenfalls auf den Belohnungscharakter der Ehre hingewiesen wird sowie auf die Freude an aufregender Tätigkeit, die als Motiv für die Bevorzugung bestimmter Beschäftigungsarten eine Rolle spiele. Auf S. 428 dieses Buches weist er darauf hin, daß die Gesetze, die hinsichtlich der Renten, Profite, Löhne und Preise formuliert werden können, nur wahr sind, insoweit die beteiligten Personen »frei sind vom Einfluß anderer Motive als derjenigen, die aus den allgemeinen Umständen des Falles hervorgehen, und insoweit, als sie in bezug auf diese durch die gewöhnliche kaufmännische Einschätzung von Gewinn und Verlust geleitet sind« (Übers. v. mir, d. V.). Für seine allgemeine Theorie des Tauschwerts macht er ausdrücklich darauf aufmerksam, daß sie nur für die Systeme der Produktion einen Geltungsanspruch mache, die von Kapitalisten für Profit – nicht von Arbeitern für ihren Lebensunterhalt – betrieben werden; vgl. a.a.O., S. 480.

bestimmter struktureller Prägung – approximative Wahrheit in Anspruch nehmen zu können glaubte.

Erst im Benthamschen Utilitarismus wurde eine allgemeine – von der Beschränkung auf spezielle Sozialstrukturen unabhängige – nomologische Verhaltensannahme formuliert, die auf die alte Idee der Glücksmaximierung zurückging. Als das Benthamsche Erkenntnisprogramm, in dem die Reduktion aller sozialen Phänomene auf diese psychologische Grundannahme als Zielsetzung enthalten war, in der marginalistischen Revolution für die ökonomische Theoriebildung wirksam wurde, ergab sich daraus zunächst vor allem die *Konsumtheorie* – oder besser die Theorie des Marktverhaltens von Konsumenten –, die in der klassischen Ökonomie gefehlt hatte, und damit gleichzeitig eine auf die subjektiven Bedürfnisse bezogene *Wertlehre,* die – so glaubte man jedenfalls teilweise – die Möglichkeit zu eröffnen schien, alle ökonomischen Wertphänomene auf Bedeutungsgrößen zu reduzieren, die die Wichtigkeit der Güter für die Bedürfnisbefriedigung zum Ausdruck brachten.[75] Schon Alfred Marshall aber hat sich nachdrücklich gegen die Vorstellung gewendet, daß diese Konsumtheorie die wissenschaftliche Basis der Ökonomie überhaupt sei[76], und zwar deshalb, weil er eine Theorie der Bedürfnisse für notwendig hielt, die den Zusammenhang zwischen der Vielfalt menschlicher Tätigkeiten und den Bedürfnissen berücksichtigte und sich daher nicht auf jene Konsumbedürfnisse beschränkte, von der die Theorie der Nachfrage nach Konsumgütern ihren Ausgang nahm.

Das Ergebnis der theoretischen Revolution der 70er Jahre war eine sehr eindrucksvolle Umstrukturierung und Ausgestaltung des theoretischen Gebäudes der klassischen Ökonomie, aber das Benthamsche Programm wurde dabei keineswegs voll durchgeführt, denn das allgemeine Nutzenprinzip des Utilitarismus wurde hier letzten Endes in eine

75 Vor allem die österreichische Zurechnungslehre geht von dieser Idee aus, und noch Joseph A. Schumpeter behauptete in seinem Aufsatz: »Das Grundprinzip der Verteilungstheorie« (1916/17) – in seinen: Aufsätze(n) zur ökonomischen Theorie, Tübingen 1952, S. 361 –, daß der jeweils »zu erwartende Zuwachs an Bruttoerlös, der die Wertschätzung von Produktionsmitteln begründet« – nota bene: die Wertschätzung des Unternehmers – »nichts anderes« ist »als der Geldausdruck für die Konsumentengrenznutzen«, so daß die »Variationen der Rentabilität« gewissermaßen stets »auf Variationen der Gebrauchswertproduktivität« beruhen, also letzten Endes die an der Bedürfnisbefriedigung orientierten Wertschätzungen der Konsumenten widerspiegeln. Noch Heinrich v. Stackelberg hat dieser Idee mit seinem »Kettensatz der Grenznutzenzurechnung« Geltung verschaffen wollen.

76 Vgl.: Alfred Marshall, Principles of Economics, An Introductory Volume, 1. Auflage (1890), 9. Auflage, London 1961, S. 87 ff.

spezielle Verhaltensannahme für den Konsumbereich transformiert, während für den Bereich der Produktion die typischen Verhaltensannahmen der Klassik im wesentlichen übernommen wurden. Die »eigenproduzierte psychologische Basis« der reinen Ökonomie[77], die auf diese Weise entstanden war, hatte keinen wesentlichen Einfluß auf die Verhaltensannahmen außerhalb des Konsumbereichs.

Was den Anspruch angeht, die Arbeit der Grenznutzenschulen habe zu einer Reduktion der ökonomischen Theorie auf Psychologie geführt, so ist er sicherlich schon aus diesem Grunde fragwürdig. Aber abgesehen davon hat man gegen die Nutzentheorie selbst immer wieder eingewendet, daß sie einer vollkommen veralteten psychologischen Auffassung entstamme und schon deshalb als psychologische Grundlage der Ökonomie nicht in Betracht komme.[78] Andererseits haben Verfechter dieser Theorie selbst vielfach deren psychologischen Charakter bestritten und die theoretische Autonomie der reinen Ökonomie als einer »exakten Disziplin vom menschlichen Handeln«[79] und ihre völlige Unabhängigkeit von jeder psychologischen Begründung[80], ja darüber hinaus mitunter sogar ihren apriorischen und formalen Charakter behauptet und sie als »die Logik des Handelns und der Tat« auf eine Stufe mit den Formalwissenschaften gestellt.[81] Soweit solche Deutungen in Frage kommen, kann man ohne weiteres davon sprechen, daß im neoklassischen Denken eine *Marktsoziologie* mit *entscheidungslogischem Unterbau* geschaffen wurde.

Nun kann es meines Erachtens heute kaum einen Zweifel darüber geben, daß eine formale Theorie, die, wie man angesichts derartiger Formulierungen annehmen möchte, keinerlei Informationsgehalt besitzt, nicht als Grundlage eines theoretischen Gebäudes brauchbar ist, das dazu dienen soll, soziale Tatbestände – wie z.B. die des Marktes und der marktgesteuerten Prozesse – zu erklären. Andererseits ist die Richtigkeit dieser Charakterisierung keineswegs selbstverständlich, da in den in Betracht kommenden Teilen der Theorie Aussagen auftau-

77 Siehe: Oskar Morgenstern, Die drei Grundtypen der Theorie des subjektiven Wertes. In: Probleme der Wertlehre, Schriften des Vereins für Socialpolitik, Band 183/1, wo diese Ausdrucksweise auftaucht.
78 Vgl. dazu besonders die scharfe Kritik Gerhard Mackenroths an der Werwtlehre in seinem Diskussionsbeitrag. In: Probleme der Wertlehre. Schriften des Vereins für Socialpolitik, Band 183/2.
79 Vgl.: Joseph A. Schumpeter, Wesen und Hauptinhalt der theoretischen Nationalökonomie (1908), 2. Auflage, Berlin 1970, S. 27 und passim.
80 Schumpeter, a. a. O., S. 541 ff.
81 Vgl. dazu: Ludwig von Mises, Grundprobleme der Nationalökonomie, a. a. O., S. 12 ff.

chen, die einige nicht unwesentliche Einschränkungen hinsichtlich der möglichen Beschaffenheit von Bedürfnisstrukturen zu enthalten scheinen, wenn auch ihre empirische Prüfung auf erhebliche Schwierigkeiten stößt. Daß sie von der Art theoretischer Idealisierungen sind, muß sie keineswegs für die Erklärung unbrauchbar machen.

Um das Verhältnis dieser Lehre zur Psychologie beurteilen zu können, muß man meines Erachtens den Entwicklungsaspekt in die darauf abzielenden methodologischen Überlegungen einbeziehen. Daß die Begründer des Grenznutzendenkens in den 70er Jahren den »psychologischen Unterbau« ihrer Lehre in dieser Weise selbständig entwickelt haben, hängt sicher teilweise mit dem damaligen Stand der psychologischen Forschung zusammen, in der es kaum Anhaltspunkte für die angemessene Bewältigung der Probleme des menschlichen Verhaltens gab.[82] Erst kurz vor der Jahrhundertwende begann sich die Psychologie den Problemen der Motivation zuzuwenden, für die die Vertreter der theoretischen Ökonomie von ihren Gesichtspunkten her ein Interesse hätten aufbringen können. Aber Forschungsresultate, die geeignet erschienen, eine neue Grundlage für diese Disziplin zu liefern, waren noch nicht in Sicht. Ihre Vertreter waren daher gezwungen, für die Erklärung der sie interessierenden sozialen Tatbestände auf theoretische Annahmen über menschliches Verhalten zurückzugreifen, die sie für diesen Zweck selbst konstruiert hatten.

Gegen ein solches Verfahren kann man an sich – auch unter methodologischen Gesichtspunkten – kaum Einwände erheben. Die wissenschaftliche Arbeitsteilung macht es mitunter erforderlich. Die relative Autonomie einer bestimmten Disziplin, auf die ihre Vertreter zugegebenermaßen oft einen übertriebenen Wert legen, hängt bisweilen mit einer Phasenverschiebung in der Entwicklung verschiedener Bereiche der Wissenschaft zusammen und ist insoweit unvermeidbar. Allerdings ist es kaum zweckmäßig, den Autonomieanspruch einer Disziplin so fest zu verankern, daß man ihre Aussagen gegen jede relevante Kritik immunisiert, die von den Resultaten sich entwickelnder Nachbardisziplinen her möglich wird, wenn sie genügend ausgereift

82 Die Entwicklung der Psychologie zu einer autonomen Disziplin auf experimenteller Grundlage begann erst zu Ende der 70er Jahre in Deutschland mit der Arbeit von Wilhelm Wundt – vgl. dazu: z. B.: Michael Wertheimer, Kurze Geschichte der Psychologie, München 1971, S. 87 ff. –, und diese Psychologie beschäftigte sich anfangs noch mit Problemen, welche kaum einen Zugang zu den Tatbeständen eröffnen konnten, die für die reine Ökonomie in erster Linie interessant waren; vgl. dazu auch: John W. Atkinson, An Introduction to Motivation, Princeton/Toronto/London/New York 1964, S. 14.

sind. Die heutigen Ergebnisse der psychologischen Forschung scheinen mir jedenfalls den Schluß nahezulegen, daß von ihnen her eine fruchtbare Kritik an ökonomischen Verhaltenshypothesen möglich ist, die schließlich zu deren Revision beitragen mag. Eine solche Revision wird unter anderem auch notwendig sein, um eine konsequente Durchführung des Benthamschen Programms der psychologischen Reduktion zu erreichen, die ja in der neoklassischen Phase der Theoriebildung nicht ganz gelungen ist.

Die Notwendigkeit einer solchen Revision ergibt sich meines Erachtens auch daraus, daß gewisse interne Schwierigkeiten im ökonomischen Denken aufgetaucht sind, die sich offensichtlich nur durch tiefer dringende Untersuchungen zur Rolle kognitiver und motivationaler Faktoren in menschlichen Entscheidungsprozessen klären lassen. Wir können ja für die Erklärung sozialer Tatbestände aller Art auf individualistischer Basis von der theoretischen Idee ausgehen, daß außer bestimmten Faktoren motivationaler Natur auch die Überzeugungen der handelnden Individuen eine konstitutive Bedeutung für ihre Entscheidungen und damit auch ihre Handlungen haben. In den Verhaltenshypothesen der reinen Ökonomie sind bestenfalls sehr einfache und rudimentäre Annahmen über diese Zusammenhänge enthalten, so daß zum Beispiel das sehr wichtige Problem der Erwartungen auf diese Weise kaum zu lösen ist. Für die Bildung des Erwartungshorizontes der handelnden Personen werden deren »Theorien« nicht ohne Bedeutung sein, und diese werden im allgemeinen nicht nur einigermaßen komplex, sondern auch kaum invariant – d.h. zum Beispiel: von Erfahrungen unabhängig – sein. Man wird zwar auch in diesem Bereich für die Zwecke der Erklärung sozialer Phänomene oft mit starken Vereinfachungen und mit Idealisierungen arbeiten müssen, aber ohne Heranziehung psychologischer Forschungsresultate ist da meines Erachtens nicht weiterzukommen. Im übrigen macht auch die Tatsache, daß man in weiten Bereichen mit der extremen Annahme der Irrelevanz nicht-finanzieller Sanktionen für die Steuerung des Verhaltens nicht auszukommen scheint, eine Revision der Verhaltenshypothesen erforderlich.[83]

83 Hier ist etwa auf die Untersuchungen zur Leistungsmotivation hinzuweisen – vgl.: David C. McClelland, The Achieving Society, Princeton/Toronto/London/New York 1961; Heinz Heckhausen, Hoffnung und Furcht in der Leistungsmotivation, Meisenheim am Glan 1963 –, die auf die Lewinschen Forschungen über die Rolle des Anspruchsniveaus in der Verhaltenssteuerung zurückgehen. Interessanterweise hat gerade Joseph A. Schumpeter, der in seinem oben erwähnten ersten Werk so großen Wert auf die Autonomie der reinen Ökonomie und ihre Unabhängigkeit von psychologischer

7. Der ökonomische Ansatz als soziologisches Paradigma: Die Erweiterung des Anwendungsbereichs ökonomischer Aussagen und die Modellproblematik

Unter dem Gesichtspunkt des theoretischen Fortschritts kann außer der Rekonstruktion der grundlegenden nomologischen Verhaltenshypothesen noch eine weitere Verfahrensweise ins Auge gefaßt werden, die erfolgversprechend erscheint. Sie geht davon aus, daß der ökonomische Begriffsapparat im Grunde genommen auf sehr allgemeine Merkmale menschlichen Verhaltens zugeschnitten ist, so daß man ihn in seiner Anwendung keineswegs auf den sogenannten wirtschaftlichen Bereich einschränken muß, der im übrigen, wie sich gezeigt hat, überaus schwer abgrenzbar ist.[84] Insofern kann man jenen Vertretern der reinen Ökonomie durchaus zustimmen, die in ihr eine exakte Disziplin vom menschlichen Handeln überhaupt sehen wollen.[85] Sie haben überdies völlig richtig gesehen, daß eine Disziplin dieser Art prinzipiell durchaus geeignet ist, zur Grundlage der ganzen Sozialwissenschaft zu werden.[86] Der ökonomische Denkansatz kann durchaus als ein allgemeines soziologisches Paradigma angesehen werden, das mit anderen Ansätzen in Konkurrenz treten kann, zum Beispiel mit dem lange Zeit in der Soziologie vorherrschenden Funktionalismus, dessen Schwächen durch

Forschung gelegt hatte, in seiner »Theorie der wirtschaftlichen Entwicklung« (1912), 5. Auflage Berlin 1926, S. 131 ff., besonders S. 138 f., Bemerkungen über die Motivation des Unternehmerverhaltens gemacht, die sich weitgehend mit den Resultaten der Forschungen McClellands decken und deren Relevanz für die Lösung ökonomischer Probleme kaum zu bestreiten sein dürfte. Darin zeigt sich meines Erachtens, daß die scharfen Abgrenzungsversuche neoklassischer Ökonomen gegenüber der Psychologie mitunter nur dadurch verursacht waren, daß diese Theoretiker im damaligen psychologischen Denken keine für ihre Zwecke brauchbaren Ergebnisse entdecken konnten.

84 Vgl. dazu schon: Ludwig von Mises, Grundprobleme der Nationalökonomie, a.a.O., S. 58, dem in diesem Punkte recht gegeben werden muß.

85 So Mises, a.a.O., S. 58 und passim; Schumpeter, Wesen und Hauptinhalt der theoretischen Nationalökonomie, a.a.O., passim.

86 Vgl.: Schumpeter, a.a.O., S. 333: »Ja, man könnte dann sagen, daß die Ökonomie imstande sei, eine Art Theorie der Gesellschaft zu geben. Sie würde in einem anderen Sinne als gemäß der ökonomischen Geschichtsauffassung zur Grundlage der Soziologie«; und später: »*Das soziale Gebäude würde vom Wertprinzipe aus begreiflich und würde auf einer durchsichtigen ökonomischen Grundlage ruhen*«; oder Mises, a.a.O., S. 12: »Die Wissenschaft vom menschlichen Handeln, die nach allgemeingültiger Erkenntnis strebt, steht vor uns als System der Gesellschaftslehre; in ihr ist das bisher am feinsten ausgearbeitete Stück die Nationalökonomie . . .« usw.

die methodologische und inhaltliche Kritik der letzten Jahre aufgedeckt worden sind. Die Auffassung solcher mit allgemeinen Erkenntnisprogrammen verbundener theoretischer Perspektiven als konkurrierender Ansätze zur Lösung derselben Probleme ist unter den Gesichtspunkten einer am Erkenntnisfortschritt orientierten Methodologie schon deshalb empfehlenswert, weil sie zur vergleichenden Beurteilung dieser Ansätze hinsichtlich ihrer Erklärungsleistung und ihrer heuristischen Kraft Anlaß gibt.

Nun hat die Entwicklung des theoretischen Denkens in den Sozialwissenschaften in den letzten Jahren gezeigt, daß die Ausdehnung des ökonomischen Ansatzes auf bisher nicht berücksichtigte Anwendungsbereiche heuristisch außerordentlich interessant ist. In diesem Zusammenhang ist vor allem auf die Analysen von Downs, Olson und Homans hinzuweisen[87], die trotz aller Einwände, die gegen sie gemacht wurden, doch beanspruchen können, Beiträge zur Erklärung sozialer Phänomene auf theoretischer Grundlage geleistet zu haben, wie sie in den betreffenden Problembereichen bisher nicht vorhanden waren, und dadurch gezeigt zu haben, wie in der theoretischen Soziologie von der weitverbreiteten Praxis der nahezu atheoretischen Datensammlung unter Verwendung relativ raffinierter statistischer Methoden oder der Aufstellung immer neuer Ad-hoc-Hypothesen im Zusammenhang mit empirischen Spezialuntersuchungen loszukommen ist, ohne daß man in den anderen Fehler verfällt, grandiose Begriffsapparate ohne nomologische Aussagen als Theorien über soziale Gesamtsysteme zu empfehlen.

Die hier angewandte Strategie des theoretischen Fortschritts zielt in eine ganz andere Richtung als das oben erörterte Verfahren der Verbesserung der verhaltenstheoretischen Grundlage und bedient sich dementsprechend auch anderer Mittel.[88] Es handelt sich hier meist darum, daß die im ökonomischen Ansatz zur Verfügung stehenden Verhaltensannahmen auf mehr oder weniger *komplexe Bedingungskonstellationen* angewendet werden, die man als *typisch* für gewisse sozialkulturelle Bereiche ansehen kann. Um das zu erreichen, pflegt man *Modelle* zu

---

87 Anthony Downs, Ökonomische Theorie der Demokratie, Tübingen 1968; Mancur Olson, Die Logik des kollektiven Handelns, Tübingen 1968; George C. Homans, Elementarformen sozialen Verhaltens, 2. Auflage, Opladen 1972; vgl. aber auch: John W. Thibaut/Harold H. Kelley, The Social Psychology of Groups, New York/London 1959; Peter M. Blau, Exchange and Power in Social Life, New York/London/Sidney 1964.

88 Das bezieht sich vor allem auf Downs und Olson. Homans hat versucht, die Verhaltenshypothesen unter Verwendung lerntheoretischer Resultate umzuformulieren.

konstruieren, die *außer* den *nomologischen Hypothesen* über das Verhalten der Individuen noch *spezielle* – also nicht-nomologische – *Annahmen* über die Beschaffenheit der relevanten Züge des jeweiligen sozialen und natürlichen Milieus aufweisen. Diese Annahmen haben durchweg *idealtypischen* Charakter, sie kommen also den faktischen Gegebenheiten in bestimmten sozialen Bereichen mehr oder weniger nahe, ohne sie genau zu beschreiben. Die Bezeichnung solcher Modelle als »Theorien« ist meines Erachtens geeignet, zu erheblichen Mißverständnissen beizutragen, denn ihre Konstruktion wird offenbar zur *Anwendung* allgemeiner Theorien *auf besondere Konstellationen* benötigt, z.B. solche, die auf Grund sozialstruktureller Prägung typische raum-zeit-gebundene Invarianzen erkennen lassen. So werden etwa in einer Demokratie-»Theorie« dieser Art typische Züge demokratischer Verfassungen als gegeben vorausgesetzt, um in den betreffenden Systemen ablaufende Prozesse erklären zu können. Ein solches Verfahren könnte als Herstellung einer *idealtypischen Erklärungsskizze* bezeichnet werden.[89] Es ist nun durchaus möglich, den Schwerpunkt der theoretischen Arbeit in den Sozialwissenschaften in der Herstellung solcher idealtypischer Erklärungsskizzen durch Konstruktion von Modellen zu sehen[90], wobei die grundlegenden nomologischen Hypothesen – die allgemeinen Verhaltens-Annahmen – immer wieder auf andere komplexe soziale Situationen angewendet werden.[91] Was man hier »Theorien« zu nennen pflegt, wären dementsprechend im allgemeinen solche Erklärungsskizzen oder »Erklärungen im Prinzip«.

Das bekannteste Beispiel für eine solche idealtypische Erklärungsskizze ist ohne Zweifel das Modell der vollkommenen Konkurrenz, bei dessen Konstruktion eine ganze Reihe extrem idealisierender »Annahmen« gemacht zu werden pflegen[92], sogar Annahmen, die dem Verdacht

---

89 Vgl. dazu: Karl R. Popper, Rationality and the Status of the Rationality Principle. In: Les Fondements Philosophiques des Systémes Economiques. Texte de Jacques Rueff et Essays en son honneur, 1967, wo auf die Erklärung von Ereignis-Typen durch Modell-Konstruktion in den Natur- und Sozialwissenschaften eingegangen wird.

90 Vgl. dazu vor allem: Friedrich August von Hayek, Degress of Explanation, British Journal for the Philosophy of Science, VI (1955). Abgedruckt in seinem Aufsatzband: Studies in Philosophy, Politics and Economics, London 1967, wo anscheinend diese Auffassung vertreten wird.

91 Sozialwissenschaft wäre dann in diesem speziellen Sinne »angewandte« Wissenschaft, nicht im Sinne der Technologie, wie Hayek betont, a.a.O., S. 6, sondern etwa so, wie die »Theorie der Gezeiten« angewandte Physik ist.

92 Vgl. dazu etwa: George J. Stigler, Perfect Competition, historically contemplated. In seinem Aufsatzband: Essays in the History of Economics, Chicago/London 1965, S. 234 ff., besonders S. 256 ff.

ausgesetzt sind, zu Widersprüchen zu führen[93], so daß die These der theoretischen Unmöglichkeit dieser Marktform[94] gut zu verstehen ist. Man sollte sich in bezug auf dieses und auf andere Modelle dieser Art klar darüber sein, daß es sich lohnt, einen Unterschied zu machen zwischen den Annahmen, die das Verhalten der Mitglieder der Gesellschaft betreffen, und den übrigen Annahmen, die Idealisierungen über deren Situation enthalten, denn letztere haben stets spezifischen Charakter. Unter den Gesichtspunkten des Benthamschen Programms haben wir aber Anlaß, in den Verhaltensannahmen Aussagen nomologischen Charakters zu suchen. Sie sind diejenigen Bestandteile solcher Modelle, die der Revision auf Grund von Fortschritten in den Verhaltenswissenschaften am ehesten offenstehen. Ihre Erklärung auf Grund von Aussagen über tieferliegende Gesetzmäßigkeiten des menschlichen Verhaltens kann grundsätzliche Korrekturen von Aussagen der theoretischen Ökonomie zur Folge haben. Sie kann außerdem zur Klärung der wichtigen Frage beitragen, unter welchen Umständen man erwarten kann, daß die in dem betreffenden Modell jeweils anvisierte Konstellation wenigstens approximativ erreicht wird.

Die ökonomische Theorie hat zwar von vornherein bestimmte institutionelle Vorkehrungen rechtlicher Art vorausgesetzt, um den Preismechanismus erklären zu können, aber wir haben heute Grund anzunehmen, daß diese Voraussetzungen keineswegs zureichend waren. Im neoklassischen Modelldenken ist die soziale Einbettung dieses Mechanismus außerdem immer mehr aus dem Blickfeld geraten, so daß die Attacken des amerikanischen Institutionalismus durchaus plausibel erscheinen mögen. Will man das Funktionieren des Preismechanismus und anderer derartiger Mechanismen – auch außerhalb des Bereichs der den Ökonomen in erster Linie interessierenden Phänomene – in verschiedenen sozialen Milieus einigermaßen adäquat erklären, dann geht das vermutlich nicht ohne Rekurs auf tieferliegende *Verhaltensgesetzlichkeiten*, und zwar im Zusammenhang mit einer genaueren Analyse der in Betracht kommenden *institutionellen Regulierungen* als Ausgangspunkt für die Modellbildung. Man kann wohl Buchanan darin zustimmen, daß die Wirtschaftswissenschaft den Versuch macht, »menschliche Handlungen innerhalb sich entwickelnder institutioneller Gegebenheiten zu erklären«, daß ihr wesentliches Thema also darin

93 Vgl. dazu schon: Oskar Morgenstern, Vollkommene Voraussicht und wirtschaftliches Gleichgewicht, Zeitschrift für Nationalökonomie, Band VI (1935); sowie meine Schrift: Ökonomische Ideologie und politische Theorie, 2. Auflage, a.a.O., S. 47 ff.
94 Vgl. den Hinweis von Alec Nove in seinem Referat, oben.

besteht, dieses Verhalten »innerhalb sozialer Institutionen zu untersuchen, nicht aber abstraktes menschliches Verhalten als solches«[95], und daß die Ökonomen für den Psychologen »eine ständige Herausforderung« darstellen, insofern als sie von ihm erwarten, »mit einer besser erklärenden Verhaltenshypothese« versorgt zu werden[96], aber vermutlich wird man in dieser Hinsicht die Autonomie des ökonomischen Denkens nicht übertreiben wollen, wenn man sieht, daß der theoretische Fortschritt von der Überschreitung der Grenzen der eigenen Disziplin abhängt. An der Feststellung von Gültigkeitsschranken ökonomischer Gesetze sind die meisten Ökonomen vermutlich selbst interessiert.[97]

Diese Sicht der Anwendungsproblematik macht offenbar ein Verfahren plausibel, das ich »Methode der abnehmenden Abstraktion« nennen möchte, ohne den Anspruch zu erheben, daß sie sich in jeder Beziehung mit dem schon früher so bezeichneten Verfahren deckt. Die genaue Analyse konkreter institutioneller Regulierungen in komplexen sozialen Systemen unter theoretischen Gesichtspunkten gibt nämlich die Möglichkeit, die besonderen Annahmen bestimmter Modelltypen so weit an die Beschaffenheit konkreter historischer Situationen anzunähern, daß man zu echten Erklärungen kommt. Aus der idealtypischen Erklärungsskizze mit dem für sie charakteristischen hohen Grad von Idealisierung auch bei den besonderen Annahmen würde damit eine historische Erklärung mit weitgehend »realistischen« Annahmen. Um dieses Ziel zu erreichen, müßte man Verfahrensweisen benutzen, wie sie in der Ökonometrie entwickelt wurden.[98]

95 Vgl.: James M. Buchanan, Das Verhältnis der Wirtschaftswissenschaft zu ihren Nachbardisziplinen. In: Gegenstand und Methoden der Nationalökonomie, Reimut Jochimsen/Helmut Knobel (Hrsg.), Köln 1971, S. 99.

96 Buchanan, a.a.O., S. 92.

97 Vgl. zu dieser Problematik: George C. Homans, The Nature of Social Science, New York 1967, S. 47 ff.; sowie derselbe, Die Bedeutung der Psychologie für die Erklärung sozialer Phänomene. In seinem Aufsatzband: Grundfragen soziologischer Theorie, a.a.O., S. 132 ff.; vgl. auch: Emile Grunberg, Gegenstand und externe Grenzen der Wirtschaftswissenschaft. In: Gegenstand und Methoden der Nationalökonomie, a.a.O., S. 84.

98 Damit sind wir beim Thema einer aktuellen wissenschaftstheoretischen Diskussion angelangt, die in den letzten Jahren innerhalb der Nationalökonomie stattgefunden hat: der Diskussion über die Realistik ökonomischer Annahmen und die Prüfbarkeit ökonomischer Aussagen; vgl. dazu schon: Terence W. Hutchison, The Significance and Basic Postulates of Economic Theory, 2. Auflage, New York 1960; Milton Friedman, The Methodology of Positive Economics. In seinem Aufsatzband: Essays in Positive Economics, Chicago 1953; Emile Grunberg, Bemerkungen über die Verifizierbar-

8. Macht und ökonomisches Gesetz

Kommen wir zurück zu unserem Ausgangsthema: der Machtkontroverse in der Nationalökonomie. Daß die bloße Berufung auf Macht im Rahmen eines Denkens, in dem dieser Begriff keine theoretische Bedeutung hat, weil er nicht in ein Netz nomologischer Aussagen eingebettet ist, nichts erklären kann, hatte ich schon zu Anfang erwähnt. Andererseits sieht es so aus, als ob die extremen Idealisierungen der reinen Ökonomie, die ihre Probleme weitgehend vom Grenzfall der vollkommenen Konkurrenz her entwickelt hatte, dafür verantwortlich waren, daß einige für die Struktur der sozialen Wirklichkeit wesentliche Tatbestände nicht adäquat erfaßt werden konnten, die von den Machttheoretikern zumindest in Betracht gezogen wurden.

Die uns interessierende grundsätzliche Frage lautet nun: Wie kann man

keit ökonomischer Gesetze. In: Theorie und Realität, 2. Auflage, a.a.O.; derselbe: Gegenstand und externe Grenzen der Wirtschaftswissenschaft, a.a.O. . . . Die methodologischen Ausführungen Friedmans, in denen die »Voraussagekraft« einer Theorie der von anderen Theoretikern geforderten »Realistik ihrer Annahmen« als Geltungskriterium entgegengesetzt wurde, und die sich daran anschließende Kontroverse litten offenbar unter der Mehrdeutigkeit des Ausdrucks »Annahme«, die ja auch in anderen Zusammenhängen hinderlich ist; vgl. dazu meine Einleitung: Probleme der Theoriebildung. In: Theorie und Realität, 1. Auflage, Tübingen 1964, S. 32 f., sowie die eingehende Analyse Karl Brunners in seinem Aufsatz: ›Assumptions‹ and the Cognitive Quality of Theories. In: Synthese, Vol. 20, 1969, S. 501 ff. Ich kann darauf an dieser Stelle nicht im einzelnen eingehen. Aber Friedman hat darin das schon mehrfach erwähnte wichtige Problem der Idealisierungen – und damit zusammenhängend: der Approximation – angeschnitten und eine Lösung dafür angeboten, die m.E. ihrer Tendenz nach richtig ist. Andererseits scheint er das Problem der Prüfbarkeit ökonomischer Aussagen zu bagatellisieren; vgl. dazu: Grunberg, Bemerkungen über die Verifizierbarkeit ökonomischer Gesetze, a.a.O., S. 211 ff. Anm. 27. Nicht jede erfolgreiche prognostische Verwendung einer Theorie involviert ja eine strenge Prüfung. Das gleiche gilt natürlich auch für ihre Verwendung zu Erklärungszwecken. Will man z.B. das Marshallsche Nachfragegesetz in dieser Weise anwenden, so muß man bekanntlich dazu die heute unprüfbare Ad-hoc-Annahme der Konstanz der Bedürfnisstrukturen machen, abgesehen von einigen anderen Annahmen, die wenigstens prinzipiell prüfbar sind. Soweit sich die theoretische Arbeit auf die Konstruktion idealtypischer Erklärungsskizzen im oben angegebenen Sinne beschränkt, scheint mir das Prüfungsproblem schon deshalb zu großen Schwierigkeiten zu führen, weil auch die besonderen Annahmen extreme Idealisierungen darstellen, also keine ausreichende »Realistik« besitzen. Auch in dieser Hinsicht ist der Rekurs auf tieferliegende Gesetzmäßigkeiten von Bedeutung, weil er den Bereich möglicher – auch indirekter – Prüfungen erweitern kann.

die sogenannte Machtproblematik in den Sozialwissenschaften – besonders in der Ökonomie – überhaupt theoretisch in den Griff bekommen? – Wir hatten gesehen, daß nomologische Aussagen einen *Spielraum realer Möglichkeiten* für das Geschehen festlegen. In Anwendung auf bestimmte Bedingungskonstellationen geben sie also an, in welcher Weise gewissermaßen das Geschehen kanalisiert ist. Soziales Geschehen besteht aber in nichts anderem als mehr oder weniger komplexen Verkettungen gegenseitigen individuellen Verhaltens, die theoretisch als soziale Wirkungszusammenhänge aufzufassen sind. Wenn man unter sozialer Macht die Möglichkeit bestimmter sozialer Instanzen versteht, dieses Geschehen zu beeinflussen, also: Steuerungswirkungen zu entfalten, dann besteht die adäquate theoretische Bewältigung der Machtproblematik darin, daß man nach Gesetzmäßigkeiten sucht, die das soziale Zusammenspiel erklärbar machen. Wenn sie das leisten, dann liefern sie damit gleichzeitig auch Erklärungen für den Erwerb, die Änderung, den Verlust und den Gebrauch von Machtpositionen durch die Mitglieder der Gesellschaft. Ob dabei das Wort »Macht« explicite verwendet wird, ist vollkommen gleichgültig.[99]
Auch im Konkurrenzmodell üben die Teilnehmer des Marktgeschehens Einfluß auf dieses Geschehen aus, wenn auch nicht auf alle seine Aspekte. Von Machtlosigkeit im strengen Sinne kann also auch da keine Rede sein. Die Kritik an diesem Modell kann also nicht darin bestehen, daß in ihm »das« Machtproblem nicht berücksichtigt ist, denn ein einheitliches Problem dieser Art ist gar nicht identifizierbar. Wenn hier eine Kritik in Betracht kommt, dann muß sie sich auf den geringen Erklärungswert dieses Modells beziehen, der durch den hohen Idealisierungsgrad der üblichen Annahmen bedingt sein mag.
Im übrigen besitzt die theoretische Ökonomie in den Grundvoraussetzungen, von denen sie ausgeht, einen ausgezeichneten Zugang zur Machtproblematik im oben angegebenen Sinne. Der »Tatbestand der Knappheit«, der für alle ihre Aussagen konstitutive Bedeutung hat, scheint mir eine, wenn nicht gar die wesentliche, Grundlage auch der

---

99 So hat Preiser mit Recht darauf hingewiesen, daß die relative Machtposition von Subjekten des Marktverkehrs zum Beispiel in der Elastizität ihres Angebotes zum Ausdruck kommen kann; vgl. dazu: Erich Preiser, Besitz und Macht in der Distributionstheorie, a.a.O. . . . . Andererseits scheint er übersehen zu haben, daß es höchst problematisch ist, Leistungseinkommen und Einkommen aus Machtpositionen strikt zu unterscheiden – vgl. dazu seinen Aufsatz: Erkenntniswert und Grenzen der Grenzproduktivitätstheorie, Schweizerische Zeitschrift für Volkswirtschaft und Statistik, 89. Jg., (1953) –, da die Leistungsfähigkeit selbst ein möglicher Machtfaktor ist.

sozialen Macht zu sein.[100] Im gesellschaftlichen Zusammenhang wird die Knappheit ganz von selbst zu einem sozialen Tatbestand. Die reine Ökonomie mag wichtige Konsequenzen dieser Tatsache übersehen haben, besonders insoweit, als sie im Widerspruch zum methodologischen Individualismus die Gesellschaft als eine kooperative Gesamtheit mit gemeinsamer Wertskala behandelt hat[101]; sie lassen sich aber ohne weiteres entwickeln, wenn man seine Aufmerksamkeit darauf richtet.[102] Eine der wichtigsten soziologischen Fragen ist die nach der Möglichkeit, im Rahmen bestimmter relativ konstanter institutioneller Vorkehrungen eine Form der Macht in eine andere zu transformieren.[103] In der Nationalökonomie werden seit langem Transformationen dieser Art behandelt: zum Beispiel die Verwandlung von Kaufkraft in Verfügungsgewalt über Arbeitskräfte, über sachliche Produktionsmittel oder über militärische Instrumente; andere, wie der Aufbau von Marktpositionen durch Transformation finanzieller Mittel in Organisation und Werbung sind in letzter Zeit in ihr Blickfeld geraten. Eine Sozialordnung kann unter anderem dadurch charakterisiert werden, welche Möglichkeiten der Verwandlung einer Form der Macht in eine andere sie zuläßt. In modernen demokratischen Staaten hat im allgemeinen bekanntlich nur die Regierung die Möglichkeit, in großem Maßstab finanzielle in militärische Macht zu transformieren, abgesehen von gewissen Ausnahmesituationen. Sie teilt mit anderen sozialen Gebilden und Personen die Möglichkeit, finanzielle in politische Macht zu

100 Vgl. dazu die sehr instruktive Schrift von Heinrich Popitz, Prozesse der Machtbildung, Tübingen 1968, in der der ökonomische Ansatz in einigen heuristisch sehr interessanten Gedankenexperimenten auf Probleme der Schichtenbildung, der Legitimation und der Kristallisation sozialer Strukturen angewendet wird.

101 Vgl. dazu: Gunnar Myrdal, Das politische Element in der nationalökonomischen Doktrinbildung, a.a.O., wo die Wirksamkeit dieser »kommunistischen Fiktion« auch in der liberalen Ökonomie nachgewiesen wird.

102 Schon in der ökonomischen Definition des Gutes sind übrigens »Wert« und »Macht« normalerweise miteinander verschmolzen, vgl. etwa: Carl Menger, Grundsätze der Volkswirtschaftslehre (1871), 2. Auflage, Tübingen 1968, S. 3. Die Verfügungsgewalt wird dort als wesentliches Merkmal behandelt, und da sich nach Menger die Güter in Sachgüter und nützliche menschliche Handlungen bzw. Unterlassungen einteilen lassen (a.a.O., S. 7), gehört die Möglichkeit der Verfügung über Handlungen zu den elementaren Tatbeständen der ökonomischen Analyse. Karl Marx hat diesen Aspekt durch seinen Begriff des »Kapitals« akzentuiert, aber er ist an diese spezielle Begriffsbildung keineswegs gebunden.

103 Vgl. dazu: Bertrand Russell, Macht. Eine sozialkritische Studie, Zürich 1947, S. 10 f. und passim.

verwandeln oder auch in Verfügung über Arbeitskräfte. In anderen Systemen ist diese Transformationsmöglichkeit, wie wir wissen, stärkeren Beschränkungen unterworfen. Man hat den Kapitalismus als das soziale System gekennzeichnet, das sich »von jedem anderen bekannten System der Macht durch die Schaffung eines Privatweges zur Macht« unterscheidet.[104] Die Politik der für dieses System charakteristischen Erwerbsunternehmungen ist an gewissen Transformationschancen der Macht orientiert, die sich mit der Sozialstruktur langsam verändern. Die Erklärung solcher sozialstruktureller Wandlungen ist, wie wir wissen, eines der schwierigsten Probleme der Sozialwissenschaften. Wir dürfen aber davon ausgehen, daß die sozialen Mechanismen, die diese Wandlungen hervorrufen, mit Hilfe des gleichen theoretischen Instrumentariums zu erklären sind, das auch für die Entwicklung anderer sozialer Prozesse in Betracht kommt. Brauchbare Theorien, die den sozialen Wandel erklären, sind aber auch außerhalb des ökonomischen Denkens nicht zu entdecken. Es ist keineswegs aussichtslos, mit den Mitteln dieser Denktradition auch diese Problematik in Angriff zu nehmen, wenn man sich nicht scheut, ihre grundlegenden Verhaltensannahmen einer Revision zu unterziehen, die ihre Interpretation im Sinne einer reinen »Logik der Wahl« unmöglich macht.

104 Vgl. Eduard Heimann, Wirtschaftssysteme und Gesellschaftssysteme, Tübingen 1954, S. 25, unter Berufung auf Werner Sombart.

Wertfreiheit als methodisches Prinzip

Zur Frage der Notwendigkeit einer normativen Sozialwissenschaft

1. Die Bedeutung der Wertfreiheit

Das Wertfreiheitsprinzip hat sich in den Sozialwissenschaften faktisch bisher noch nicht durchgesetzt. Besonders im deutschen Sprachgebiet werden immer wieder Argumente dagegen vorgebracht, die zeigen sollen, daß eine wertfreie Sozialwissenschaft unmöglich, nicht notwendig oder zumindest nicht wünschenswert ist, vor allem, daß sie Einschränkungen unterworfen ist, die man nicht ohne weiteres hinnehmen kann, so daß eine Ergänzung durch Werturteile dringend erforderlich zu sein scheint. In neuerer Zeit findet man dabei nicht mehr in so starkem Maße wie früher Einwände metaphysich-ontologischer Natur, sondern vielmehr methodologische Erörterungen, die von der Frage der praktischen Verwendbarkeit der Sozialwissenschaften ausgehen. Die Notwendigkeit einer normativen Sozialwissenschaft soll von den Bedingungen der praktischen Anwendung her erwiesen werden. In logisch-erkenntnistheoretischer Beziehung unterscheidet sich dieser Neo-Normativismus aber kaum von den Auffassungen, die bei den Verfechtern des Wertfreiheitsprinzips vorherrschen. Er bietet nicht, wie das die Vertreter des methodologischen Autonomieanspruchs der Geisteswissenschaften tun, ein prinzipiell neues anti-naturalistisches Wissenschaftsideal an, sondern geht im allgemeinen von den Ergebnissen der modernen Wissenschaftslogik aus.

Die Argumente dieser Richtung für eine normative Sozialwissenschaft beruhen meines Erachtens weitgehend darauf, daß man die Leistungsfähigkeit der wertfreien Wissenschaft in praktischer Beziehung erheblich unterschätzt. Ich werde daher zu zeigen suchen, daß die Vorstellung, man könne bei Aufrechterhaltung des Wertfreiheitsprinzips irgendwelche Anwendungsprobleme nicht lösen, die nur mit Hilfe einer normativen Wissenschaft zu lösen seien, unbegründet, daß also eine partielle Normativierung der Sozialwissenschaften nicht erforderlich ist.

Die Unterschätzung der Möglichkeiten einer wertfreien Wissenschaft, die den Neo-Normativismus charakterisiert, mag zum Teil darauf beruhen, daß auch manche Positivisten in dieser Beziehung einen falschen Eindruck hervorgerufen haben, wenn sie mit Nachdruck auf die ethische Neutralität der Wissenschaft aufmerksam gemacht, ihre moralische Bedeutung geleugnet und eine sehr enge Interpretation des Wertfreiheitsprinzips suggeriert haben, die zu seiner Ablehnung beitragen mag. Durch eine zu enge Auslegung des Prinzips mag mitunter der Eindruck entstehen, seine Aufrechterhaltung im Bereich der Sozialwissenschaften müsse in eine Sackgasse führen. Diese Auffassung wird besonders dann an Boden gewinnen, wenn man die verschiedenen Ebenen und Aspekte der sehr komplexen Wertproblematik nicht auseinanderhält, vor allem, wenn man nicht bemerkt, daß auch die sogenannten »Wertprobleme« wertfrei zu behandeln sind. Die Auffassung, man müsse stets normative Aussagen produzieren, um gewisse Probleme behandeln zu können, beruht zum Teil wohl auf Mißverständnissen, die die Sprache betreffen. Eine Behandlung sprachlicher Probleme wird also nicht zu vermeiden sein, auch wenn man die Sprache nur als das Vehikel des Gedankens ansieht. Das Problem der Wertfreiheit selbst ist ein meta-wissenschaftliches Problem, darüber hinaus ein solches, das selbst gewissermaßen eine moralische Seite hat. Trotzdem ist eine sachliche Diskussion, eine wertfreie Behandlung dieses Problems, durchaus möglich.

Man kann für die Erörterung des Wertfreiheitsprinzips von dem Tatbestand ausgehen, auf den gerade Verfechter dieses Prinzips immer wieder mit Nachdruck hingewiesen haben, nämlich: daß unsere allgemeine Weltorientierung wertakzentuiert, mit Wertungen durchsetzt und in gewisser Hinsicht auch durch Wertungen mitkonstituiert ist. Die Alltagssprache, das Medium der sozialen Kommunikation, enthält gewissermaßen eine gebrauchsfertige Gesamtorientierung[1], in der deskriptive und präskriptive Elemente miteinander verschmolzen sind. Unsere Weltperspektive, die sich in der Grammatik unserer Sprache ausprägt, scheint zumindest teilweise in unserer praktischen Einstellung verwurzelt und von unseren Bedürfnissen mitbestimmt zu sein: Unsere Unterscheidungen und unsere Entscheidungen hängen eng miteinander zusammen, auch im Bereich der wissenschaftlichen Tätigkeit. Dennoch sind die Wissenschaften dadurch gekennzeichnet, daß sie diesen Zusammenhang bis zu einem gewissen Grade suspendieren, daß sie von natürlichen Wertungen abstrahieren, daß sie ihre Sprache, ein

1 Siehe dazu z.B.: Ernst Topitsch, Konventionalismus und Wertproblem in den Sozialwissenschaften, Mens en Maatschappij, 1952, S. 107; und derselbe, Vom Ursprung und Ende der Metaphysik, Wien 1958, passim.

relativ künstliches Zuchtprodukt einer kritisch-reflektierenden Denkhaltung, neutralisieren und sie vom praktisch-normativen Hintergrund der allgemeinen Weltorientierung ablösen. Die Leistungsfähigkeit des wissenschaftlichen Denkens beruht auf dieser kritischen Distanz, sie wird durch das Prinzip der Wertfreiheit nicht beeinträchtigt, sondern gefördert.

Damit komme ich zu einem wesentlichen Gesichtspunkt für die Beurteilung dieses Prinzips. Das Werturteil hat sich in den Sozialwissenschaften als ein Einfallstor des dogmatischen Denkens erwiesen, vornehmlich da, wo man sich seiner Bedeutung und seiner Funktion am wenigsten bewußt war, nämlich im Falle der impliziten, versteckten und erschlichenen Wertung. Der wissenschaftliche Fortschritt ist aber gerade davon abhängig, daß die Tradition der kritischen Diskussion aller Aussagen sich immer wieder dem Dogmatismus der natürlichen Denkhaltung gegenüber durchsetzt[2], eine Tradition, die in der Forderung nach intersubjektiver Überprüfbarkeit und Überprüfung zum Ausdruck kommt. Das Prinzip der Wertfreiheit kann als eine Konsequenz dieser Forderung, als eine methodische Regel aufgefaßt werden, die einer konsequent durchgehaltenen kritischen Einstellung entspringt.

Man könnte den Zusammenhang zwischen Wertfreiheit und Überprüfbarkeit im Bereich der Wissenschaft etwa so formulieren: Überall, wo intersubjektive Kritik möglich ist, sind Werturteile nicht notwendig; wo aber keine solche Kritik mehr möglich ist, da können sie nur dogmatisch eingeführt werden. Wo Werturteile also nicht neutralisiert werden können, müssen sie als Dogmen behandelt werden. Jedes Problem läßt sich sachlich erörtern, ohne daß man zu Werturteilen Zuflucht nimmt. Die Grenze möglicher Wertfreiheit fällt mit der Grenze der kritischen Diskussion zusammen. Auch moralisch relevante Probleme lassen sich prinzipiell wertfrei behandeln. Die logische Grammatik normativer Aussagen macht diese für ganz bestimmte Funktionen tauglich, die für wissenschaftliche Aussagenzusammenhänge nicht in Betracht kommen. Natürlich kommt bei der praktischen Anwendung der Wissenschaften irgendwo einmal die Stelle, an der wissenschaftliche Aussagen eine normierende Funktion für das praktische Handeln gewinnen. Daraus folgt aber keineswegs die Notwendigkeit normativer Aussagen *innerhalb* wissenschaftlicher Aussagenkom-

2 Siehe dazu: Karl R. Popper, Philosophy of Science: A Personal Report. In: British Philosophy in the Mid-Century, C. A. Mace (ed.), London 1957, S. 175 ff. und passim. Wiederabgedruckt in: Karl R. Popper, Conjectures and Refutations, a.a.O.

plexe, so plausibel das auch prima facie erscheinen könnte.

Die Neutralisierung des wissenschaftlichen Denkens, die die Konsequenz des Wertfreiheitsprinzips ist, ist keineswegs ein Schritt auf dem Wege zum Elfenbeinturm einer selbstgenügsamen und lebensfernen Bestätigung, sondern eine eminent praktische Angelegenheit. Sie kann unter anderem dafür fruchtbar gemacht werden, Rationalität auch in den Bereich des praktischen Lebens, des sozialen Handelns und damit in die Sphäre der Politik hineinzutragen. Der Glaube, die Sozialwissenschaften müßten für diesen Zweck ihre Wertfreiheit aufgeben, beruht auf einem Mißverständnis.

2. Die Sprache der Wissenschaft und die Sprache der Praxis

Die Frage der Wertfreiheit ist teilweise ein Problem der Wissenschaftssprache. Es geht dabei unter anderem um die Brauchbarkeit bestimmter Aussagearten für die Zielsetzungen der Wissenschaft: nämlich der Werturteile, oder, wie man sie vielleicht besser nennt, der *normativen* Aussagen[3].

Eine Klassifikation aller möglichen Aussagearten würde den Rahmen dieser Untersuchung sprengen. Ich beschränke mich daher auf einige für uns brauchbare Unterscheidungen. Zunächst möchte ich von der *deskriptiven* Sprache, deren man sich üblicherweise im Bereich kognitiver Zielsetzungen und damit auch in den Wissenschaften bedient, die *präskriptive* Sprache der Praxis unterscheiden. Während in deskriptiver Sprache formulierte Aussagen dazu verwendet werden, Tatsachen und mögliche Sachlagen zu beschreiben, Zusammenhänge zu erklären, Annahmen zu machen, Hypothesen zu formulieren, Gesetze zu konstatieren, Regeln zu beschreiben und Kriterien zu formulieren, lassen sich in präskriptiver Sprache formulierte Aussagen dazu gebrauchen, Stellungnahmen und Entscheidungen auszudrücken, Vorschriften zu machen, Befehle zu erteilen, Rechte und Pflichten zuzuschreiben und Verhaltensweisen als gerechtfertigt zu deklarieren. Die Frage ist nun, inwieweit derartige Aussagen auch innerhalb der Sozialwissenschaften verwendbar sind, insbesondere, soweit es um deren praktische Anwendung geht. Allerdings dürften kaum alle Aussagearten präskrip-

---

3 In den Sozialwissenschaften ist für die in Frage stehende Aussagenkategorie der Ausdruck »Werturteil« üblich, den auch ich bisher meist benutzt habe. Da es sich jedoch oft um Aussagen handelt, die sich nicht auf Stellungnahmen (Bewertungen) sondern auf Handlungen beziehen, empfiehlt sich vielleicht doch der Ausdruck »normative Aussage«.

tiven Charakters dafür in Frage kommen. Es ist zu vermuten, daß folgende Arten von vornherein aus der Diskussion ausscheiden, wenn man ihren subjektiven Charakter erkennt:

a) *Resolutive*, d. h. Aussagen, die den Sinn haben, die Enscheidungen von Personen für ein bestimmtes Verhalten auszudrücken;

b) *Optative*, d. h. Aussagen, in denen Wünsche zum Ausdruck gebracht werden;

c) *Valuative*, d.h. Aussagen, die persönliche Stellungnahmen ausdrücken⁴.

Auch für eine weitere Aussageart wird im allgemeinen kein Anspruch auf wissenschaftliche Brauchbarkeit erhoben, nämlich die

d) *Performative*, d. h. Aussagen, die als wesentliche Bestandteile des Vollzuges in ihnen erwähnter Handlungen anzusehen sind⁵.

Eine andere Kategorie von Aussagen wird von den Vertretern des Normativismus ebenfalls kaum erwähnt, nämlich die der einfachen

e) *Imperative*, die die Funktion haben, irgendwelchen Personen ein bestimmtes Verhalten vorzuschreiben.

Wenn man in den Sozialwissenschaften von Werturteilen spricht, dann meint man im allgemeinen weder Aussagen, die Entschlüsse, Wünsche oder Stellungnahmen ausdrücken, noch einfache Vorschriften, sondern vielmehr eine Aussageart, für die ein höherer Grad von Objektivität in Anspruch genommen wird, deren Interpretation aber noch umstritten ist; ich will sie hier einmal

4 Im kognitiven Bereich wird man aus dem gleichen Grunde etwa rein *deklarative* Aussagen, die einen persönlichen Glauben ausdrücken, nicht als wissenschaftlich akzeptieren, es sei denn, man kann ihnen eine sachlich objektive Interpretation geben. Aussagen der Form: »Ich will ...«, »Ich wünsche ...«, »Ich billige ...«, »Ich glaube ...« haben durchaus eine praktische Funktion, werden aber normalerweise in der Wissenschaft nicht als relevant angesehen, da in ihnen meist kein sachlicher Anspruch gemacht wird.

5 »Performativ« ist hier eine Bezeichnung für die von J. L. Austin erstmalig analysierte Kategorie der »performatory phrases«, siehe: Austin, Other Minds. In: Logic and Language (Second Series), Antony Flew (ed.), Oxford 1953, S. 142 ff., die sehr leicht deskriptiv mißverstanden werden können. Beispiel: Die Aussage »Ich verspreche ihnen, morgen zu kommen« hat nicht beschreibenden sondern performativen Charakter, wenn sie in einer bestimmten sozialen Situation verwendet wird. Sie ist dann Teil des Vollzuges der Handlung, die man »ein Versprechen geben« nennt. Bestimmte Arten performativer Aussagen können allerdings unter Umständen in wissenschaftlichen Aussagenzusammenhängen auftreten, nämlich solche, die das Denkverhalten betreffen: z.B.: »Ich definiere ...«, »Ich mache folgende Annahme ...« Zur Bedeutung solcher Aussagen siehe: Morton White, Toward Reunion in Philosophy, Cambridge 1956, passim.

f) *Normative* nennen und als Aussagen verstehen, die bestimmte Verhaltensweisen (Stellungnahmen, Entscheidungen, Handlungen) als gerechtfertigt deklarieren[6].

Damit beschränke ich mich auf die Angabe der zentralen Bedeutung, ohne auf Einzelheiten und auf weitere Interpretationsmöglichkeiten Rücksicht zu nehmen[7]. Der äußeren Formulierung nach sind diese Aussagen in der Alltagssprache voneinander und von den Aussagen des kognitiv-informativen Bereichs oft schwer zu unterscheiden. Wesentliche Sinnkomponenten ergeben sich im Alltagssprachgebrauch norma-

---

6 Siehe dazu meinen Aufsatz: Ethik und Meta-Ethik. Das Dilemma der analytischen Moralphilosopie. In: Konstruktion und Kritik, a.a.O., die dort angegebene Literatur. Nach Castañeda (siehe: Hector Neri Castañeda, Outline of a theory on the general logical structure of the language of action, Theoria, Vol. XXVI, 1960; derselbe, »Ought« and Assumption in Moral Philosophy, The Journal of Philosophy, Vol. LVII [1960], S. 791 ff.; und: On the Logic of Norms, Methodos, Vol. IX, 1957, wo man vor allem eine syntaktische Analyse normativer Aussagen findet) dienen normative Ausdrücke der Wiedergabe meta-sprachlicher Feststellungen in der Objekt-Sprache der Imperative und Resolutive. Der objekt-sprachliche Satz »Die Person X sollte A tun« könnte demnach etwa folgendermaßen in die Meta-Sprache transformiert werden: »Der Imperativ ›X zu A‹ ist gerechtfertigt.« Ersetzt man hier Handlungen durch Stellungnahmen, dann gelangt man in die Nähe der Kraftschen Interpretation von Werturteilen, deren Geltung folgendermaßen aufgefaßt werden kann: »Für die Anweisung einer Stellungnahme zu einem Gegenstand wird allgemein Anerkennung beansprucht«; siehe: Viktor Kraft, Die Grundlagen einer wissenschaftlichen Wertlehre, 2. Auflage, Wien 1951, S. 209. Daß sich die betreffenden Imperative auf Stellungnahmen beziehen könnten, wird von Castañeda nicht erwähnt. Als weiterer möglicher Fall könnte noch die Bezugnahme auf sachliche Überzeugungen erscheinen. Zum Beispiel könnte der Satz »Das und das ist glaubwürdig« oder ». . . sollte geglaubt werden« folgendermaßen in die Meta-Sprache übersetzt werden: »Der Imperativ ›Glaubt das und das‹ ist gerechtfertigt.« Aber dieser Fall ist wohl ohne Schwierigkeiten auf Stellungnahmen beziehbar. Meine Formulierung unter (6) bezieht sich auf die Rechtfertigung der betreffenden Verhaltensweisen selbst, nicht auf die der entsprechenden objekt-sprachlichen Aussagen. Taylor (siehe: Paul W. Taylor, Normative Discourse, Englewood Cliffs, N. J., 1961, S. 68 ff.) macht mit Recht darauf aufmerksam, daß die Rechtfertigung einer sprachlichen Äußerung ein Sonderproblem aufwirft. Wer ein bestimmtes Verhalten als gerechtfertigt ansieht, ist keineswegs gezwungen, die Äußerung eines Imperativs, der dieses Verhalten vorschreibt, eo ipso als gerechtfertigt anzusehen.

7 Siehe dazu meine Aufsätze: Ethik und Meta-Ethik, a.a.O.; sowie: Wissenschaft und Politik. Zum Problem der Anwendbarkeit einer wertfreien Sozialwissenschaft. In: Probleme der Wissenschaftstheorie, Ernst Topitsch (Hrsg.), Wien 1960.

lerweise aus dem Kontext der Situation[8]. Man kann aber versuchen, derartige Aussagen der Alltagssprache in eine konstruierte Sprache zu transformieren, deren Syntax alle relevanten Eigenschaften klar zum Ausdruck bringt.[9] Als semantischer Kern jeder Aussage (der deskriptiven wie der präskriptiven Sprache) läßt sich die Charakterisierung einer bestimmten Sachlage (Zustand, Situation, Ereignis, Verhalten usw.) ansehen, auf die in irgendeiner Weise Bezug genommen wird. Dieser *Sachgehalt* der Aussage ist von der Weise zu unterscheiden, in der sie sich auf die betreffende Sachlage bezieht: beschreibend, behauptend, vorschreibend, wertend usw., die ich hier einmal ihren *Geltungsmodus* nennen will. Mit diesem Geltungsmodus hängt die Funktion einer Aussage eng zusammen.

Wenn man von der in der modernen Sprachanalyse üblichen Unterscheidung zwischen syntaktischer, semantischer und pragmatischer Dimension ausgeht, dann gehört die Funktion in die letztere, ihre Analyse also in die Pragmatik. Die pragmatische Analyse sucht den Zusammenhang zwischen bestimmten Aussagearten und den Einstellungen, Überzeugungen und Verhaltensweisen der Personen zu klären, die sie verwenden bzw. die als Adressaten in Frage kommen[10]. Vieles, was bisher zur Frage der Wertfreiheit geäußert wurde, scheint mir vor allem auf die pragmatische Dimension der Sprache bezogen zu sein, ohne daß man sich über diesen Tatbestand immer klar wäre. Dahin gehört zum Beispiel die neuerdings öfter auftauchende Akzentuierung der Forderung, daß der Forscher sich zu gewissen Prinzipien normativer Charakters *bekennen*, daß er sie »bekenntnishaft einführen« solle.

---

8 Es gibt allerdings bestimmte Worte, deren Vorkommen einen gewissen Anhaltspunkt geben kann. So tritt in Imperativen (außer dem grammatischen Imperativ) oft das Wort »soll« auf, in Normativen »sollte« oder ein allgemeines Wertprädikat wie »gut«. Allerdings sind mitunter auch »Soll«-Aussagen normativ (d.h. nicht rein imperativisch) zu verstehen, und Ausdrücke, die üblicherweise als Wertprädikate verwendet werden, treten in deskriptiver Verwendung auf; siehe: Taylor, Normative Discourse, a.a.O., S. 52-59. Die Aussage »Die heutige Einkommensverteilung ist ungerecht« wird man wohl meist als normativ verstehen dürfen, dagegen »Ich mißbillige die heutige Einkommensverteilung« oft als Ausdruck einer subjektiven Stellungnahme (Wertung).

9 Ansatzpunkte dazu sind bei Richard M. Hare, The Language of Morals, Oxford 1952, und im Anschluß an dieses Buch im Rezensionsartikel Richard B. Braithwaites, The Language of Morals. In: Mind LXIII, 1954, S. 249-262, zu finden. Siehe auch die o.a. Arbeiten Castañedas.

10 Während es schon eine Fülle von syntaktischen und semantischen Analysen verschiedener Aussagearten und Aussagensysteme gibt, ist das Gebiet der Pragmatik noch weitgehend unerschlossen.

Dazu könnte man zunächst sagen, daß eine derartige Beziehung des Forschers zu den von ihm gemachten Aussagen auch für den kognitiven Bereich gefordert werden könnte, daß aber die darin zum Ausdruck kommende subjektive Wahrhaftigkeit mit dem Begründungsproblem wenig zu tun habe. Hier scheint also überhaupt kein Spezialproblem des normativen Denkens vorzuliegen. Daß die Frage des Bekenntnisses im kognitiven Bereich bei der Erörterung wissenschaftlicher Fragen so gut wie gar nicht auftaucht, hängt vermutlich damit zusammen, daß man hier ihre Irrelevanz für das Begründungsproblem längst eingesehen hat[11].

Bei der Frage der Funktion handelt es sich um ein anderes Problem, das aber ebenfalls in die pragmatische Dimension gehört. Wichtig scheint mir hier vor allem die Tatsache zu sein, daß ganz verschiedene Aussagearten, auch solche des kognitiv-informativen Bereichs, »normierend« auf die an der jeweiligen Kommunikationssituation Beteiligten wirken können. Bei den in deskriptiver Sprache formulierten Aussagen handelt es sich zunächst vor allem um die Normierung unserer sachlichen Überzeugungen, z.B. unseres Glaubens an die Existenz bestimmter Naturgesetze, unserer Erwartungen usw., während die Aussagen der präskriptiven Sprache meist normierend auf unsere Stellungnahmen, Entscheidungen und Handlungen wirken. Aber ganz abgesehen von indirekten Einflüssen ist diese unterschiedliche Funktionsweise keineswegs ausnahmslos zu beobachten. Auch die Aussagen einer deskriptiv formulierten Technologie können motivierend und verhaltensnormierend wirken. Die Aussagen der Logik, die weder Imperative noch Normative sind, haben eine normierende Funktion für unser Denkverhalten und für die damit zusammenhängenden Stellungnahmen. Das gleiche gilt für die methodologischen Aussagen der Wissenschaftslehre. Überall, wo Kriterien und Regeln formuliert werden, ist u.U. eine solche verhaltensnormierende Funktion zu erwarten.

Nun darf man aber keineswegs annehmen, die Formulierung von Regeln oder Kriterien impliziere den Gebrauch der präskriptiven Sprache. Möglicherweise ist die Auffassung der Neo-Normativisten teilweise auf dieses Mißverständnis zurückzuführen. Man kann die normierende Wirkung von Aussagen, einen Tatbestand der pragmati-

11 Hinsichtlich der sogenannten »Evidenz« hat sich diese Einsicht auch hier noch nicht ganz durchgesetzt, und so findet man mitunter die Berufung auf evidente Einsicht, ein Analogon zur bekenntnishaften Einführung von Aussagen im normativen Bereich. Auf Intuition pflegt man sich in beiden Bereichen noch immer zu berufen.

schen Dimension, und die Formulierung normativer, oder allgemeiner: präskriptiver, Aussagen ohne weiteres auseinanderhalten. Wenn eine naturwissenschaftliche Hypothese immer wieder strengen Überprüfungsversuchen standgehalten hat, dann wird man nicht selten der Auffassung sein, daß sie geglaubt werden *sollte,* ohne daß man es aber meist für angebracht hielte, derartige Formulierungen zu benützen. Alles, was für diese Auffassung relevant ist, läßt sich auch in deskriptiver Sprache formulieren: daß die Hypothese mit unseren übrigen Theorien kompatibel ist, daß sie bestimmten Kriterien genügt, daß sie ihnen in stärkerem Maße genügt als rivalisierende Hypothesen, daß sie bestimmte Tests erfolgreich überstanden hat usw. Alles was sachlich relevant ist, läßt sich also hier auch wertfrei ausdrücken. Abgesehen davon ist natürlich die Auffassung, man solle die betreffende Hypothese glauben, nicht einmal ungefährlich, da sie ein dogmatisches Element enthält, das für den weiteren wissenschaftlichen Fortschritt hinderlich sein könnte. Gerade diejenigen, die unsere früheren, bisher bewährten Überzeugungen in Frage stellen, die also nicht einfach glauben, bringen oftmals die Erkenntnis weiter. Aber das ist ein anderes Problem. Wichtig ist hier nur die Möglichkeit einer normierenden Wirkung von Aussagen des kognitiv-informativen Bereichs, die in deskriptiver Sprache formuliert sind. Auch hier könnte man die präskriptive Sprache benutzen, es fragt sich nur, von welcher Zielsetzung her das erforderlich wäre. Bei neutraler deskriptiver Formulierung tritt die sachliche Grundlage in den Vordergrund, die man in der Wissenschaft als entscheidend anzusehen pflegt. Die Konsequenz des methodischen Prinzips der Wertfreiheit ist die Versachlichung der Diskussion durch Abstraktion von der pragmatischen Dimension.

Die Eigenart der präskriptiven Sprache besteht aber gerade darin, daß die pragmatische Komponente in den Vordergrund gerückt wird. Die normierende Funktion, die beabsichtigte Wirkung auf die Motivation des Verhaltens, kommt sozusagen schon in der Grammatik zum Ausdruck. Eine Abstraktion von der pragmatischen Dimension ist von vornherein nicht beabsichtigt. Die Frage ist nun, von welchen Voraussetzungen her in der Wissenschaft das Wertfreiheitsprinzip aufgegeben und die präskriptive Sprache angewendet werden müßte. Gibt es wissenschaftliche Probleme, die sich nur so lösen lassen? Wird die praktische Anwendbarkeit der Wissenschaft durch die Formulierung ihrer Aussagen in neutraler deskriptiver Sprache beeinträchtigt? Auf dieses Thema werden wir noch einmal zurückkommen.

3. Die normative Grundlage der Wissenschaft

Den Verfechtern des Wertfreiheitsprinzips wurde bisher mitunter der Einwand entgegengehalten, der normative Charakter dieses Prinzips müsse für sie zu einem Dilemma führen: sie seien gezwungen, wertend gegen Werturteile in der Wissenschaft Stellung zu nehmen. Daß in diesem Falle auch die Vertreter der wertenden Wissenschaft in Schwierigkeiten geraten müßten, da sie in ihrer Argumentation zu einem Zirkel gezwungen wären, wurde dabei übersehen. Beide Schwierigkeiten lösen sich sofort auf, wenn man zwischen der Ebene der Objekt-Sprache und der der Meta-Sprache unterscheidet. Das Wertfreiheitsprinzip, um das die Diskussion hier geht, gehört dann in die Meta-Sprache, während die Werturteile, auf die es sich bezieht, der Objekt-Sprache angehören müßten. Die Argumentation für oder gegen Werturteile in der Wissenschaft müßte weder einen Zirkel noch einen Widerspruch enthalten.

Auf den ersten Blick könnte es nun den Anschein haben, als ob die Kontroverse sachlich nicht mehr weiterzuführen sei. Man müsse sich entweder zu diesem Prinzip oder aber zur wertenden Wissenschaft »bekennen«, und damit sei die Sache entschieden. Das scheint mir ein Kurzschluß zu sein, der die ganze Methodologie zu einer Angelegenheit der bloßen subjektiven Stellungnahme stempeln würde, denn genau das gleiche Verfahren könnte man auch anderen Bestandteilen methodologischer Konzeptionen gegenüber anwenden.[12]

Nun braucht keineswegs geleugnet zu werden, daß die wissenschaftliche Erkenntnis keine Offenbarung der Vernunft oder der. Sinne, sondern das Ergebnis einer Tätigkeit ist, die mit *Entscheidungen* aller Art durchsetzt ist. Das bedeutet aber nicht, daß diese Entscheidungen willkürlich getroffen werden oder daß Kriterien, die ihnen zugrunde liegen, ohne sachliche Grundlage sind. Die Regeln, von denen man bei wissenschaftlichen Entscheidungen ausgeht, sind zwar methodologisch gesehen keine natürlichen Tatsachen, die man durch empirische Forschung feststellen könnte, aber sie können dennoch sachlich fundiert sein, wenn man eine bestimmte Zielsetzung für die wissen-

---

12 Diese Auffassung mag sehr leicht entstehen, wenn man den naiven methodologischen Naturalismus (N. *in bezug auf* methodologische Fragen) überwunden hat und durch die neu gewonnene Wahlfreiheit zu einem Sprung in das Bekenntnis verleitet wird. Während der Naturalismus methodologische Regeln als natürliche Fakten mißversteht (zur Kritik siehe vor allem: Karl R. Popper, Logik der Forschung, a.a.O., S. 23 ff.) und sie dadurch dogmatisiert, glaubt der Irrationalismus nicht an die Möglichkeit einer sachlichen Erörterung methodologischer Entscheidungen.

schaftliche Betätigung unterstellt. Geht man davon aus, daß die wissenschaftliche Tätigkeit auf intersubjektiv überprüfbare Information über die Wirklichkeit abziele, dann wird man die methodologischen Regeln und Kriterien so formulieren, daß sie die Überprüfbarkeit und damit die Revidierbarkeit wissenschaftlicher Aussagen sichern. Bestandteile wissenschaftlicher Aussagenkomplexe, die diesen Anforderungen nicht genügen, wird man zu eliminieren oder so zu transformieren suchen, daß sie überprüfbar werden. Das Wertfreiheitsprinzip kann als eine Konsequenz dieser Zielsetzung aufgefaßt werden. Von anderen Zielsetzungen her kann man natürlich zu anderen Konsequenzen für die Frage der Wertfreiheit kommen. Die durch den Neo-Normativismus aufgeworfene Frage ist die, ob man von dieser Zielsetzung abgehen oder sie erweitern muß, wenn man die praktische Verwendbarkeit der Sozialwissenschaften gewährleisten will. Auch das scheint mir eine sachlich zu lösende Frage zu sein. Überhaupt darf die normative *Bedeutung* der Methoden für die wissenschaftliche Tätigkeit nicht dazu verleiten, daß man glaubt, die Methodologie müsse sich zur Formulierung ihrer Aussagen der präskriptiven Sprache bedienen.[13] In der Methodologie geht es um die Festsetzung bestimmter Kriterien für die kritische Überprüfung wissenschaftlicher Aussagen und die Formulierung von Regeln, die an diese Kriterien anknüpfen. Beides ist bezogen auf die Zielsetzung der Erkenntnistätigkeit, die für die Formulierung methodologischer Aussagen hypothetisch unterstellt werden kann. Die Methodologie ist also an einem Erkenntnisideal orientiert, ohne daß sie präskriptive Aussagen enthielte, die die Annahme dieses Ideals vorschreiben oder rechtfertigen würden. Ihre *Funktion* in der Anwendung auf wissenschaftliche Aussagen, Theorien usw. ist kritischer Natur. Die Überprüfung wissenschaftlicher Aussagen ist an den in der Methodologie entwickelten Kriterien und Regeln orientiert. Entscheidungen für die Annahme oder Ablehnung von Aussagen gehen darauf zurück, daß

13 Mit Recht wird dem üblichen epistemologischen Naturalismus gegenüber darauf aufmerksam gemacht, daß die Erkenntnislehre, die Wissenschaftslogik, die Methodologie an einem Erkenntnisideal orientiert sind und dem tatsächlichen Wissenschaftsbetrieb gegenüber eine normierende und kritische Funktion haben; siehe dazu: Victor Kraft, Erkenntnislehre, Wien 1960, S. 23 ff. und passim; sowie: Paul K. Feyerabend, An Attempt at a Realistic Interpretation of Experience, Aristotelian Society, Meeting v. 10.2.1958, S. 166; zur Rolle der methodologischen Entschlüsse für die Erkenntnis siehe auch: Feyerabend, Das Problem der Existenz theoretischer Entitäten. In: Probleme der Wissenschaftstheorie, Ernst Topitsch (Hrsg.), Wien 1960. Der in diesem Sinne »normative« Charakter der Erkenntnislehre muß aber hier ebensowenig zu präskriptiven Formulierungen führen wie in der Logik.

diese den betreffenden Kriterien mehr oder weniger genügen. Sie haben insofern eine sachliche Grundlage, sind aber natürlich nur für den akzeptabel, der die betreffende methodologische Konzeption und damit das dazugehörige Erkenntnisideal akzeptiert hat.

Auch in der methodologischen Diskussion selbst geht es um Zusammenhänge, die sachlich diskutiert werden können, z.B. um die Frage, wie Falsifizierbarkeit und Informationsgehalt zusammenhängen, welche Beziehungen zwischen Widerspruchslosigkeit und Überprüfbarkeit bestehen oder wie ein Kriterium der Bewährung formuliert werden kann, das mit dem Informationsgehalt von Theorien in bestimmter Weise positiv zusammenhängt.[14] Auch methodologische Konzeptionen sind also durchaus sachlich kritisierbar. Es läßt sich zum Beispiel zeigen, daß bestimmte methodologische Thesen sachlich (z.b. logisch) von falschen Voraussetzungen ausgehen, daß sie bestimmten Aufgaben mehr oder weniger gerecht werden, daß in ihnen Probleme konfundiert werden (z.B. Fragen der Gewinnung und der Überprüfbarkeit von Hypothesen) und daß bestimmte Festsetzungen für gewisse Zwecke inadäquat oder irrelevant sind. Dazu braucht man weder Vorschriften zu machen noch Anweisungen zu geben, noch überhaupt präskriptive Formulierungen zu verwenden. Auch auf dieser Ebene müssen natürlich gewisse »Voraussetzungen« gemacht werden, ohne die keine Anhaltspunkte für ein sachliches Urteil mehr vorhanden wären; es müssen nämlich z. B. die Gesetze bzw. Regeln der Logik zugrunde gelegt werden[15], die auf anderer Ebene wieder diskutiert werden können. Es zeigt sich immer wieder, daß diejenigen Prinzipien, die jeweils problematisch sind und daher zum Thema der Diskussion werden, sachlich behandelt werden können, während bestimmte nicht zur Diskussion stehende Kriterien und Regeln dabei eine kritisch-normierende Funktion haben. Die »normative« Grundlage der Untersuchung tritt niemals in der Form präskriptiver Formulierungen in Erscheinung. Darin liegt schon ein gewisser Hinweis auf die Lösung des

14 Siehe dazu: Karl R. Popper, Logik der Forschung, a.a.O., passim.
15 Dabei ist hinsichtlich des Ausdrucks »Voraussetzungen« eine gewisse Vorsicht angebracht. Man braucht darunter hier nämlich keineswegs »Prämissen« für logische Ableitungen zu verstehen, sondern kann diesen Ausdruck auch auf *Regeln* beziehen, die der Argumentation *zugrunde liegen*. Beides wird vielfach miteinander verwechselt, wenn man die Frage diskutiert, ob die Wissenschaft »voraussetzungslos« sein könne. Auch bei der Behandlung des Problems der Notwendigkeit von Werturteilen in der Wissenschaft tritt diese Verwechslung mitunter auf. Siehe dazu meinen Aufsatz: Wissenschaft und Politik, a.a.O.

Problems der Werturteile innerhalb wissenschaftlicher Aussagenzu-sammenhänge.[16] In bestimmter Hinsicht hat nicht nur die wissenschaft-liche Diskussion und Argumentation, sondern jede Kommunikation im Medium der Sprache überhaupt einen »normativen« Hintergrund, ohne daß dieser Tatbestand in normativen oder überhaupt präskriptiven Aussagen zum Ausdruck kommen müßte. Solche Aussagen bilden vielmehr einen ganz speziellen Teil unseres sprachlichen Instrumenta-riums, der für spezielle Zwecke geeignet ist, vor allem für die Motivierung menschlichen Verhaltens und die Beeinflussung menschli-cher Einstellungen.

4. Die Neutralisierbarkeit und das Relevanzproblem

Bei Untersuchungen über das Problem der Wertfreiheit ist nicht selten festzustellen, daß die Verwechslung der verschiedenen Aspekte des Problems zu Lösungen führt, die der Kritik nicht standhalten. Dabei ist heute im allgemeinen weniger an eine mangelnde Unterscheidung zwischen Werturteilen (normativen Aussagen) innerhalb wissenschaft-licher Aussagenzusammenhänge und Beschreibungen des Wertverhal-tens (von Stellungnahmen usw.) derjenigen Personen, die im Objektbe-reich der betreffenden Wissenschaft auftreten, zu denken, als an eine Identifizierung von Basisproblemen mit dem eigentlichen Werturtei-lungsproblem. Man konfrontiert die den wissenschaftlichen Aussagen *zugrunde liegenden* Wertungen, Entscheidungen usw. mit Werturtei-len, die *innerhalb* wissenschaftlicher Aussagenzusammenhänge auftre-ten. Von der Notwendigkeit *meta-wissenschaftlicher Entscheidungen* schließt man auf die *wissenschaftlicher Werturteile*.

Nun ist die Notwendigkeit gewisser Basisentscheidungen an sich keineswegs ein Punkt, über den man streiten müßte. Gerade die Verfechter des Wertfreiheitsprinzips haben auf sie immer wieder

16 Auf die Bedeutung der »normativen« Grundlage für die Entscheidung sachlicher Fragen weist Sidney Morgenbesser hin in: On the Justification of Beliefs and Attitudes, The Journal of Philosophy. Vol. LI (1954), S. 565 ff. Er unterscheidet im Anschluß an Charles L. Stevenson (Ethics and Language, New Haven 1944) zwischen Übereinstimmung im Glauben (agreement in belief) und Übereinstimmung in der Einstellung (agreement in attitude) und macht darauf aufmerksam, daß z.B. in der Wissenschaft bestimmte sachliche Überzeugungen in einer bestimmten Einstellung zum Experiment verwurzelt sind, die in der wissenschaftlichen Methode zum Ausdruck kommt. Siehe zu dieser Frage auch: Karl R. Popper, Die offene Gesellschaft und ihre Feinde, a.a.O., Kap. 24 (über die Bedeutung der kritisch-rationalen Attitüde).

aufmerksam gemacht. Sie hängt damit zusammen, daß jedes theoretische, aber auch das praktische Verhalten *selektiv*[17] ist und sich daher stets nur auf bestimmte Aspekte der Wirklichkeit beziehen kann. Eine Tatsache, die methodologisch sehr bedeutsam ist, aber sowohl von Vertretern des Intuitionismus als auch zuweilen von denen des Induktivismus gerade da übersehen wird, wo sie in Rechnung gestellt werden müßte. Die wissenschaftliche Tätigkeit erfordert also *Gesichtspunkte*, die eine Beurteilung der *Relevanz* ermöglichen. Jede Problemstellung, jeder Begriffsapparat und jede Theorie enthält solche Auswahlgesichtspunkte, in denen die Richtung unseres Interesses zum Ausdruck kommt. Welche Tatsachen relevant sind, läßt sich nur von unserer Problemwahl her entscheiden. In welcher Weise sie relevant sind, dürfte außerdem teilweise von unserer methodologischen Konzeption abhängen. In beiden Fällen haben wir es aber mit Fragen zu tun, die in die Basisproblematik hineingehören, also keineswegs die Einführung von Werturteilen in unsere Aussagensysteme erforderlich machen.[18]

Nun ist aber mit Recht darauf aufmerksam gemacht worden, daß in den Sozialwissenschaften das Interesse oft nicht nur die *Fragestellung*, sondern darüber hinaus auch die *Problemlösung* beeinflußt hat, ein Tatbestand, der im Gegensatz zu dem vorher erwähnten als für die Objektivitätsfrage relevant angesehen werden kann.[19] Diese Tatsache an sich dürfte aber kaum geeignet sein, ein Argument gegen das Wertfreiheitsprinzip zu liefern, denn es handelt sich in diesem Falle ja darum, daß Wertgesichtspunkte zur Annahme oder Ablehnung von Aussagen geführt haben, für die die Frage nach der objektiven Wahrheit grundsätzlich gestellt werden kann. Auch wer das Wertfreiheitsprinzip ablehnt, wird im allgemeinen bei Entscheidungen über die Haltbarkeit sachlicher Behauptungen nicht das Interesse und die subjektive Wertung an die Stelle intersubjektiver Überprüfungsmethoden setzen wollen. In diesem Falle sitzen also die Befürworter und die Gegner der Wertfreiheit im gleichen Boot. Beide werden hier den faktischen Einfluß von Wertungen ebensowenig als Argument in der methodi-

17 Siehe dazu: Karl R. Popper, Das Elend des Historizismus, a.a.O., S. 61 ff., wo diese Selektivität zur Kritik des Ganzheitsdenkens verwendet wird.

18 Das hat meines Erachtens vor allem Gunnar Myrdal in seinem im übrigen methodologisch sehr interessanten Buch: Value in Social Theory, London 1958, übersehen. Siehe dazu S. 48 ff. und passim; sowie meine Kritik in: Das Wertproblem in den Sozialwissenschaften. In meinem Buch: Marktsoziologie und Entscheidungslogik, Neuwied/Berlin 1967.

19 Siehe dazu z.B.: Theodor Geiger, Ideologie und Wahrheit, Stuttgart/Wien 1953, besonders Kapitel VII, Frage-Antrieb und Aussage-Steuerung.

schen Wertfreiheitsfrage akzeptieren können, wie man das faktische Auftreten von Widersprüchen in wissenschaftlichen Argumenten und Theorien zum Anlaß nehmen wird, das Kriterium der Widerspruchslosigkeit für irrelevant zu erklären. Es handelt sich hier primär um die Frage, wie solche Einflüsse vermieden werden können, eine methodologische Frage, die prinzipiell relativ leicht beantwortet werden kann: Je mehr wir die intersubjektive Überprüfbarkeit unserer Aussagen erhöhen, um so eher sind wir in der Lage, solche Einflüsse zu neutralisieren, die ja tatsächlich auch in anderen Wissenschaften eine Rolle spielen.[20] Die Einführung von Werturteilen würde jedenfalls an dem eigentlichen Problem, das hier vorliegt, nichts ändern.

Neuerdings ist im Rahmen einer bestimmten methodologischen Konzeption ein neues Argument aufgetaucht, das auf die methodische Relevanz objektbezogener Werturteile für die Bestätigung wissenschaftlicher Hypothesen abstellt. Es werden nämlich Entscheidungsregeln vorgeschlagen, in denen Nutzen- und Kostengesichtspunkte im Zusammenhang mit relevanten Tatsachen eine wesentliche Rolle für die Annahme oder Ablehnung der betreffenden Hypothesen spielen. Die Vertreter dieser Konzeption sind der Auffassung, daß es in dieser Beziehung notwendig ist, die These der Wert-Neutralität zu revidieren.[21] Es läßt sich aber zeigen, daß den Verfechtern dieser Auffassung der Nachweis ihrer Richtigkeit keineswegs gelungen ist.[22] Es ist eben nicht ohne weiteres möglich, Ideen, die sich im Bereich der Produktionskontrolle als fruchtbar erwiesen haben, auf die Frage der Überprü-

20 Methodologische Konzeptionen, die darauf hinauslaufen, theoretische Aussagen gegen die Erfahrung zu immunisieren, sind natürlich umgekehrt besonders geeignet, der subjektiven Wertung Einfluß zu verschaffen. Die von geisteswissenschaftlichen Methodologen mitunter betonte wesentliche Rolle der Wertung ist also weniger ein hinzunehmendes Faktum als die Folge einer bestimmten methodischen Einstellung.

21 Siehe dazu: C. West Churchman, Theory of Experimental Inference, New York 1954; Richard B. Braithwaite, Scientific Explanation, Cambridge 1953; C. West Churman, A Pragmatic Theory of Induction, und Richard Rudner, Value Judgements in the Acceptance of Theories. Beides in: The Validation of Scientific Theories, Philipp G. Frank (ed.), Boston 1956. Gerhard Tintner (Strategische Spieltheorie und ihre Anwendung in den Sozialwissenschaften, Allgemeines Statistisches Archiv 1957, Heft 3, S. 250) äußert sich mit Recht skeptisch hinsichtlich der Übertragbarkeit der neuen pragmatischen Methode aus dem Bereich der Produktionskontrolle in den der Überprüfung allgemeiner Theorien.

22 Siehe dazu Isaak Levi, der eine sorgfältige Analyse der von beiden Seiten vorgebrachten Argumente bietet: Must the Scientist Make Value – Judgments? Journal of Philosophy, Vol. LVII (1960).

fung wissenschaftlicher Theorien anzuwenden. Für die Anwendung der Wissenschaft im Rahmen spezieller Aktionszusammenhänge mögen sie nichtsdestoweniger eine gewisse Bedeutung haben.

Alles das hat mit der Frage der Einführung von Werturteilen auf der Ebene der Objekt-Sprache, also in die wissenschaftlichen Aussagenzusammenhänge selbst, wenig zu tun. Für diese Frage ist aber die Erörterung des Relevanz-Problems insofern von Bedeutung, als sich meines Erachtens zeigen läßt, daß man tatsächlich alle auf den Objektbereich der Wissenschaft beziehbaren Wertgesichtspunkte als Auswahlgesichtspunkte *behandeln* kann, so daß die ganze *Wertproblematik* nur noch als meta-wissenschaftliches *Relevanzproblem* auftaucht, also *in die Basis verschoben* wird. Solche Wertgesichtspunkte werden dann bei der Formulierung einer sachlichen Fragestellung zum Tragen gebracht, die aber selbst einer wertfreien Behandlung zugänglich ist. Unter dem Einfluß wertmetaphysischer Theorien wird oft übersehen, daß jede faktisch wirksame und damit praktisch relevante Stellungnahme, Bewertung und Entscheidung an irgendwelche *sachlichen Beschaffenheiten* der jeweiligen Situation anknüpfen muß. Dieser Tatbestand kann ohne weiteres für die Neutralisierung und Versachlichung der wissenschaftlichen Diskussion ausgenutzt werden. Die Diskussion kann jeweils an die sachlichen Kriterien anknüpfen, die unter irgendwelchen Wertgesichtspunkten interessant sein mögen. Das kann man sprachlich dadurch zum Ausdruck bringen, daß man alle Aussagen, die hier in Frage kommen, in die deskriptive Sprache transformiert, so daß die Gefahr einer Fehlleitung in normativer Richtung vermieden wird.[23] Wenn man von der pragmatischen Dimen-

23 Siehe dazu z.B.: Robert K. Mertons Analyse des Funktionalismus (Merton, Social Theory and Social Structure, 1. Aufl., Kap. I, insbesondere S. 38 ff.), die zeigt, daß der Begriffsapparat des Funktionalismus nicht unbedingt ideologisch belastet sein muß, wie von Myrdal angenommen wurde. Jedenfalls kann man von solchen Sinnkomponenten abstrahieren. Siehe außerdem vor allem: Terence W. Hutchison, The Significance and Basic Postulates of Economic Theory, 1. Aufl., London 1938, Nachdruck New York 1960, S. 143 ff., wo auf die Möglichkeit hingewiesen wird, sachliche Kriterien für wertakzentuierte Begriffe festzusetzen, dadurch die Aussagen, in denen diese Begriffe auftreten, überprüfbar zu machen und auf diese Weise die Analyse zu neutralisieren. In die gleiche Richtung zielt G. C. Archibald in: Welfare Economics, Ethics and Essentialism, Economica, Vol. XXVI, 1959, S. 316 ff. Seine Untersuchung, die den Akzent ebenfalls auf die empirische Überprüfbarkeit von Aussagen legt, zeigt meines Erachtens schlüssig (gegen Jan M. D. Little) die Neutralisierbarkeit der Wohlfahrtsökonomik. Der Einwand E. J. Mishans gegen Archibald (Mishan, A Survey of Welfare Economics 1939-1959. In: The Economic

sion abstrahiert, dann ist ein in normativer Hinsicht »ausgezeichnetes« Verhalten zunächst jedenfalls einfach ein mögliches, sachlich charakterisierbares Verhalten, normativ ausgezeichnete Zustände und Situationen (»Ziele« usw.) sind ebenfalls als möglich zu behandeln und sachlich zu charakterisieren. Man kann ihre tatsächlichen Bedingungen und ihre Beziehungen zu anderen Möglichkeiten wertfrei analysieren.[24] Fragen der Kompatibilität, der Verursachung und der Realisierbarkeit treten dann in den Vordergrund. An die Stelle der normativen tritt die technologische Formulierung des Anwendungsproblems.

5. Wissenschaft und Praxis. Das Problem der Technologie

Der Glaube an die Notwendigkeit einer normativen Wissenschaft ist heute vielfach in der Unterschätzung der Möglichkeiten einer wertfreien Wissenschaft verwurzelt. Die Ablehnung des Wertfreiheitsprinzips geht auf die Anschauung zurück, seine Anerkennung sei ein Hindernis für die Entwicklung einer praktisch verwendbaren Sozialwissenschaft. Dabei wird übersehen, daß die fundamentale Voraussetzung einer rationalen Politik in der Einsicht in die *tatsächlichen* Zusammenhänge und die sich daraus ergebenden *Möglichkeiten* ihrer praktischen Beeinflussung besteht. Auch in den Sozialwissenschaften bildet daher die Erforschung der Gesetzmäßigkeiten, die den Erscheinungen zugrunde liegen, die Grundlage für eine erfolgreiche Praxis. Wer in dieser

Journal, Vol. LXX (1960), S. 200, Anm. 1, S.3) basiert, soweit ich sehe, auf einer Verwechslung des Relevanzproblems mit dem Werturteilsproblem, wie man sie gerade in Fragen der normativen Wissenschaft häufig findet. Aus der ethischen Relevanz bestimmter sachlicher Eigenschaften und Beziehungen folgt natürlich nicht der normative Charakter von Aussagen, die sich auf solche Beschaffenheiten beziehen. Dabei ist allerdings mit Nachdruck darauf hinzuweisen, daß die Relevanz der in der Wohlfahrtsökonomik behandelten Beziehungen keineswegs über jeden Zweifel erhaben ist; siehe dazu: Mishan, a.a.O.

24 Möglicherweise ist es allerdings zweckmäßig, das Vokabular der Wohlfahrtsökonomik und überhaupt der ökonomischen Sprache teilweise durch ein neutraler klingendes Vokabular zu ersetzen. Der sachliche Gehalt der Aussagen würde sich ja dadurch nicht ändern, wohl aber könnte man gewisse Mißverständnisse vermeiden, die zu normativen Kurzschlüssen führen. Warum soll man z.B. nicht die sogenannten »pareto-optimalen« Zustände einfach »Pareto-Zustände« nennen, die sogenannten »Optimum«-Bedingungen »Pareto-Bedingungen« usw. Die Frage der Vorzugswürdigkeit in irgendeinem normativen Sinne des Wortes scheint mir ohnehin ausreichend kontrovers zu sein, ganz abgesehen davon, daß es gegen den Gesamtansatz der Wohlfahrtsökonomik methodologische Argumente gibt.

Beziehung mit dem Stande unserer theoretischen Forschung nicht zufrieden ist, wird sich fragen müssen, ob das nicht möglicherweise daran liegt, daß unsere praktizierte und eventuell darüber hinaus unsere deklarierte Methodologie zu wünschen übrig läßt, weil in ihr auf die Kriterien einer praktisch verwendbaren Wissenschaft zu wenig Rücksicht genommen wird. Diese Kriterien sind, was vielfach nicht beachtet wird, identisch mit denen einer leistungsfähigen Theorie.[25]

Die in wissenschaftlichen Theorien beschriebenen Gesetzmäßigkeiten können als Spielräume angesehen werden, innerhalb deren das tatsächliche Geschehen abläuft. Sie schließen also bestimmte logisch mögliche Vorgänge und Ereignisse (bzw. Häufigkeitsverteilungen von Ereignissen) aus. Ihre praktische Relevanz liegt darin, daß sie die menschlichen Wirkungsmöglichkeiten in bestimmter Weise einschränken, gewissermaßen »kanalisieren«, also den Spielraum der Handlungsmöglichkeiten festlegen und damit eine Antwort auf die Frage ermöglichen: *Was können wir tun?* Um diese Antwort explizit zu machen, kann man theoretische Systeme in eine technologische Form bringen, in der das mögliche Geschehen auf mögliche Ansatzpunkte für menschliches Handeln bezogen wird. Dadurch werden Möglichkeiten des tatsächlichen Geschehens in menschliche Handlungsmöglichkeiten transformiert, unter Berücksichtigung der Tatsache, daß an bestimmten Stellen in den Ablauf praktisch eingegriffen werden kann. Auch die *Technologie* enthält also an sich keine Vorschriften, sondern Feststellungen: *informative* Aussagen.

Um ein theoretisches in ein technologisches System zu transformieren, bedarf es bestimmter logischer Operationen. Da es sich um eine tautologische Transformation des betreffenden Systems handelt, benötigt man keine zusätzlichen Prämissen. Der Informationsgehalt eines technologischen Systems geht in keiner Weise über den seiner theoretischen Grundlage hinaus. Wie bei jeder logischen Deduktion,

---

25 Ich kann an dieser Stelle nicht näher auf diesen Punkt eingehen und verweise daher auf Karl R. Poppers »Logik der Forschung« und auf seine anderen einschlägigen Arbeiten. Karl R. Popper zeigt in seinem o.a. Werk, daß Überprüfbarkeit, Informationsgehalt und Allgemeinheit eng miteinander zusammenhängen. Da hoher Informationsgehalt außerdem große prognostische Relevanz impliziert, ist er auch praktisch von großer Bedeutung. Ein tieferes Eindringen in die tatsächlichen Zusammenhänge steht also keineswegs im Widerspruch zur Suche nach einer praktisch verwendbaren Theorie, obwohl es vorkommen kann, daß für bestimmte praktische Zwecke im strikten Sinne des Wortes falsche Theorien, die als brauchbare Approximationen zu betrachten sind, als ausreichend angesehen werden können, um zur Grundlage technologischer Reformulierung gemacht zu werden.

durch die ein bestimmtes Problem gelöst werden soll, müssen allerdings Gesichtspunkte vorhanden sein, nach denen entschieden werden kann, welche Transformationen *relevant* sind, d. h., es muß ein Selektionsproblem gelöst werden. Diese Gesichtspunkte müssen sich hier aus der Formulierung des technologischen Problems ergeben.[26] Man kann in diesem Falle, vielleicht nicht ganz unmißverständlich, sagen, daß der Transformation *hypothetisch* bestimmte *Desiderata* zugrunde gelegt werden müssen (logisch gesehen: Einschränkungen), ohne daß daraus aber geschlossen werden dürfte, man müsse normative Prämissen einführen. Bei diesem Verfahren wird in keiner Weise vorausgesetzt, daß bestimmte Wirkungen tatsächlich erwünscht oder unerwünscht sind. Es würde z. B. auch genügen, daß unter Umständen eine Situation eintreten *könnte*, in der man sie herbeizuführen oder zu verhindern wünscht, oder daß man sich darüber klar werden möchte, wie bestimmte Ziele zu realisieren sind, die von anderen, eventuell von Gegnern, angestrebt werden. Da technologische Systeme nur Handlungsmöglichkeiten explizieren, aber keine Empfehlungen enthalten, braucht man sich über die Erwünschtheit unter Umständen nicht einmal den Kopf zu zerbrechen. Eine Technologie der Revolution ist nicht nur für Revolutionäre, sondern gerade auch für ihre Gegner interessant. Man darf die Relevanz eines technologischen Systems nicht mit einer Legitimation für seine praktische Anwendung verwechseln. Natürlich spielt der Wille zur Realisierung bestimmter Zustände und die Auffassung, daß sie in irgendeinem Sinne erwünscht sind, tatsächlich eine bedeutende Rolle als *Motiv* für die Konstruktion technologischer Systeme.

Das alles kann man ohne weiteres auf die Sozialwissenschaften anwenden. Auch hier lassen sich informative Theorien unter Verwendung bestimmter Relevanzkriterien in technologische Systeme transformieren, ohne daß normative Aussagen eingeführt werden. Eine solche Sozialtechnologie kann zur Grundlage einer rationalen Politik[27]

26 Z.B.: Wie kann eine Regierung in einer Situation, die so oder so charakterisierbar ist, die Preisstabilität der Konsumgüter aufrechterhalten, ohne bestimmte anzugebende Wirkungen auf andere Größen herbeizuführen bzw. ohne die und die Mittel anzuwenden?

27 Hier wird vielfach der Name »Sozialtechnik« oder »Soziotechnik« verwendet, der unglücklicherweise außerdem gleichzeitig auf technologische Systeme sozialwissenschaftlichen Charakters angewendet wird, aber ich sehe nicht ein, warum man nicht die alte Bezeichnung »Politik« gebrauchen soll, und zwar in einem so weiten Sinne, daß jeder Eingriff in das soziale Geschehen darunter fällt. Der tatsächliche Sprachgebrauch nähert sich seit langem dieser Verwendungsweise. – Im übrigen möchte ich scharf zwischen

gemacht werden. Dazu müssen aber Entscheidungen über Zielsetzungen und Mittelverwendungen getroffen werden, die nicht aus der Technologie ableitbar, aber unter Berücksichtigung technologischer Erkenntnisse zu treffen sind. Sind diese Entscheidungen in einem bestimmten Sinne getroffen, dann läßt sich das betreffende technologische System aus der deskriptiven in die präskriptive Sprache übersetzen. Das könnte z.b. mitunter dann zweckmäßig sein, wenn Sozialwissenschaftler in der Rolle politischer Berater auftreten.

Bei der Anwendung der Sozialwissenschaften in der Politik kann man grob zwischen zwei Fällen unterscheiden, die man mit den Worten »Intervention« und »Organisation« umschreiben könnte. Im ersten Fall handelt es sich um den Versuch, das soziale Geschehen durch Einzeleingriffe zu beeinflussen, im zweiten Fall um die Konstruktion und Reform von Institutionen (in einem sehr weiten Sinne dieses Wortes: dauerhafte soziale Gebilde[28]). Diese Unterscheidung fällt wohl im wesentlichen auch mit der zwischen kurzfristigen und langfristigen Maßnahmen zusammen. Die Durchführung institutioneller Maßnahmen ist die im sozialen Bereich übliche Form der dauerhaften Beeinflussung des tatsächlichen Geschehens, durch die relative Invarianzen geschaffen werden.[29] Das wird meist dadurch erreicht, daß man die Befolgung bestimmter Normen (Spielregeln)[30] mit Hilfe geeigneter

Technologie und Technik und entsprechend zwischen Sozialtechnologie und Politik unterscheiden. Technologie ist als System von Aussagen, Technik bzw. Politik als Praxis, also u. U. *Anwendung* technologischer Aussagen im praktischen Leben, zu verstehen. Hält man das nicht auseinander, dann entsteht leicht Konfusion.

28 Siehe dazu und zum folgenden Karl R. Popper, Das Elend des Historizismus, a.a.O., S. 51 ff.

29 Popper vergleicht soziale Institutionen mit Maschinen, den instrumentalen Gesichtspunkt des Ingenieurs mit dem des Sozialingenieurs, der Institutionen auf wissenschaftlicher Grundlage konstruiert und umkonstruiert. Damit sollen keineswegs die Unterschiede zwischen sozialen und physikalischen Apparaten geleugnet, sondern nur die für das Verhältnis von Wissenschaft und Praxis entscheidenden Parallelen herausgestellt werden. In beiden Fällen haben wir es mit einer Quasi-Konstanz von Abläufen, mit einer Quasi-Gesetzlichkeit zu tun, die sich von allgemeinen Gesetzen durch die raum-zeitliche Beschränktheit ihrer Geltung unterscheidet. – Mitunter wird behauptet, in den Sozialwissenschaften gebe es überhaupt keine allgemeinen, sondern nur Quasi-Gesetze. Diese Behauptung, auf die ich hier nicht näher eingehen kann, ist äußerst problematisch; siehe dagegen Karl R. Popper, a.a.O., S. 77 ff.; Ernest Nagel, Problems of Concept and Theory Formation in the Social Sciences, in: Theorie und Realität, Tübingen 1964; außerdem meinen oben abgedruckten Aufsatz: Macht und ökonomisches Gesetz.

30 Siehe: Karl R. Popper, Die offene Gesellschaft und ihre Feinde, a.a.O., S. 68, sowie das ganze 5. Kapitel, in dem der Unterschied zwischen soziologischen

Maßnahmen durchsetzt. Technologische Aussagen dienen dazu, die Problematik der Realisierbarkeit der betreffenden Verhaltensmodelle und der Konsequenzen ihrer Realisierung für das soziale Leben zu lösen. Innerhalb des technologischen Denkens handelt es sich dabei ausschließlich um Prognoseprobleme, um die Voraussage von Wirkungen alternativer Maßnahmen zur Realisierung der Verhaltensmodelle und von Auswirkungen des Funktionierens der betreffenden Institutionen auf andere Faktoren des sozialen Lebens. Die Konsequenzen der betreffenden sozialen Experimente werden nach Möglichkeit technologisch vorweggenommen. Der tatsächliche Ablauf kann dann unter Umständen zur Korrektur der verwendeten Theorien führen. Wie in den Naturwissenschaften ist die Praxis der Prüfstein des theoretischen Denkens.

Für die Beurteilung des Erfolges eines solchen sozialen Experimentes müssen Kriterien herangezogen werden. Die Auswahl dieser Kriterien ist wieder ein Relevanzproblem. Die Kriterien selbst müssen so formuliert werden, daß ihre Anwendung zu Sachaussagen führt, in denen zum Ausdruck kommt, daß die und die Ziele mehr oder weniger erreicht und die und die relevanten Nebenwirkungen beobachtet wurden. An diese Beurteilung können dann unter Berücksichtigung der einschlägigen technologischen Aussagen eventuelle Korrekturen anknüpfen. Die für die soziale Praxis auf jeden Fall notwendigen Entscheidungen und Stellungnahmen brauchen aber keineswegs in der Form präskriptiver Aussagen in Erscheinung zu treten. Für das technologische Denken sind sie nur insofern interessant, als sie bei der

Gesetzen und normativen Regulierungen eingehend erörtert wird. Siehe auch Theodor Geiger, Vorstudien zu einer Soziologie des Rechts, Kopenhagen 1947, besonders S. 20 ff. Dort findet man eine gründliche Untersuchung der Normen als sozialer Tatsachen. Ihre Wirklichkeit wird als Alternativ-Wirkungschance von Gebarensmodellen interpretiert, die durch Sanktionen abgesichert ist. In dieser Form können Normen als soziale Quasi-Gesetze aufgefaßt werden. Sie sind streng von normativen Sätzen und überhaupt von präskriptiven Aussagen zu unterscheiden. Für die Sozialwissenschaft sind Normen also *mögliche* Verhaltensmodelle, die unter bestimmten Bedingungen realisiert werden. Soweit die soziale Ordnung eines bestimmten Kulturbereiches darin besteht, daß bestimmte Verhaltensmodelle institutionalisiert und damit realisiert werden, kann man sie als ein Gefüge von Quasi-Invarianzen ansehen, die durch quasi-theoretische Aussagen beschrieben werden können. Sie bilden das institutionelle »Apriori«, an das jede erfolgreiche Politik anknüpfen muß. Utopisches Denken ist insofern unrealistisch, als es diese Ausgangssituation und die darin enthaltene Einschränkung der Wirkungsmöglichkeiten vernachlässigt, abgesehen von der Vernachlässigung sozialer Gesetzmäßigkeiten im allgemeinen.

Lösung der Relevanzprobleme herangezogen werden müssen. Die Wissenschaft braucht keine Vorschriften zu machen. Sie *informiert* nur über *relevante Wirkungsmöglichkeiten* und ermöglicht dadurch eine wirksame Verhaltenskontrolle (Kontrolle des tatsächlichen Geschehens), eine rationale Politik.[31]

Aus dem oben Gesagten geht hervor, daß die Sozialwissenschaft keinen Ersatz für die Erfindungsgabe der sozialen Praxis bieten kann. Das ist so zu verstehen, daß ihre Aussagen nur die Analyse von Realisierungsmöglichkeiten für soziale Projekte erleichtern, aber keineswegs die Ableitung solcher Projekte aus irgendwelchen Vordersätzen. Auch in dieser Beziehung besteht kein Unterschied zu den Naturwissenschaften, die ebenfalls nur die Gesetzmäßigkeiten aufzeigen, die der Erfinder beachten muß, um erfolgreich experimentieren zu können, nicht aber einen Ersatz für seine erfinderische Phantasie bieten können. Spezielle sozialtechnologische Systeme können natürlich selbst ein Ergebnis sozialer Erfindungen sein, an denen u. U. auch Sozialwissenschaftler beteiligt waren, und diejenigen Maßnahmen kodifizieren, die sich bei der Realisierung solcher Projekte bewährt haben. Was sich logisch als eine tautologische Transformation theoretischer in relevante technologische Aussagen darstellt, ist also praktisch vielfach eine beachtliche Phantasieleistung. Die Begründung für diesen an sich seltsam anmutenden Tatbestand liegt darin, daß auch die Auffindung bestimmter logischer Zusammenhänge, Ableitungsmöglichkeiten und Konsequenzen in wichtigen Fällen nicht mechanisierbar ist. Man muß ein Ergebnis

31 Es empfiehlt sich meines Erachtens, diese Probleme, die das wissenschaftliche Denken und seine Anwendung in der Praxis betreffen, nicht mit der Frage zu konfundieren, in welcher Weise der Wissenschaftler in seiner Rolle als Ratgeber des Politikers am besten auf diesen einwirken kann, um seine Handlungen tatsächlich erfolgreich zu beeinflussen. Das ist meines Erachtens selbst schon ein Problem der *politischen* Sprachverwendung, das allerdings wieder zum Gegenstand einer wissenschaftlichen Analyse gemacht werden kann. Auch die Frage, inwieweit der wissenschaftliche Berater die Zielsetzungen des Politikers im Sinne eigener Wertungen beeinflussen und inwieweit er sich vorbehaltlos in den Dienst fremder Zielsetzungen stellen darf, ist ein Problem, das bisher nicht einmal angerührt wurde: ein *moralisches* Problem, das man von der Frage der Notwendigkeit einer normativen Sozialwissenschaft wohl unterscheiden kann. Sogar die Frage der *Kathederwertung*, die seinerzeit von Max Weber aufgeworfen wurde, scheint mir ein Sonderproblem zu sein. Die verschiedenen sozialen Rollen des Wissenschaftlers stellen möglicherweise sehr verschiedene Anforderungen an ihn. Nicht alles, was er tut, muß im Namen der Wissenschaft geschehen, obwohl das Ethos der Wissenschaft, des kritisch-rationalen Denkens, manches ausschließen mag, was im Rahmen seiner tatsächlichen Möglichkeiten liegt.

vielfach erst haben, um es ableiten zu können, und auch dann kann unter Umständen der Beweis der Ableitbarkeit große Schwierigkeiten machen. Ähnliches gilt natürlich auch für die Erfindung solcher Experimente, hinter denen nur die theoretische Zielsetzung der Überprüfung vorhandener Theorien steht. Auch eine normative Sozialwissenschaft würde hinsichtlich solcher Probleme nicht weiterhelfen. Um neue soziale Ideen in die Sprache der Institutionen oder Interventionen zu »übersetzen«, bedarf es einer gewissen technologischen Phantasie, deren Ergebnisse allerdings sozialwissenschaftlich überprüft werden können.[32]

Auch die kurzfristige Politik fallweiser Interventionen setzt Alternativ-Prognosen und damit eine technologische Analyse der Wirkungsmöglichkeiten auf theoretischer Basis voraus. Dabei müssen die aktionsrelevanten Charakteristika der Situation des Handelnden berücksichtigt werden, zu denen auch die institutionellen Gegebenheiten des betreffenden Sozialmilieus und die aus ihnen entspringenden sozialen Mechanismen gehören, zum Beispiel der Preismechanismus, den die ökonomische Theorie untersucht. Es taucht dann die Frage auf, welchen Spielraum derartige Quasi-Gesetzmäßigkeiten dem Geschehen lassen und inwieweit mit ihrer Invarianz überhaupt gerechnet werden kann.[33]

32 Dabei gehen theoretische und experimentelle Kontrolle Hand in Hand. Je geringer das vorhandene theoretische Wissen ist, in desto geringerem Maße können die relevanten Konsequenzen unserer Handlungen theoretisch vorweggenommen werden, in desto stärkerem Maße handelt es sich also um die experimentelle Kontrolle neuer Hypothesen. Das führt zu der wichtigen Unterscheidung zwischen kasuistischer (piecemeal) und holistischer (utopian) Sozialtechnologie bzw. Politik; siehe dazu: Karl R. Popper, Das Elend des Historizismus, a.a.O., passim. Ersteres ist natürlich nicht mit punktuellen unkoordinierten Interventionen zu verwechseln.

33 Auf diesen Punkt kann hier nicht näher eingegangen werden. Es sei nur darauf hingewiesen, daß das ökonomische Denken auch theoretisch nicht selten die Quasi-Konstanz voraussetzt, ohne sich ihre institutionellen Bedingungen zum Problem zu machen. Modelle, die mit solchen Voraussetzungen operieren, lassen sich ja immer konstruieren. Es besteht dann die Gefahr, daß man nur die logische Richtigkeit der Ableitungen innerhalb des Modells als theoretisch bedeutsam ansieht und alles andere als ein Problem der Anwendung im konkreten Falle betrachtet. Diese Auffassung scheint mir zum Beispiel mit der Euckenschen Unterscheidung zwischen Wahrheit und Aktualität verbunden zu sein, die ja nur Bestandteil einer Rationalisierung des tatsächlich oft praktizierten Verfahrens ist. Ich glaube, daß für ein solches Verfahren der Ausdruck »Modell-Platonismus« adäquat ist. Eine andere Art, den Rekurs auf allgemeine Theorien zu vermeiden, besteht im »Parameter-Induktivismus«, der die ökonometrische Modellbildung teilweise auszeichnet.

Es bleibt zu untersuchen, inwieweit eine Normativierung sozialwissen-schaftlicher Systeme zu Resultaten führt, die als Grundlage für praktisches Handeln besser verwendbar sind als die Ergebnisse ihrer technologischen Reformulierung.

6. Kritik der Argumente für eine normative Sozialwissenschaft

Der Neo-Normativismus[34] pflegt, wie schon erwähnt, von der Bedeu-tung der Sozialwissenschaften für das soziale Leben, für die Praxis, auszugehen und die Notwendigkeit einer normativen Sozialwissen-schaft von daher zu begründen. Dabei tritt häufig folgendes allgemeine Schema der Argumentation auf: Zunächst werden die Anforderungen herausgestellt, die von der Praxis her an die Sozialwissenschaften gestellt werden bzw. gestellt werden können. Dann wird eine Gegen-überstellung der positiven Sozialwissenschaft in ihrer technologischen Form und der normativen Sozialwissenschaft vorgenommen, wobei die verschiedenen Möglichkeiten herausgearbeitet werden. Darauf folgen Argumente für die These, daß eine Sozialtechnologie den von der Praxis zu stellenden Anforderungen nicht genügen kann. Schließlich wird die Möglichkeit einer normativen Sozialwissenschaft erläutert, die diesen Anforderungen genügt, wobei deren Vorzüge eingehend erörtert werden. Ich werde versuchen, auf die einzelnen Argumente etwa in dieser Reihenfolge einzugehen.

Die Frage der Bedeutung der Sozialwissenschaften für das soziale Leben und der sich daraus ergebenden Anforderungen der Praxis braucht an sich meines Erachtens eigentlich nicht zu einer Kontroverse zu führen. Auch die Verfechter einer technologischen Lösung des Anwendungs-problems gehen ja ausdrücklich von der Voraussetzung aus, daß die Sozialwissenschaft in den Dienst der sozialen Praxis gestellt werden kann, und haben an sich keinen Grund, Einwände gegen die diesbezüg-

---

34 Bei meiner Analyse und Kritik der Argumentation für eine normative Sozialwissenschaft werde ich mich im wesentlichen auf die Arbeiten Gerhard Weissers beschränken, da in ihnen eine umfassende Begründung versucht wird und die dort auftretenden Argumente auch sonst in der Diskussion verwendet werden. Der ältere, mehr ontologisch orientierte Normativismus, mit dem ich mich an anderer Stelle auseinandergesetzt habe, scheint gegenwärtig an Einfluß zu verlieren. – Ich möchte bei dieser Gelegenheit betonen, daß ich in vielen Punkten, besonders in kritischer Beziehung, mit Weisser und anderen Vertretern dieser Richtung übereinstimme. Nur halte ich die Ziele des Neo-Normativismus für erreichbar *ohne* eine Normativie-rung der Sozialwissenschaften.

lichen Formulierungen der Normativisten[35] zu machen.

Schon hinsichtlich der Charakterisierung von Sozialtechnologie und normativer Sozialwissenschaft ergeben sich aber gewisse Einwendungen, die damit zusammenhängen, daß bestimmte relevante Unterscheidungen nicht genügend akzentuiert werden. Von der Notwendigkeit des Dienstes am sozialen Leben ausgehend wird mitunter die Motivation des Forschers als wesentliches Moment in die methodologische Analyse hineingebracht, wobei die Unterscheidung zwischen einer Forschung in »kontemplativer« und einer Forschung in »pragmatischer« Absicht auftaucht.[36] Nun mag die Motivation des Forschers ein wichtiger Faktor für die Auswahl seiner Probleme sein, aber daraus folgt keineswegs, daß sie die Bedeutung seiner Ergebnisse für das soziale Leben positiv oder negativ beeinflußt oder daß eine enge Korrelation zwischen »pragmatischer« Motivation und praktischer Bedeutung der Resultate existiert. Zunächst haben ja die Ergebnisse der »reinen« Wissenschaft an sich unter Umständen erhebliche praktische Bedeutung, weil sie die Lösung praktisch relevanter Sachprobleme enthalten. Außerdem ist ihr Zusammenhang mit dem praktischen Leben schon dann gesichert, wenn man methodisch im Sinne der modernen Wissenschaftslehre verfährt, die ja auf Überprüfbarkeit und schon damit auf praktische Anwendbarkeit abzielt. Wer die praktische Bedeutung der reinen Wissenschaft kennt, wird gerade bei »pragmatischer« Motivation unter Umständen zur Konzentration auf sachliche Probleme gedrängt. Seine Forschung braucht sich dabei nicht einmal unmittelbar auf technologische Fragen auszudehnen. Andererseits braucht auch die Lösung technologischer Probleme nicht unbedingt »pragmatisch« motiviert zu sein. Die Motivation des Forschers ist möglicherweise eine sehr komplexe Angelegenheit, die wir aber zum Glück bei der Untersuchung methodologischer Fragen ausschalten können.

Sieht man einmal von dieser Frage ab, dann bleibt die objektive

35 Siehe zum Beispiel: Gerhard Weisser, Normative Sozialwissenschaft im Dienste der Gestaltung des sozialen Lebens, Soziale Welt, 7. Jg., Heft 2, S. 3 ff. Den Politiker zu beraten, ihn zu warnen, ihm bestimmte Maßnahmen zu empfehlen, ihn zu informieren, ihn dazu zu veranlassen, zweckmäßigere Entscheidungen zu treffen usw., diese Aufgaben wird auch der Verfechter des methodischen Wertfreiheitsprinzips akzeptieren können, wenn er die Rolle des Beraters übernimmt.

36 Siehe dazu: Gerhard Weisser, Politik als System aus normativen Urteilen, Göttingen 1951, S. 13; sowie ders., Zur Erkenntniskritik der Urteile über den Wert sozialer Gebilde und Prozesse, Kölner Zeitschrift für Soziologie und Sozialpsychologie, VI (1953).

Charakterisierung zweier Arten sozialwissenschaftlicher Aussagensysteme, deren unterschiedliche Bedeutung für die soziale Praxis unabhängig von der jeweiligen Motivation ihrer Produzenten zu untersuchen ist. *Weisser* unterscheidet hier zunächst zwei Möglichkeiten, *Werturteile* als *Prämissen* in sozialwissenschaftliche Systeme einzuführen, nämlich ihre apodiktische und ihre hypothetische Einführung[37], wobei er letztere als die Rückzugsposition derjenigen bezeichnet, die jedes Werturteil für außerwissenschaftlich halten. Diese Charakterisierung ist meines Erachtens, wenn sie sich auch auf technologische Systeme beziehen soll, was aus den darauffolgenden Ausführungen einwandfrei hervorzugehen scheint, nicht sehr befriedigend, da sie den Eindruck erweckt, auch in solchen Systemen spielten Werturteile die Rolle von Prämissen im Ableitungszusammenhang.[38] Daraus wird mitunter geschlossen, auch die Technologie müsse Werturteile enthalten, nur habe der Technologe Bedenken, sich zu ihnen zu bekennen. In Wirklichkeit kann Technologie, wie wir gesehen haben, als praktisch relevante Möglichkeitsanalyse aufgefaßt werden. Der Technologe hat ein *Relevanzproblem* zu lösen, dessen Lösung aber keineswegs in Form von normativen Aussagen in das System eingeht. Diese wären dort funktionslos. Der Normativist dagegen braucht *Wertprämissen* zur Ableitung innerhalb seines Systems.

Nun wird die Möglichkeit einzelner technologischer Aussagen von *Weisser* ohne weiteres konzediert.[39] Die Frage ist für ihn nur, ob es möglich und zulässig ist, aus ihnen »umfassende Systeme« zu bilden, die auch der Technologe seiner Auffassung nach bei der Forschung in pragmatischer Absicht anstreben müßte. Von einem normativen System erwartet er, daß es sich auf Axiome zurückführen läßt, die in einem bestimmten Sinne als »Grundwerturteile« anzusehen sind, insofern nämlich, als sie die »Grundentscheidungen« des betreffenden Theoretikers zum Ausdruck bringen. Von der Voraussetzung ausgehend, daß auch der Technologe seinen Aussagen solche Grundwerturteile zugrunde legen müsse, wenn auch in »hypothetischer Form«, kommt er dann

37 Weisser, Politik als System aus normativen Urteilen, a.a.O., S. 15. In späteren Arbeiten bevorzugt er die Gegenüberstellung kategorisch–hypothetisch.

38 Siehe dagegen die o.a. Analyse von Werturteilen und die Charakterisierung technologischer Systeme als informativ. – Ich übersetze den Weisserschen Ausdruck »Sozialtechnik« in »Sozialtechnologie«, wenn es sich um Aussagen handelt; s. Anm. 27 oben.

39 Siehe dazu und zum folgenden: Weisser, Politik als System aus normativen Urteilen, a.a.O., S. 15 ff.

zu der Konsequenz, die »Idee rein soziotechnischer Systeme der praktischen Sozialwissenschaften« sei einerseits *nicht realisierbar*, andererseits sei es, selbst wenn dieser Einwand nicht durchschlagend wäre, *verwerflich*, solche Systeme zu konstruieren. Die Nicht-Realisierbarkeit begründet er mit dem Hinweis auf die Unendlichkeit der Aufgabe, die sich ergebe, wenn man alle möglichen Zielsetzungen (Interessen, Rangordnungen) berücksichtigen wolle, die Verwerflichkeit mit dem Hinweis darauf, daß man sich bei diesem Verfahren in den Dienst jeder beliebigen Zielsetzung und damit auch moralisch anfechtbarer Zielsetzungen stellen müsse. Ich habe an anderer Stelle zu zeigen versucht[40], inwiefern mir diese beiden Einwände nicht akzeptabel erscheinen. Da technologische Systeme keinen normativen Charakter haben, ist die Benutzung von Wertprämissen und damit auch die Einführung von »Grundwerturteilen«, gleichgültig in welcher Form, nicht erforderlich. Allerdings kann auch der Technologe ohne weiteres die in Frage kommenden Wertungen bei der Auswahl seiner Problemstellung *berücksichtigen* und damit für die Entscheidung des Relevanzproblems fruchtbar machen. Daraus ergeben sich aber selbstverständlich keine normativen Konsequenzen für die Praxis. Hinsichtlich des Relevanzproblems besteht übrigens kein grundsätzlicher Unterschied zwischen »reiner« Wissenschaft und technologischer Forschung. Für den Technologen besteht außerdem aber nicht die Notwendigkeit, sich an »Grundwerturteilen« im *Weisser*schen Sinne zu orientieren, da er sie als Auswahlgesichtspunkte nicht benötigt. Schwierigkeiten entstehen nur dann, wenn man die Idee einer »reinen Soziotechnik« von der Zielsetzung einer umfassenden normativen Sozialwissenschaft her interpretiert und übersieht, daß der Technologe rein informative Systeme konstruiert, deren Relevanzprobleme er ohne weiteres lösen kann. Es ist also kaum einzusehen, inwiefern die Beratung der sozialen Praxis nicht auch auf der Grundlage technologischer Systeme erfolgen könnte.

Was die Möglichkeit einer umfassenden normativen Sozialwissenschaft angeht, so scheinen mir allerdings schwierige zusätzliche Probleme aufzutauchen, die im Falle der Technologie nicht vorhanden sind. *Weisser* selbst befaßt sich zum Beispiel mit dem Begründungsproblem

40 Siehe dazu meinen oben erwähnten Beitrag zur Festschrift für Viktor Kraft, Wissenschaft und Politik, S. 214 ff. Meine Kritik gründet sich auf die o.a. Unterscheidung zwischen »Wertprämissen« (normativen Prämissen), die zur Ableitung anderer normativer Aussagen benutzt werden können, und der »Wertbasis« (normativen Grundlage) der Wissenschaft, insoweit sie für die Lösung von Relevanzproblemen in Frage kommt.

für die Axiome eines normativen Systems und weist verschiedene mögliche Begründungsversuche als unzulänglich zurück.[41] In positiver Hinsicht zieht er mehrere Möglichkeiten in Erwägung. Anknüpfend an die Philosophie der *Fries-Nelson*schen Schule, erörtert er zunächst die Möglichkeit, »daß die obersten Wertmaßstäbe als Inhalt unmittelbarer Interessen erwiesen werden«, wobei unter obersten Wertmaßstäben die oben angeführten »Grundwerturteile« zu verstehen sind und »unmittelbare Interessen« als eine Art »unmittelbarer Erkenntnis« zu gelten haben. Sieht man einmal von der Fragwürdigkeit der Identifikation von Interesse und Erkenntnis ab[42], dann stellt sich hier die Frage, inwiefern eine Bezugnahme auf Interessen irgendwelcher Art überhaupt als Begründung akzeptabel ist. Ein Hinweis auf psychische Gegebenheiten wird ja auch sonst in der Wissenschaft nicht als ausreichend erachtet, wenn es um das Begründungsproblem geht.[43] Wichtig ist nicht die Berufung auf subjektive Erlebnisse und Zustände, sondern die intersubjektive Überprüfbarkeit der betreffenden Aussagen.

Weisser beschränkt sich aber nicht auf diese Lösung, sondern führt als andere Möglichkeit die an, die von ihm geforderten »Grundwerturteile« »als Bekenntnis« zugrunde zu legen oder, wie er sich an anderer Stelle ausdrückt, »bekenntnishaft einzuführen«, wobei die wissenschaftliche Begründbarkeit dahingestellt bleibt. Soll diese »Fundierung des Systems der praktischen Sozialwissenschaften auf ein Bekenntnis« methodisch relevant sein, so stößt sie auf den gleichen Einwand wie das erste Verfahren. Beide Methoden laufen letzten Endes auf dasselbe hinaus,

41 Siehe dazu sein Buch: Wirtschaftspolitik als Wissenschaft, Erkenntniskritische Grundfragen der praktischen Nationalökonomie, Göttingen 1934, außerdem: Politik als System aus normativen Urteilen, a.a.O., S. 16 ff., Zur Erkenntniskritik der Urteile über den Wert sozialer Gebilde und Prozesse, a.a.O., Normative Sozialwissenschaft im Dienste der Gestaltung des sozialen Lebens, a.a.O. Mit seinen kritischen Bemerkungen stimme ich im wesentlichen überein, während ontologisch orientierte Normativisten sie nicht akzeptieren dürften.

42 Eine solche Identifikation von Antriebs- und Erkenntnisphänomenen findet man in der Moralphilosophie häufig. Für eine Kritik solcher Ideen siehe u.a.: Alf Ross, Kritik der sogenannten praktischen Erkenntnis, Kopenhagen/ Leipzig 1933 (darin auch eine ausführliche Kritik der Nelsonschen Ethik auf S. 353-383). Auf diesen Punkt gehe ich hier nicht mehr ein.

43 Siehe dazu vor allem: Karl R. Popper, Logik der Forschung, a.a.O., Kap. V., wo er gerade auf den Friesschen Pyschologismus (allerdings in bezug auf das Erkenntnisproblem) eingeht und ihn kritisiert. In der Friesschen Auffassung steckt die vielen Richtungen gemeinsame Manifestationstheorie der Wahrheit, die Popper in vielen seiner Arbeiten meines Erachtens erfolgreich kritisiert hat; siehe dazu sein Buch: Conjectures and Refutations, a.a.O.

nämlich auf die *Fixierung* wesentlicher Bestandteile des normativen Systems, auf die Einführung unkontrollierbarer Aussagen, die aber dennoch apodiktisch behauptet werden.[44] Wer eine kritisch-rationale Methodologie akzeptiert, wird also eine Fundierung eines wissenschaftlichen Systems auf unmittelbare »Werterkenntnisse« oder auf ein »Bekenntnis« als gleicherweise irrelevant ansehen müssen und daher die technologische Lösung vorziehen.[45]

Für die teilweise Normativierung der Sozialwissenschaft werden außerdem Argumente vorgebracht, die insofern über die Argumentation *Weissers* hinausgehen, als sie die Bedeutung normativer Aussagen schon für die Analyse tatsächlicher Zusammenhänge betonen. Derartige Argumente lassen sich meines Erachtens regelmäßig darauf zurückführen, daß man das Relevanzproblem und das Werturteilsproblem nicht genügend auseinandergehalten hat, was natürlich jeweils durch eine Analyse der Verfahrens gezeigt werden muß.[46]

44 Diese Kritik bezieht sich natürlich *nicht* auf die *Motive* des Normativismus, sondern nur auf seine *methodologische* Konzeption. In seinem Aufsatz: Zur Erkenntniskritik der Urteile über den Wert sozialer Gebilde und Prozesse, a.a.O., hat Weisser selbst auf die Gefahr der Dogmatisierung von Werturteilen hingewiesen, der er gerade durch eine philosophische Klärung der Grundwerturteile steuern zu können meint. De facto kommt es aber methodologisch darauf an, daß man die Bestandteile wissenschaftlicher Systeme nicht nur klärt, sondern darüber hinaus intersubjektiv prüfbar macht. Die bekenntnismäßige Einführung apodiktischer Grundwerturteile ist dagegen, wenn auch nicht der Absicht nach, ein dogmatisches Verfahren. Die Tatsache, daß der auf diese Weise Verfahrende von der objektiven Gültigkeit fest überzeugt ist, ist kein Ersatz für ein kritisches Prüfungsverfahren. Die Berufung auf subjektive Überzeugung oder gar »Gewißheit« gilt auch sonst in der Wissenschaft nicht als Argument, wenn auch natürlich nicht geleugnet werden soll, daß die subjektive Überzeugung meist *hinter* den Argumenten steht. Siehe dagegen z.B.: Weisser, Normative Sozialwissenschaft im Dienste der Gestaltung des sozialen Lebens, a.a.O., S. 14 u. 16. Die Stärke der Wissenschaft liegt m.E. nicht im Glauben, sondern in der kritischen Diskussion. Am gewissesten pflegen unsere Vorurteile zu sein.

45 Im Zusammenhang mit der Weisserschen Konzeption wären naturgemäß noch andere Probleme zu diskutieren, auf die ich hier nicht mehr eingehen kann, z.B. die Rolle der Axiomatik, die Frage der universellen Orientierung, die Idee der zwei Grunddisziplinen, die Frage der Ableitbarkeit von Programmen, das Problem der Vorbehaltspostulate, die Leitbild-Idee, die Frage der Interpretation, auf die Weisser großes Gewicht legt, die Problematik »letzter« Wertungen usw. Gegenüber sog. »ontologischen« oder »kulturphilosophischen« Begründungsversuchen scheint mir die Weissersche Konzeption durchaus Fortschritte zu enthalten.

46 Hier ist vor allem Myrdals methodologische Konzeption zu nennen, siehe dazu Anm. 18 oben, für die ich diesen Nachweis schon an anderer Stelle erbracht zu haben glaube. Auch für die von Stützel entwickelte Auffassung,

Wenn in bezug auf neuere ökonomische Theorien wie die Spieltheorie heute vielfach das Wort »normativ« angewendet wird, so kann man m.E. darin einen etwas fahrlässigen Sprachgebrauch sehen, mit dem keine besondere methodologische These verbunden zu sein pflegt. Eine Normativierung solcher Systeme würde die Einführung echter normativer Aussagen erfordern, wie z.B. der Aussage, daß man immer nach dem Minimax-Prinzip handeln sollte. Solche Aussagen wären hier aber ohne jede Funktion.[47]

7. Wissenschaft und Philosophie

Das Prinzip der Wertfreiheit kann, wie ich zu zeigen versucht habe, als Bestandteil einer methodologischen Konzeption angesehen werden, die an der Idee der freien kritischen Diskussion orientiert ist. Sie ist das Kernstück einer philosophischen Gesamtorientierung, die man als kritischen Rationalismus bezeichnen kann. Der kritische Rationalismus ist keine Neuschöpfung des modernen Denkens, sondern die Weiterführung einer bis in die griechische Antike zurückreichenden Tradition, der wir letzten Endes auch das wissenschaftliche Denken verdanken. In bestimmter Hinsicht ist diese Konzeption natürlich selbst keineswegs wertfrei, wenn diese Tatsache auch nicht in normativen Aussagen zum Ausdruck kommen muß. Sie ist Ausdruck eines Engagements für die Vernunft, allerdings nicht für die substanzielle Vernunft des ontologischen Rationalismus, sondern für die *Methode* der kritischen Überprüfung aller Ideen, Theorien, Verhaltensweisen und Institutionen im Lichte der Logik und der Erfahrung. Daraus geht hervor, daß auch die praktische Anwendung der Wissenschaften in der Politik, die Verwertung wissenschaftlicher Resultate zur Lösung sozialer Probleme, eine Aufgabe ist, die durchaus in der Richtung des kritisch-rationalen

die eine Verschmelzung der Kausalanalyse mit normativen Elementen als notwendig erscheinen läßt, muß sich das zeigen lassen; siehe: Wolfgang Stützel, Volkswirtschaftliche Saldenmechanik, Tübingen 1958, S. 116 ff.

47 Ich habe für solche Theorien seinerzeit den Ausdruck »Entscheidungslogik« vorgeschlagen, der ihrer tatsächlichen Struktur und Verwendungsweise wohl einigermaßen gerecht wird. Siehe dazu auch: Donald Davidson/ J. C. C. McKinsey/Patrick Suppes, Outlines of a Formal Theory of Value, I., Philosophy of Science, 22/2, 1955, S. 144, wo eine Analogie zwischen einer formalen Theorie des Rationalverhaltens und der Logik konstruiert wird; und Gérard Gäfgen, Zur Theorie kollektiver Entscheidungen in der Wirtschaft, Jahrbücher für Nationalökonomie und Statistik, Band 173 (1961).

Denkens liegt. Daß zur Erfüllung dieser Aufgabe das methodische Prinzip der Wertfreiheit geopfert werden müsse, ist eine Auffassung, die sich bei kritischer Überprüfung als unhaltbar erweist. Auch moralisch und politisch relevante Probleme können durchaus sachlich und damit in bestimmter Hinsicht »wertfrei« behandelt werden, und zwar so, daß ihre Analyse als Grundlage für Entscheidungen dienen kann. In der Anwendung der kritisch-rationalen Methode auf soziale Probleme, in der Durchsäuerung des ganzen sozialen Lebens mit dem Geist der kritischen Diskussion, in der voraussetzungslosen Erforschung der Zusammenhänge liegt der Beitrag, den eine wertfreie Wissenschaft zu den Wertproblemen leisten kann. Nicht in normativen Aussagen und Systemen, sondern in der sachlichen Erforschung moralisch-politisch bedeutsamer Probleme liegt ihre Bedeutung für das soziale Leben.

In der letzten Zeit hat sich die Aufmerksamkeit der Vertreter der Sozialwissenschaften in zunehmendem Maße auf diejenigen Fragen konzentriert, die mit ihrer technologischen Verwendung zusammenhängen. Damit hat man immer mehr diejenigen praktischen Wirkungsmöglichkeiten aus den Augen verloren, die diesen Wissenschaften auch dann offenstehen, wenn sie sich nicht unmittelbar in den Dienst der Praxis stellen, sondern diese Praxis aus einer gewissen Distanz kritisch verfolgen und kommentieren.[48] Ein wesentlicher Teil des sozialwissenschaftlichen Denkens pflegte sich seit jeher auf die Durchleuchtung der gesellschaftlichen Zustände, der Herrschaftsbeziehungen und Machtverhältnisse, auf die Kritik ihrer ideologischen Maskerade und deren Konfrontierung mit unangenehmen Tatsachen zu richten, eine Zielsetzung, die in den Zusammenhang der »Aufklärung« gehört. Man mag das für eine mehr philosophische Aufgabe halten, die außerdem nur von einer bestimmten philosophischen Einstellung her zu begründen ist; aber diese Einstellung ist eben diejenige, die der wissenschaftlichen Betätigung überhaupt zugrunde liegt. Außerdem läßt sich kaum leugnen, daß diese Richtung des sozialwissenschaftlichen Denkens zu seiner Tradition gehört und daß die Vergangenheit ihre praktische Wirksamkeit gezeigt hat. Die Frage ist nur, ob wir uns entschließen, auch diese Tradition fortzuführen, oder ob wir wie in letzter Zeit die Probleme der unmittelbaren praktischen Anwendung in den Vordergrund stellen.

Diese rein informative Tätigkeit benötigt natürlich ebenfalls gewisse

48 Siehe zu diesem Punkt vor allem: Gunnar Myrdal, Value in Social Theory, a.a.O., Kap. II: The Relation between Social Theory and Social Policy, insbesondere S. 15 ff.

Relevanzkriterien, die der moralischen Einstellung entstammen. Sie deckt Sachverhalte und Zusammenhänge auf und hebt sie ins öffentliche Bewußtsein, die gerade wegen ihrer möglichen Bedeutung verschwiegen, bagatellisiert oder maskiert zu werden pflegen. Sie geht den herrschenden sozialen Vorurteilen an die Wurzel. Dadurch werden unter Umständen diejenigen sozialen Tatbestände erst enthüllt, aus denen dann Aufgaben für die politische Tätigkeit und damit für die Sozialtechnologie entstehen. Auch die reine Information hat Wirkungsmöglichkeiten in der modernen Gesellschaft, die leicht unterschätzt werden können. Die theoretische Arbeit selbst ist ja ein Teil des sozialen Lebens, das sie sich zum Gegenstand macht. Die Existenz einer freien Sozialwissenschaft, die sich ihre Themen selbst wählen kann und deren Ergebnisse nicht gebunden sind, ist an sich schon ein Politikum von größter Bedeutung.

Darüber hinaus ist es sogar möglich, in den Prinzipien der wissenschaftlichen Methode selbst, zu denen das Wertfreiheitsprinzip ja gehört, eine Basis-Moral verkörpert zu sehen, die für alle Bereiche des sozialen Lebens bedeutungsvoll sein kann[49], da sie Kriterien enthält, die auch zur kritischen Prüfung moralischer Standards und Prinzipien verwendbar sind. Wir brauchen zwar keine normative Wissenschaft, aber die in den Methoden der wertfreien Wissenschaft enthaltenen Normen können größere soziale Bedeutung haben, als prima facie zu erkennen ist. Das methodische Prinzip der Wertfreiheit impliziert in diesem Sinne keineswegs die moralische Neutralität der Wissenschaft und der in ihren Methoden zum Ausdruck kommenden philosophischen Konzeption. Das ist vielleicht die einzige These, mit der die Verfechter der wertfreien Wissenschaft heute über Max Weber hinausgehen können, in einer Richtung allerdings, die für die Gegner des Wertfreiheitsprinzips möglicherweise nicht von allzu großem Interesse ist.

---

49 Siehe dazu z.B. den interessanten Aufsatz von Paul F. Schmidt, Ethische Normen in der wissenschaftlichen Methode. In: Albert/Topitsch (Hrsg.), Werturteilstreit, Darmstadt 1971.

Quellennachweis

Aufklärung und Steuerung. Gesellschaft, Wissenschaft und Politik in der Perspektive des kritischen Rationalismus.
Hamburger Jahrbuch für Wirtschafts- und Gesellschaftspolitik, 17. Jahr, 1972, Verlag Mohr (Siebeck), Tübingen, S. 11-30

Ordnung ohne Dogma. Wissenschaftliche Erkenntnis und ordnungspolitische Entscheidung.
Wirtschaft und Gesellschaft. Ordnung ohne Dogma, Heinz-Dietrich Ortlieb aus Anlaß seines 65. Geburtstages gewidmet, herausgegeben von Erich Arndt, Wolfgang Michalski und Bruno Molitor, Verlag Mohr (Siebeck), Tübingen 1975, S. 3-23

Rationalität und Wirtschaftsordnung. Grundlagenprobleme einer rationalen Ordnungspolitik.
Gestaltungsprobleme der Weltwirtschaft, Andreas Predöhl aus Anlaß seines 70. Geburtstages gewidmet, Jahrbuch für Sozialwissenschaft, Band 14 (1963), herausgegeben von Harald Jürgensen, Verlag Vandenhoeck & Rupprecht, Göttingen 1964, S. 86-113, auch in: Albert, Marktsoziologie und Entscheidungslogik, Verlag Luchterhand, Neuwied/Berlin 1967, S. 205-242

Politische Ökonomie und rationale Politik. Vom wohlfahrtsökonomischen Formalismus zur politischen Soziologie.
Theoretische und institutionelle Grundlagen der Wirtschaftspolitik, Theodor Wessels zum 65. Geburtstag, herausgegeben von Hans Besters, Verlag Duncker und Humblot, Berlin 1967, S. 59-87

Macht und ökonomisches Gesetz. Der Gesetzesbegriff im ökonomischen Denken und die Machtproblematik.
Macht und ökonomisches Gesetz, Schriften des Vereins für Socialpolitik, Neue Folge, Band 74/I, herausgegeben von Christian Watrin, Verlag Duncker und Humblot, Berlin 1973, S. 129-161

Wertfreiheit als methodisches Prinzip. Zur Frage der Notwendigkeit einer normativen Sozialwissenschaft.
Probleme der normativen Ökonomik und der wirtschaftlichen Beratung, Schriften des Vereins für Socialpolitik, Neue Folge, Band 20, Verlag Duncker und Humblot, Berlin 1963, S. 32-63

Personenregister

Abegglen, James C. 64,88
Adorno, Theodor W. 16
Agassi, Joseph 130
Ajdukiewicz, Kazimierz 69
Alchian, Armen A. 86 f.
Allport, Gordon W. 98
Archibald, G. C. 94, 175
Aristoteles 133
Arrow, Kenneth J. 74, 107 ff., 111, 113 f.
Atkinson, John W. 86, 149
Austin, George A. 117
Austin, John L. 164

Bajt, A. 87
Bartley, William Warren 70 f.
Bauer, Peter T. 46
Baumgarten, Eduard 45
Baumol, William J. 87, 143
Becker, Werner 14 ff., 136
Beckerath, Erwin v. 106
Bellah, Robert N. 64
Bendix, Reinhard 64
Bentham, Jeremy 96, 97, 99, 126, 146 f.,
    150, 154
Bergson, Abram 107, 114
Blau, Julian H. 108
Blau, Peter M. 152
Böhm-Bawerk, Eugen von 123 f.
Boettcher, Erik 88
Bohnen, Alfred 95, 107, 130
Borchardt, Knut 104
Braithwaite, Richard Bevan 166, 174
Braybrooke, David 95, 116 f., 121 f.
Bruner, Jérome 117
Brunner, Karl 156
Buchanan, James M. 10, 54, 74, 79, 104,
109, 111, 116, 118, 154 f.
Bucharin, Nicolai 137 ff.
Bunge, Mario 37, 40, 127, 129 f.

Campbell, Donald T. 50
Carlsson, Gösta 29, 97 f.
Carnap, Rudolf 107
Castañeda, Hector Neri 165 f.
Churchman, C. West 174
Clarkson, G. P. E. 115
Cohn, Norman 19
Commons, John R. 42
Conrad 133
Coser, Lewis A. 77
Cunningham, Frank 45

Dahrendorf, Ralf 66, 77, 97, 113
Darwin, Charles 24
Davidson, Donald 189
Davis, Allison 86
Delius, Harald 113
Demsetz, Harold 87
Diemer, Alwin 132
Douvan, Elizabeth 86
Downs, Anthony 112 f., 118 f., 152
Droysen, Johann Gustav 132

Edgeworth, Francis Ysidro 134
Einstein, Albert 39
Elias, Norbert 141
Engel 125, 128, 134
Engels, Friedrich 139
Esser, Hans A. 124
Eucken, Walter 182

Feyerabend, Paul K. 68, 130, 170

Flew, Anthony 164
Frank, Philipp G. 174
Friedman, Milton 155 f.
Fries, Jakob Friedrich 70, 187
Fritsch, Bruno 104
Furubotn, Eirik G. 42, 87

Gäfgen, Gérard 66, 117, 189
Galilei 24
Geiger, Theodor 21, 142, 173, 180
Gellner, Ernest 91, 95
Giedymin, Jerzy 49
Goldstein, Leon J. 145
Goodnow, Jacqueline 117
Gordon, Robert A. 87
Gresham, Thomas 125
Gross, Llewellyn 97
Grunberg, Emile 47, 155 f.

Habermas, Jürgen 16, 24
Halévy, Elie 126
Hansen, Reginald 132, 135
Hare, Richard M. 166
Harsanyi, John C. 99
Hasbach 134
Hayek, Friedrich August von 10, 41, 52,
    126, 135, 145, 153
Heckhausen, Heinz 150
Hegel, Georg Wilhelm Friedrich 15, 136
Heilbroner, Robert 87
Heimann, Eduard 159
Heintz, Peter 64, 88
Heisenberg, Werner 38
Hempel, Carl Gustav 97
Hermens, Ferdinand A. 118
Hilferding, Rudolf 139
Hirschman, Albert O. 54
Hobbes, Thomas 9
Homans, George C. 82, 145 f., 152, 155
Horkheimer, Max 14, 16
Hume, David 126
Hutchison, Terence Wilmot 86, 155, 175

Infeld, Leopold 39

Jevons, William Stanley 134
Jochimsen, Reimut 155
Jürgensen, Harald 104

Kant, Immanuel 7, 10, 38, 42, 54

Kapp, K. William 74, 104
Kauder, Emil 135
Kaufmann, Walter 19
Kelley, Harold H. 152
Kempski, Jürgen v. 10, 42, 47, 54
Klappholz, Kurt 95
Kloten, Norbert 106
Knobel, Helmut 155
König, Josef 113
König, René 21, 92
Kolakowski, Leszek 14
Kopernikus, Nikolaus 24
Kraft, Viktor 68, 92, 165, 170, 186
Krelle, Wilhelm 106
Kuhn, Thomas S. 18, 129 f.

Lakatos, Imre 18, 72, 99, 129
Landauer, Carl 60
Lange, Oskar 139, 143 f.
Laplace, Pierre Simon de 37
Lauschmann, Elisabeth 104
Lavergne, Bernard 67
Leibniz, Gottfried Wilhelm 68
Leijonhufvud, Axel 42
Lenk, Hans 35
Lepsius, M. Rainer 27, 50
Levi, Isaak 174
Lewin, Kurt 150
Lexis 133
Lindblom, Charles 95, 116 f., 121 f.
Little, Jan M. D. 94, 107, 175
Löwe, Adolf 140
Luxemburg, Rosa 139

Mace, C. A. 162
Mackenroth, Gerhard 140, 148
Mandeville, Bernard 145
Mann, Fritz Karl 110
Mannheim, Karl 140
Marcuse, Herbert 14, 19
Marshall, Alfred 125, 131, 147, 156
Marx, Karl 55, 136 f., 145, 158
McClelland, David C. 64, 86, 150 f.
McKinsey, J. C. C. 189
Medawar, Peter 50
Menger, Carl 132 ff., 135 f., 158
Merton, Robert K. 47, 175
Mill, John Stuart 28, 146
Mises, Ludwig von 135, 148, 151
Mishan, E. J. 175

Modigliani, Franco 47
Moore, J. 87
Morgenbesser, Sidney 172
Morgenstern, Oskar 47, 86, 106, 148, 154
Moshaber, Jochen 32
Mühlmann, Ernst Wilhelm 92
Müller, Heinz 106
Musgrave, Alan 18, 99, 129
Myrdal, Gunnar 13, 29, 57, 65, 73 f., 76,
    95 ff., 105, 110 f., 127, 158, 173, 175,
    188, 190

Nagel, Ernest 97, 179
Nash, Manning 88
Nelson, Leonard 76, 187
Nettl, J. P. 87
Neumark, Fritz 106
Newton, Isaak 17, 24, 39 f., 125 f.
Nove, Alec 138, 154
Nozick, Robert 10

Olson, Mancur 152
Ortlieb, Heinz-Dietrich 34, 51, 55

Parsons, Talcott 98
Pascal, Blaise 70
Patzig, Günter 113
Pejovich, Svetozar 42, 87
Predöhl, Andreas 79
Preiser, Erich 123, 157
Popitz, Heinrich 52, 158
Popper, Karl 7, 13, 15 f., 32, 36 f., 47, 49 f.,
    67 ff., 70 f., 74, 76 f., 79, 112, 121, 129 f.,
    140 f., 145, 153, 162, 171 ff., 177, 179,
    182, 187
Pusić, Eugen 117

Rawls, John 10, 54
Richardson, G. B. 42
Robbins, Lionel 58
Robinson, Joan 96
Robinson, Richard 98, 102
Rosen, Bernard 86
Ross, Alf 73, 76, 187
Rothacker, Erich 43
Rothenberg, Jérome 65, 75, 98, 107, 109,
    115
Rothschild, Kurt W. 80
Rudner, Richard 174
Rueff, Jacques 153

Runciman, W. G. 146
Russell, Bertrand 12, 47, 158

Salin, Edgar 123
Schelling, Thomas 99
Schilpp, Paul A. 50
Schluchter, Wolfgang 35
Schmidt, Alfred 14
Schmidt, Paul F. 191
Schmoller, Gustav 132 ff., 135 f.
Schneider, Erich 133
Schneider, Louis 126
Schopenhauer, Arthur 68
Schulz, G. 26
Schumpeter, Joseph Alois 36, 51, 60, 66 f.,
    129, 147 f., 150 f.
Schwabe 125, 128, 134
Simon, Herbert A. 47, 115
Smith, Adam 10, 55, 125 ff., 145 f.
Sombart, Werner 159
Spengler, Oswald 51
Spiethoff, Arthur 140
Stackelberg, Heinrich v. 147
Stammer, Otto 14
Stevenson, Charles L. 98, 172
Stewart, Dugald 125
Stigler, George 128, 153
Stolzmann, Rudolf 124
Stützel, Wolfgang 124, 188 f.
Suppes, Patrick 106, 189
Swinburne, R. G. 130
Szczesny, Gerhard 19

Taylor, Overton H. 125 ff.
Taylor, Paul W. 165 f.
Tenbruck, Friedrich H. 26
Theodorson, George A. 64, 88
Thibaut, John W. 152
Tintner, Gerhard 174
Topitsch, Ernst 29, 47, 68, 72 f., 91, 97,
    161, 165, 170, 191
Tullock, Gordon 104, 109, 111, 116, 118

Unkelbach, H. 118

Vanberg, Viktor 146
Vining, Rutledge 111, 119

Watkins, John W. N. 11, 38, 67, 113, 122
Weber, Alfred 123, 140

Weber, Max 14, 21, 42, 46, 48, 64, 86, 91 f.,
    127 f., 181, 191
Weisser, Gerhard 70, 183 ff., 186 ff.
Wertheimer, Michael 149
Wessels, Theodor 109 f.
White, Morton G. 164
Whyte, William F. 86
Wildenmann, Rudolf 118

Willeke, J. 104
Williamson, O. 87
Winch, Peter 49
Winterbottom, Marian R. 86
Wittenberg, Alexander Israel 72
Wright, Georg Henrik v. 49
Wundt, Wilhelm 98, 149

POLITIK DIREKT

Informationen aus erster Hand. »Das Parlament« bietet sie Ihnen: Authentische Dokumentationen der Parlamentsdebatten, politische Nachrichten aus Bund, Ländern und der EG, Neues aus den Bundestagsausschüssen, Interviews und Literaturbesprechungen. Und dazu die ständige Beilage »aus politik und zeitgeschichte«.

Aktualität, exakte Information und Berichterstattung machen » Das Parlament« zu einer Fachzeitung ersten Ranges. Fordern Sie ein Probeexemplar an. Schicken Sie uns den Coupon.

Bundeszentrale für politische Bildung, Bonn

DAS PARLAMENT

Ihre Fachzeitung für objektive politische Informationen.